I0787419

Luchamos por una sociedad más humana

PRESENTA

Un recorrido por los pabellones del

«MUSEO POR LA VIDA»
Segunda Edición

Vida, Muerte, Mente, Lenguaje, Argumentos, Amor Verdadero y Dios

«Porque sólo la verdad nos hace libres»

Rubén Gerardo Tapia Reynaga
Ingeniero por la Vida

Segunda edición, 2018

Diseño de portada: Rubén Gerardo Tapia Reynaga y Alondra de Jesús Serrano

Diseño de contenido: Rubén Gerardo Tapia Reynaga

Derechos reservados ante el Instituto Nacional de Derechos de autor. No. de folio 03-2018-091310314900-14

D.R. © Ediciones Generación por la Vida
www.generacionporlavida.org

Hecho e impreso en México, septiembre del 2018

Printed and made in México.

DEDICATORIA

A mis padres, mis hermanos, mis sobrinos, mis primos, tíos y a mis amigos, quienes han confiado en todas las decisiones que he tomado, las cuales para muchos podrían ser locuras, pero para ellos es crecimiento y seguimiento a una misión de vida.

También quiero dedicar este libro, a una persona que, sin conocerlo físicamente, sino sólo a través de las redes sociales, me enseño la importancia de trabajar con los niños, jóvenes y adultos a apoyarlos a vivir la virtud de la castidad. Gracias Padre Jürgen Dawn. Espero algún día llegar al cielo y poder conocerlo en persona, porque seguramente allá es donde se encuentra alguien quien valientemente lucho por la vida ayudando a los jóvenes a vivir el único camino que nos lleva al amor verdadero.

AGRADECIMIENTO

Primero gracias a Dios por seguirme dando la vida y la fortaleza para seguir adelante con este proyecto.

Gracias a todas aquellas personas que hicieron posible la impresión y difusión de la primera edición de este libro, especialmente a todo el grupo de 40 días por la vida de Ciudad Obregón Sonora, ya que gracias a su dedicación y esmero pudimos sacar adelante esa obra que el Creador puso en mi corazón, así como al dueño de aquella imprenta que sin dedicarse a publicar libros nos hizo el favor de apoyarnos en ese proyecto tan importante.

Gracias a los grupos valientes como: Voces Unidas por la Vida y al Ministerio Provida Santa Mónica (en inglés y español) de la ciudad de Phoenix, a todos los Centros de Apoyo para la Mujer, y a los demás grupos que confiaron en este proyecto, y me permitieron difundir tanto la propuesta de lo que es Generación por la Vida, así como la edición pasada de este libro.

Gracias a todos esos centros de formación, especialmente los que buscan promover una cultura de vida enfocada en el amor verdadero. También gracias a aquellos que evitan que los abortos provocados ocurran, así como los que buscan la sanación de las personas que pasaron por esto. Ustedes son los verdaderos héroes de nuestros tiempos, porque están en la línea de fuego dispuestos a defender a los más indefensos, aun cuando sabemos que en cualquier momento los pueden atacar.

Gracias a todas las personas que compartieron su voz a través de sus testimonios escritos en este libro. Gracias por exponer su pensamiento y su vida para lograr ayudar a otras personas que probablemente, por ignorancia o flojera, no han descubierto la verdad que ustedes les trasmiten con sus palabras.

Gracias a quienes durante esta aventura por la vida nos han cerrado la puerta de sus lugares, y a quienes nos han difamado, porque gracias a ellos nuestra fe es más fuerte, y esas barreras que hemos tenido que pasar ahora son sólo piedritas en el camino que con un dedo movemos y que ya no nos dañan. También gracias a quienes me dijeron que estarían para apoyarme en lo que se necesitara, pero que a la hora de la hora solamente fueron palabras que se las llevo el viento.

Gracias a quienes adquirieron el primer libro, ya que sin ese material no hubiera existido esta segunda edición.

En fin, muchas gracias a cada uno de quienes de manera directa o indirecta han formado parte de esta iniciativa, que honestamente al inicio pensé en dejar en el olvido, pero que, con cada testimonio y mensaje motivador, tanto de Dios, así como de mis hermanos que creen en lo mismo que yo, que la vida humana es sagrada y vale la pena luchar por ella, tomé la fortaleza para seguir adelante y llegar hasta este punto de decir: «Ya caminamos y no hay vuelta atrás».

5

INDICE

PRESENTACIÓN

Seguramente si escribiera de algún deporte o de la farándula tendría más amigos, o mayor sería el número de personas interesadas en lo que hago, o incluso antes no hubiera tenido problemas en mis procesos pasados, pero de que me serviría hacer algo que no salva vidas.

Creo que en muchas ocasiones hemos experimentado como hemos sido rechazados de ciertas organizaciones, las cuales lamentablemente tienen mucho poder para influir en otras, pero darme cuenta de cómo estos chiquitos son rechazados en su totalidad, como para condenarlos a muerte, no se compara en nada a lo que muchos hemos sufrido.

Por eso, una vez más, más que presentar un libro bonito, donde todo concuerde perfectamente debido a la ilación entre cada uno de los párrafos, en este material se muestra una **investigación** donde se busca resaltar aquellos contenidos que te permitan comprender la sacralidad de la vida humana desde sus inicios, así como los medios que se están mal utilizando para dañarla.

Te invito a recorrer cada una de sus páginas pensando que estás dentro del «Museo por la Vida», que se divide en siete Pabellones, los cuales posteriormente se separarán en Murales, en los que ya se expone el contenido específico que se desea trasmitir.

Te pido que cuando vayas recorriendo este Museo, te detengas en cada frase, testimonio y demás información, como si estuvieras ya dentro del pabellón. Como si en el mural estuvieras viendo dicha información la cual te lleve a reflexionar ese contenido que tendrás en frente, y esto te ayude a sacar una conclusión acerca de si dicha información te sirve a ti y a tus seres queridos.

Para que logres entrar en este ambiente de los pabellones, en la siguiente imagen te mostramos un diseño conceptual de lo que soñamos algún día podamos tener físicamente.

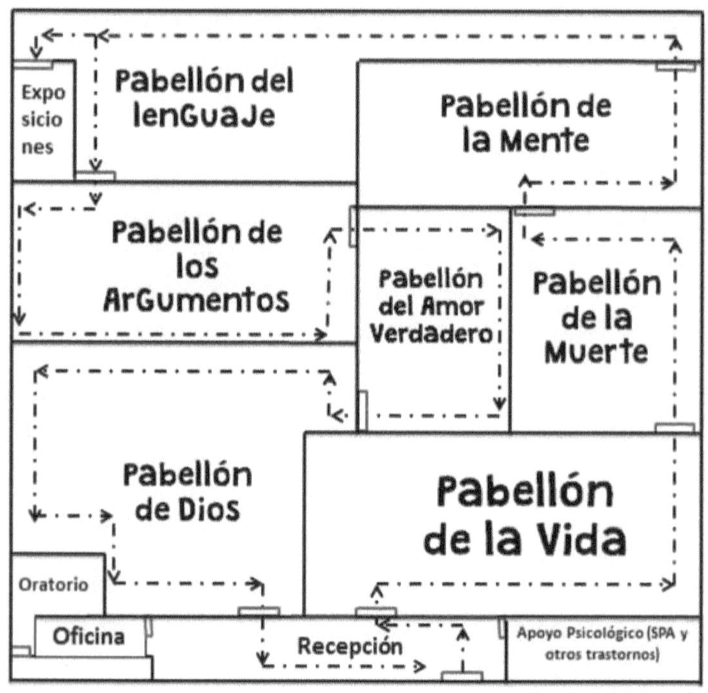

Diseño conceptual de nuestro Sueño por la Vida

Lo anterior debido a que a través de esta estrategia se busca «exponer la verdad del valor de la vida humana, con la finalidad de que tengas el conocimiento necesario para cuidarla, así como las herramientas para defenderla ante cualquiera que desee afectarla y/o destruirla». Siendo este objetivo una de las posibles razones por las cuales puede que haya personas quienes busquen desacreditar este material, pero no te preocupes, ya que es normal cuando se defiende la verdad que incomoda a personas con intereses creados.

Dentro de este recorrido escrito podrás encontrar testimonios de personas quienes han pasado por momentos muy complicados pero que supieron asumir su situación con esfuerzo y mucho amor. De igual forma, podrás encontrar lo que piensan médicos y/o científicos, así como otros profesionistas con ciertos niveles de especialización, quienes con valor y entrega le ofrecen a la comunidad la versión que su especialidad les autoriza para exponer la verdad.

Además de lo anterior, se profundiza en otras áreas muy importantes como lo son la mente, el lenguaje, el amor verdadero y la fe. En esta última se busca que formes una visión de cómo es posible compaginar la fe y la razón, ya que la verdad es una, y aun cuando haya personas quienes buscan ocultarla por beneficios propios, tarde o temprano ésta siempre sale a la luz.

Todo esto puede parecer un rompecabezas, pero te invito a que lo unas y que veas como la vida va tomando forma con los pequeños mensajes que vamos recibiendo en el día a día.

Cabe aclarar que habrá apartados, donde debido a la claridad de lo que se presenta, evito hacer comentarios que puedan confundirte, esto a su vez con la intención de no redundar en lo que se presenta.

No te pido que creas todo lo que veas en este libro, pero sí que tengas una mente abierta para reflexionar los contenidos que aquí se presentan, ya que al final de todo, las decisiones que tomemos de aceptar, o rechazar, algún contenido, definirán tu forma de pensar y actuar, lo que te podría llevar a alcanzar o a rechazar la felicidad.

INTRODUCCIÓN

«A los hechos no le importan los sentimientos» (Ben Shapiro), «pero a mi corazón sí le importa lo que tu sientes» (Rubén Tapia), por eso, es este libro se mezclan tanto los hechos como los sentimientos, porque un mundo de fantasías. sin considerar la razón, sólo lleva al caos y a la destrucción.

Varias veces ha habido personas que me dicen: «me da mucho gusto ver como disfrutas lo que haces en el movimiento por el derecho a vivir, con esa pasión con la que hablas y das las conferencias». A lo que simplemente les respondo: «si buscara un verbo que describiera como me siento, cuando estoy realizando algo en referencia al movimiento Provida, creo que el ultimo verbo qué pensaría es disfrutar. Yo no disfruto nada de esto. Duele muchísimo ver cómo pequeñitos mueren y quedan consecuencias muy serias en mujeres y hombres dañados y marcados de por vida.»

Esto anterior, podría decir que es una impotencia darme cuenta de todo el dinero que genera la industria abortiva y de cómo a las personas se les vende la idea de sexo seguro sólo para incentivar una industria asquerosa donde hay mucho dinero ensangrentado. Honestamente se siente terrible escuchar casos de mujeres que después de abortar siguen defendiendo esta práctica mortal.

Yo les digo que no tienen la menor idea lo que duele ver como personas que alaban a Dios ignoran estos temas, y como gracias a su ignorancia o en determinados casos, su indiferencia, esta cultura de la muerte sigue creciendo, porque es mil veces más cómodo estar a favor de algo, sin tener que mover un dedo, a levantar la voz contra una industria que le ha lavado el cerebro a mucha gente para hacerlas creer que está bien acabar con la vida de esos pequeñitos inocentes sólo por el hecho de que su presencia les incomoda.

No tienes la menor idea lo que duele querer ir a algún lugar a presentarles Generación por la Vida, y las conferencias del Museo por la Vida, y que aun cuando no les pides ni un centavo no te dejan pasar porque saben que esos temas comprometen y a veces es mejor mantener las apariencias aun sabiendo que el día en que mueran tendrán que rendirle cuentas al dueño de la vida, porque el Evangelio es muy claro en lo que se refiere a la defensa y protección de los seres humanos más vulnerables.

Podrá haber momentos maravillosos donde uno vea los frutos de lo que hace, pero la mayor parte del tiempo, en lo que respecta a mí, no sé ven salvo cuando las personas te comentan lo que piensan.

Sé que tarde o temprano, la vida va a vencer, por eso prefiero estar del lado de los vencedores aun cuando los tiempos se ven sumamente difíciles, por eso te invito a aprender a como valorar y defender la vida.

Muchas gracias por dedicarle parte de tu valioso tiempo para entrar al **«MUSEO POR LA VIDA»**.

CAPÍTULO I
EL PABELLÓN DE LA VIDA

Si te dijera que la vida humana inicia en el parto ¿me creerías? Si te dijera que la cultura le da el valor a la vida humana ¿me creerías? Si te dijera que durante las primeras 12 semanas dentro de una mujer embarazada sólo hay un cumulo de células ¿me creerías?

Pues espero que no me hayas creído y que te eduques. Porque lamentablemente hay personas que ignoran las realidades genéticas y biológicas y toman decisiones en base a sentimientos pasajeros y por eso terminan cometiendo los errores donde se pone en riesgo la vida de todos los seres humanos.

1. Mural del inicio del dialogo por la vida

Buscando entablar un dialogo pacifico con una voluntaria que estaba a favor del aborto en el abortuorio de planned parenthood, en Tempe Arizona, le pregunte: «Para usted ¿Cuándo cree que inicia la vida humana? Y la respuesta que me dio fue que en el COSMO». A lo que nuevamente le pregunte: «¿Podemos luchar por el respeto a la vida humana desde el Cosmos?» A lo que me respondió: «la vida inicia en el cosmos, pero no podemos decir que es persona así que considero que es el derecho de la mujer a tomar la decisión sobre tener un aborto o no».

A diferencia de sus compañeras, quienes eran violentas y groseras, ella mostraba deseos de buscar la verdad. Sin embargo, aun cuando le dije porque la vida humana inicia en la concepción, ella se mantuvo firme en su postura equivocada.

Por eso, para evitar que usted caiga en el mismo error, a continuación, en el siguiente mural, le digo porque en el momento de la concepción es cuando inicia un nuevo ser humano que tiene derecho a vivir y que pasa durante todo este proceso maravilloso dentro del vientre materno.

2. Mural de la gestación

En este mural te invitamos a hacer un recorrido por el proceso de la gestación, el cual tanto tú, como yo, hemos recorrido desde el inicio de nuestra vida hasta nuestro nacimiento:

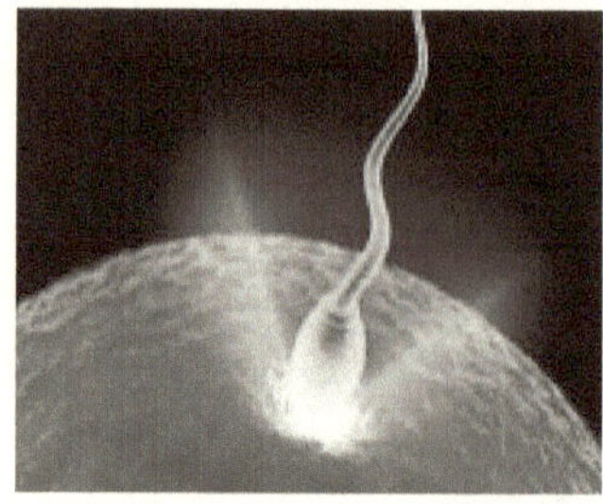

Instante de la concepción

Es un nuevo ser humano con su ADN (código genético) único e irrepetible. Sus 46 cromosomas determinan ya su sexo, el color de su pelo, de sus ojos, su estatura, la forma de sus brazos; incluso su sonrisa. Y será así toda su vida.

Nada cambiará, desde el punto de vista genético, entre esta primera célula y la persona vieja que llegará a ser. Inmediatamente después de la concepción comienza el desarrollo celular.

Semana 1

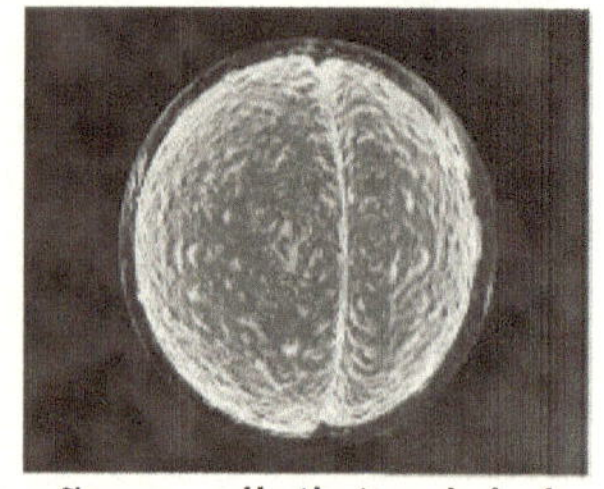

Día 4. En la trompa de falopio. Las células comienzan a diferenciarse.
Día 8. Se produce la implantación. El nuevo ser humano desarrolla una hormona (progesterona) para protegerse del rechazo del cuerpo de la madre. Es un «cuerpo extraño» y distinto del de ella.

Semana 2-5, longitud: 5-10mm

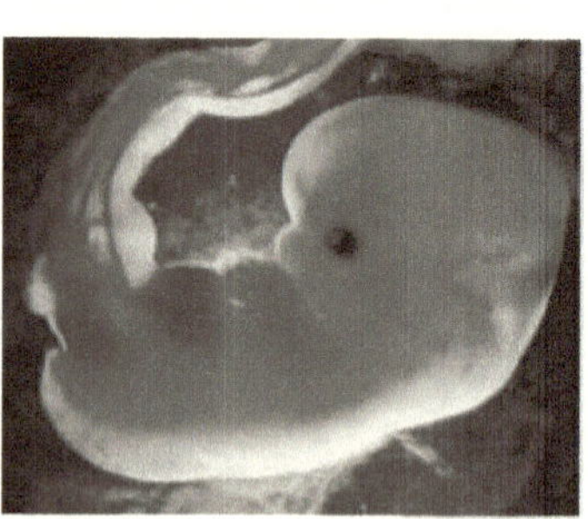

Semanas 2-3. El sistema nervioso es el primero en formarse. En la segunda semana (2ª) la prueba de embarazo ya es positivo.

Semanas 4-5. Ahora es cuando la madre sospecha su presencia porque no ha tenido la menstruación. Cuando el embrión tiene 3 semanas, ella ha tenido un retraso de una semana.

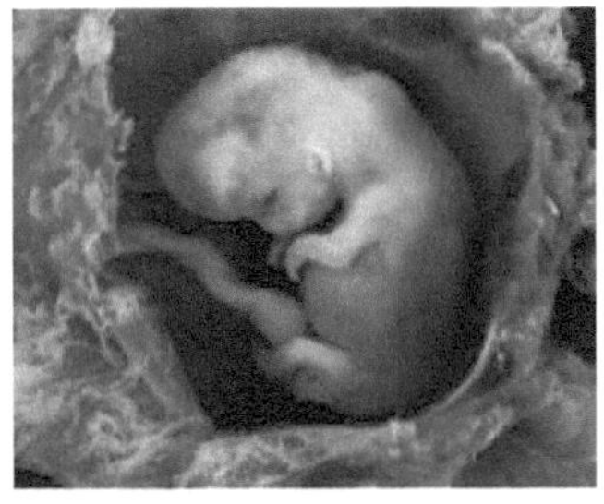

Semana 6-7-8
Longitud: 12 – 20 – 30mm

El corazón se divide en dos. El cerebro en dos hemisferios y continúa creciendo. Los pulmones tienen un bronquio primario que permitirá pasar el aire. Produce insulina y se completa el esqueleto.

Semanas 8. Ya se le puede hacer un electrocardiograma. Ya es posible registrar sus ondas cerebrales en un electroencefalograma.

Semana 9-10-11
Longitud: 50 mm. Peso: 10 gr.

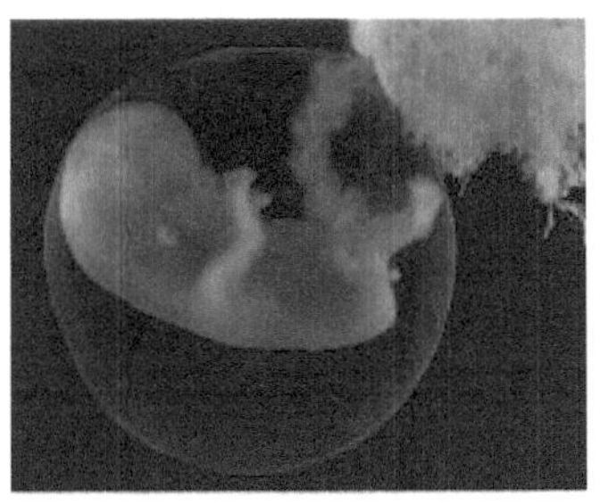

Tiene huellas dactilares. Podríamos hacerle un pasaporte, un DNI. Músculos y nervios se van sincronizando. Se forma el cuello conforme la cabeza se separa del cuerpo.

Si le pinchas, **siente dolor**. Oye ruidos y **los recuerda**.

Semana 12
Longitud: 6 – 8 cm. Peso: 45 gr.

Los huesos tienen un centro de osificación que les permiten ir creciendo. Los dedos de las manos y los pies están separados unos de otros y tienen movimiento.

Las uñas están creciendo y aparece el primer vestigio de pelo en todo el cuerpo.

«Se despierta cuando su madre se despierta. Duerme cuando ella duerme. Está tranquilo cuando ella está serena»

Semana 13
Longitud: 11 cm. Peso: 80 gr.

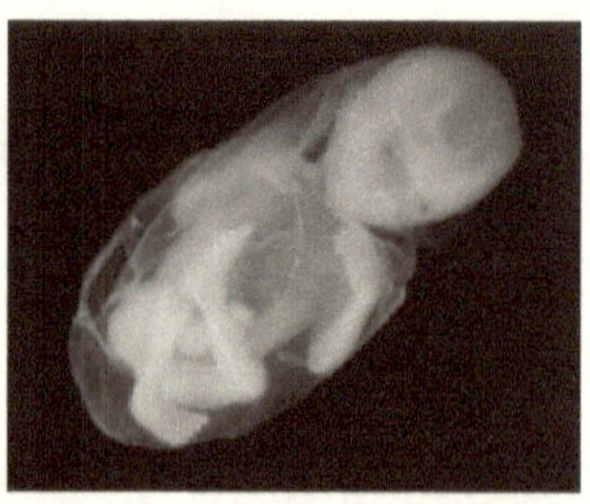

Los ojos y las orejas adquieren su apariencia casi definitiva. Los genitales externos tienen una morfología distinguible, incluso fuera del útero.

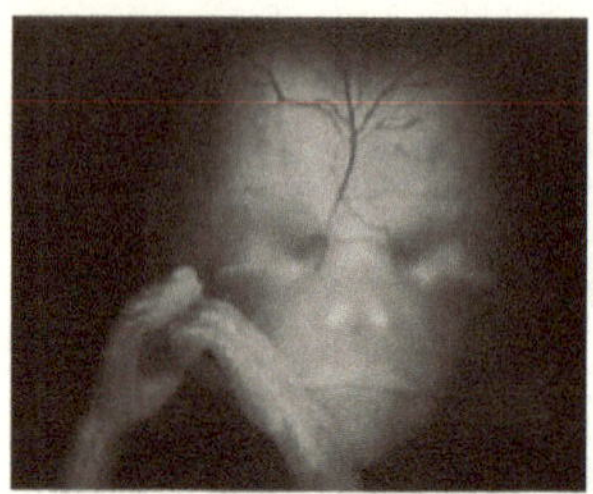

Semana 14-15
Longitud: 12 – 13 cm. Peso: 115 gr.

¡Crece muy rápido! La piel es muy fina y se aprecian perfectamente los vasos sanguíneos a través de ella.

Semana 16-17, longitud: 14 – 15 cm.
Peso: 200 – 260 gr.

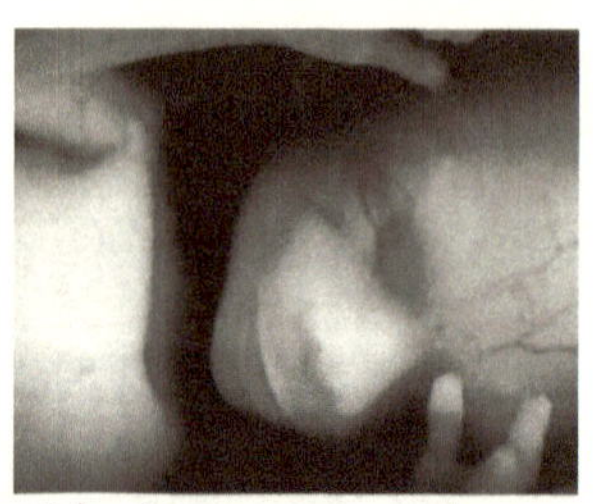

Puede doblarse, flexionar. Empieza a desarrollarse el reflejo de agarrar.

El sistema nervioso en extensión por todo el cuerpo permite que se desarrolle la capacidad a responder a estímulos.

«Se deslumbra con la luz externa. Frunce el ceño. Hace muecas ¡Y se chupa el dedo!»

«Posiblemente ahora la madre comience a notar los movimientos del bebé por primera vez»

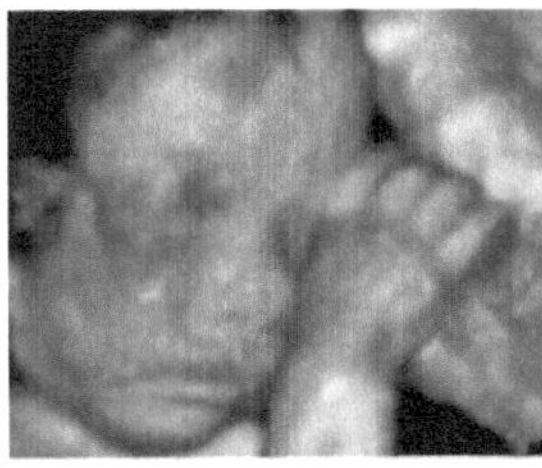

**Semana 18-19, longitud: 16 – 17,5 cm.
Peso: 320 – 390 gr.**

El sistema digestivo empieza a funcionar. Las ecografías han demostrado que los ojos ya se abren.

¡Bosteza y tiene hipo! Patea y mueve los brazos con fuerza. Ya funcionan las cuerdas vocales, **podría llorar si hubiera aire disponible.**

**Semana 20-21, longitud: 19 – 20 cm.
Peso: 450 – 545 gr.**

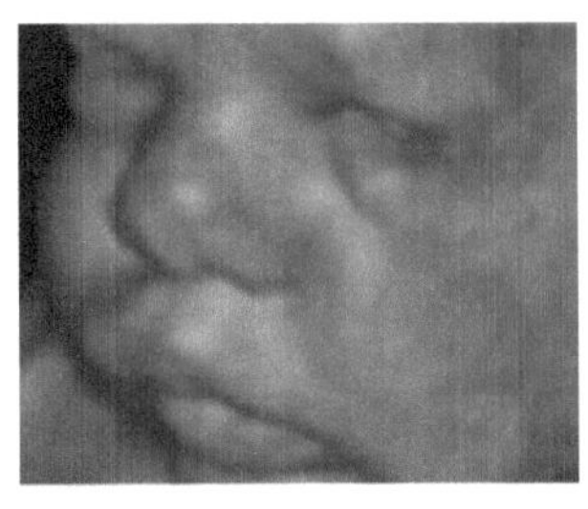

Aparece el pelo en su cabeza. El bebé puede reaccionar, dando un salto dentro de la madre, a los sonidos altos o alarmantes. Podemos ver sus uñas, párpados y cejas.

Ya podría sobrevivir con ayuda fuera del útero materno.

**Semana 22-23, longitud: 21 – 22 cm.
Peso: 640 – 725 gr.**

Los músculos y los órganos del bebé crecen rápidamente. El ciclo de estar despierto o dormido está bien establecido.

¡Oye, saborea, toca y huele!

**Semana 24-25, longitud: 23 – 24 cm.
Peso: 0,82 – 0,91 kg.**

Ya se ha formado todo lo que necesita para vivir fuera de la madre. ¡Podemos verle las pestañas!

Si se asusta por un ruido, extenderá los brazos y las piernas como si quisiera protegerse.

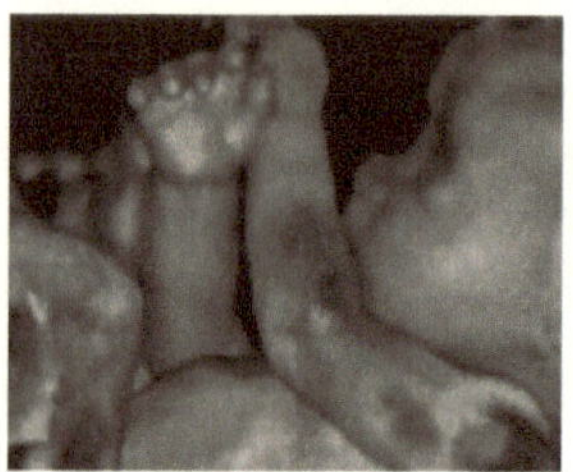

**Semana 26-30, longitud: 23 – 24 cm.
Peso: 0,82 – 0,91 kg.**

¡Reconoce voces! en especial la de su madre, pero también las de otros. Crece.

Su sistema nervioso es ya como el de un recién nacido.

Semana 30-34

La madre empieza a generar leche y a notar las contracciones.

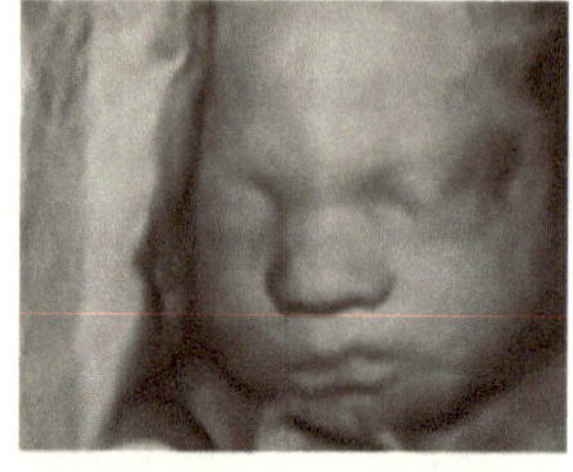

Pesa más de un kilo y medio y mide casi lo mismo que cuando nazca.
Tiene uñas y **puede pensar y soñar cuando duerme.**

Puede reconocer una pieza de música y saltar y coordinar movimientos al ritmo.

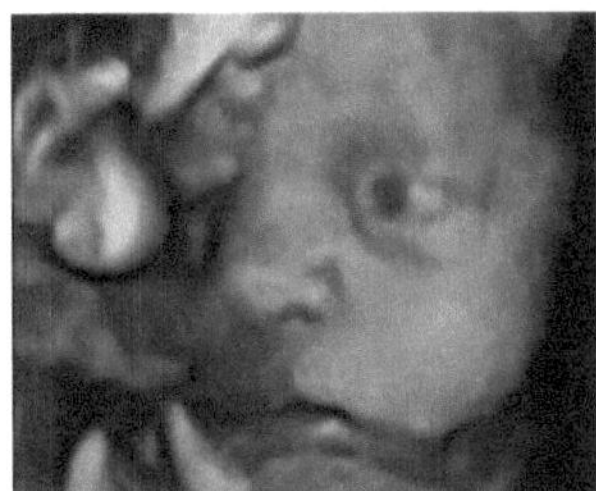

Semanas 34–36

En un mes su madre lo tendrá en sus brazos.

Pesa casi dos kilos. Mide 50 cm. Coloca su cabeza en el cuello del útero.

Semana 37-40

El bebé puede alcanzar los tres kilos de peso y… toca, descansa… **en cualquier momento se puede producir el parto.**

Las imágenes e información anterior fueron proporcionadas por nuestros hermanos de la plataforma «**Derecho a Vivir**» de la Organización civil «**Hazte Oír**» de España, con quienes compartimos el mismo deseo y responsabilidad de defender la vida de todo ser humano.

«A nadie que me pidiere mortífero veneno se lo daré; ni aconsejaré su uso; tampoco administraré abortivo a mujer alguna» Juramento Hipocrático (de los médicos) desde el siglo V A.C.

3. Mural de los médicos / científicos

¿Qué dicen los médicos y la ciencia respecto a cuándo inicia la vida humana?

A continuación, se presentan dos testimonios de expertos en el tema, los cuales se dieron durante la quinta audiencia sobre la despenalización del aborto en el Distrito Federal. Al final los legisladores tomaron la decisión de despenalizarlo, pero de cualquier forma te invito a que reflexiones si dicha decisión estuvo avalada por la ciencia, y obviamente si fue la correcta.

Dr. Carlos Fernández del Castillo Sánchez
Director del Centro Médico de Ginecología y Obstetricia, S.C.

«…a partir de una sola célula (óvulo fecundado) es un nuevo individuo humano que, dentro de un sistema biológico, propio, coordinado, continuo y gradual, de ser cigoto irá creciendo, y su organismo se irá reprogramando a medida que la formación de sus órganos biológicamente lo va solicitando y como toda vida regula sus propios procesos internos…

El embrión es una persona que irá desarrollándose poco a poco durante un proceso que dura cerca de 800 semanas, entre 15 y 20 años, de los cuales sólo sus primeras 40 semanas las pasa dentro del útero materno…
Es un grave error que algunos afirmen que un embrión o un feto no sea una persona, esos son argumentos reduccionistas que llegan al absurdo con fines que buscan intereses económicos de manipulación y permisivismo para dar gusto a ciertas organizaciones internacionales que tienen en México puesta su mira.

A los que afirman eso, les propongo que tomen una creatura que acaba de nacer y que ya se tiene aquí a la vista de todos. Yo les pregunto ¿esa creatura es persona? La respuesta de todos será afirmativa, todos responderán que sí, que es una persona. Ahora yo los invito a que llevemos esa misma persona en sentido inverso.

Hace unas horas antes de que se iniciara el parto estando en el útero de su madre ¿era una persona? La respuesta de todos será que sí y que es una persona dentro de su madre y así nos iremos hacia atrás día con día, semana con semana… ¿acaso con llegar a la semana 11 ya dejó de ser persona? Por supuesto que no, es el mismo individuo de la especie humana. El origen de su vida se remonta al cigoto y ahora nueve meses después ya está aquí con nosotros.

El embrión es una persona, un individuo en etapa de embrión y después será una persona en etapa de feto y así irá creciendo por eso defiendo a los embriones, a los fetos y a toda persona humana. El respeto a los seres humanos es ante todo una exigencia de civilización.

He visto con equipos de ultrasonidos lo que es la vida humana desde la 3ra o 4ta semana de su existencia y he sentido en mis manos la vida de miles de niños desde las 12 semanas de su existencia.

En la especialidad de Ginecología y Obstetricia, que ejerzo desde más de 53 años, he atendido más de 30,000 partos, he pasado casi la mitad de mi vida dentro de los quirófanos defendiendo, cuidando y curando la salud de la vida de las madres y de sus hijos desde su etapa de embrión.

Los médicos estamos obligados siempre a defender la vida y la salud, y nunca estaré de acuerdo que por una votación legislativa se apruebe interrumpir la vida de embriones y fetos humanos porque no son deseados. Comprendo lo que es un embarazo no deseado, lo he vivido miles de veces a través de las numerosas pacientes embarazadas que he atendido en los muchos años que llevo de médico.

La experiencia personal me ha enseñado que cuando una mujer se encuentra en esa circunstancia y que está considerando provocarse un aborto, porque se trata de un embarazo no deseado, si esta mamá recibe una explicación del valor de la vida de los embriones o fetos desiste y busca otra solución,

21

pero abandona la idea de que alguien mate a su hijo ante el aborto por el eufemismo que se utiliza.

Percibo la clara manipulación de términos con la frase "Interrupción Legal del Embarazo", es diferente que a una mujer se le diga: "le voy o le vamos a interrumpir legalmente su embarazo" a que se le diga: "le voy o le vamos a matar a su hijo no deseado con autorización de la ley", lo mismo ocurre con las instituciones y en última instancia con el cirujano que dice: "voy a interrumpirle legalmente el embarazo" o "voy a hacerle un legrado" a que diga "por ser indeseable, con autorización de la ley, voy a matar a un embrión o a un feto de menos de 12 semanas".

Se nos ha proporcionado información oficial que expresa que en este primer año acudieron a instituciones médicas de gobierno del D.F. 11,500 mujeres para solicitar la interrupción de su embarazo y de ellas 3724 desistieron, lo que es el 32%, sin embargo dicen que les hicieron el aborto a 7776 mujeres y sólo 31 casos tuvieron complicaciones que se superaron y lamentablemente reportan la muerte de una jovencita porque el cirujano no respetó el protocolo, no obstante, se mataron a 7776 individuos de nacionalidad mexicana.

No nos dan información de las secuelas que van a sufrir estas mujeres por trastornos ginecológicos como infecciones, desgarres, perforaciones del útero, síndrome psicológico post aborto que en algunos casos requerirán tratamiento psiquiátrico.

Como médico ginecólogo estoy convencido de que los derechos fundamentales del ser humano residen en el mismo ser humano, no en que se aprueben o desaprueben por una votación.

Los valores fundamentales no pueden someterse a un proceso democrático. El decir o considerar que la vida de un ser humano, antes de las 12 semanas no es persona humana, que

es una cosa o que no vale nada, es el absurdo más grave y una absoluta injusticia.

El embrión humano es causado por personas humanas, que son sus causas porque se fertiliza un óvulo humano con un espermatozoide humano, aquí se aplica el principio lógico del raciocinio jurídico que establece que la causa de la causa es la causa de lo causado. Defiendo a los embriones porque defiendo a la humanidad.

El futuro de nuestra patria y de nuestra humanidad nos contempla implacable **¿qué será de México si se continúa convirtiendo en legal y permisible lo que siempre ha sido delito? ¿Cuáles otros delitos están en lista de espera para ser aprobados legalmente?**

La autorización del aborto no debe continuar por las grandes consecuencias que tendrá el atentar contra la propia especie. Yo sigo confiando en que en mi país hay una Suprema Corte de Justicia que defenderá el derecho a la vida y demás derechos humanos que de suyo tienen los embriones y los fetos porque son humanos.» (Dr. Carlos Fernández del Castillo Sánchez).

Dra. María del Pilar Calva Mercado
Médico con especialidad en Genética Humana. Subespecialidad en Citogenética y maestría en Bioética. Miembro de 4 academias de Bioética a nivel nacional e internacional.

«Primera pregunta: ¿El embrión es un puñado de células o un ser humano? Los seres humanos tenemos nuestro material de herencia en el DNA genoma humano organizado en 46 cromosomas en cada una de las células somáticas, sólo los gametos tienen sólo 23.

El primer evento en la formación de un individuo humano es la fusión del óvulo y del espermatozoide, esto se conoce como concepción, fecundación o fertilización.

Bioquímicamente, este proceso es complejo, sólo un espermatozoide atravesará la membrana citoplasmática del óvulo. La singamia, que es la unión del pronúcleo masculino y femenino, en ese momento, dos sistemas, el óvulo y el espermatozoide dejan de funcionar en forma individual y constituyen un nuevo sistema, un nuevo genoma que comienza a operar como una unidad llamada cigoto o embrión unicelular. **Una vez ocurrida la concepción se observa un proceso vital que no se detendrá hasta la muerte del individuo.**

Evidencias genéticas del estatuto humano del embrión son 3: la primera, la individualidad genética del cigoto. **Desde el momento mismo de la fecundación inicia la existencia de una nueva vida. Específicamente humana, dotada de un código genético único e irrepetible, no idéntico ni al del padre ni al de la madre.**

El proyecto genoma humano, quizá uno de los avances más recientes, ha demostrado que un ser humano es distinto a otro en menos del 1% de sus genes. Esto es lo que lo hace individual. Y esta realidad se observa desde que fuimos cigoto. Esto se debe por una parte a la segregación de los cromosomas homólogos, descrita por Gregorio Méndez después confirmada por Watson y Crick y recientemente por los estudios del genoma humano.

Consiste justamente en que ese par de cromosomas, uno paterno y uno materno, se distribuyan de forma azarosa en alguna de las dos nuevas células. Por otra parte, el entrecruzamiento o crossing over, bien estudiado en el proceso de la meiosis, consiste en que se intercambien de 3 a 8 segmentos en lugares diferentes en la formación de los gametos. Así tanto vida la segregación, como el entrecruzamiento claramente estudiados por la genética, hacen evidente que el resultado de la concepción es un genoma humano completo. Pero este genoma es, además, individual. Es decir, esta combinación no ha existido, por lo tanto, es en lugar a duda un individuo humano para la ciencia.

Durante el desarrollo embrionario, conforme se dividen y se especializan las células, nada nuevo es aprendido por el DNA, sino progresivamente muchas cosas son olvidadas.

La información está escrita desde la primera célula y no será progresivamente escrita en otras. Esto no es una teoría ni una suposición, sino la información que la genética ha constatado sin lugar a duda.

Algunos científicos tristemente no presentan la realidad completa y sólo dicen que en el momento de la concepción se completa el genoma humano lo cual los lleva erróneamente a deducir que el cigoto es igual a cualquier célula del cuerpo. Han olvidado hablar de la individualidad, es decir, de la constatación de que el cigoto tiene una genética diferente a la de cualquier ser humano que haya existido, incluso a la de sus padres.

Segunda evidencia. La continuidad de su desarrollo. **Durante el desarrollo progresivo del embrión,** desde el cigoto, la primera célula se divide y se organiza sin cesar hacia su plenitud. **Todo se realiza en tiempo según un proceso continuo e ininterrumpido, fijado por un programa inicial contenido en el genoma humano.** Es necesario recordar, que el carácter potencial de la información genética por lo cual lo que está presente en el patrimonio genético no es formalmente el cerebro ni ningún otro órgano sino únicamente el programa de su formación futura. Sin embargo, aunque no sea una presencia formal, tampoco se trata de una posibilidad abstracta e indeterminada, sino real, materialmente presente en la estructura química del ADN, además con sus características específicas e individuales.

La ciencia nos conduce a afirmar, que, si ello no fuese humano, desde el inicio de su vida individual en la concepción, no se volvería humano jamás. Para quienes quieren redefinir el inicio del embarazo, como es el caso de esta ley, a partir de la implantación, habría que solicitar con todo rigor científico a que especie pertenece el organismo en sus primeros días pues sin duda, es un ser vivo para la biología. Además, tendría que poder explicar cómo sucede el proceso de cambio de una especie a otra, que se conoce como evolución en escasos 14 días, cuando la evolución sabemos ha tardado millones de años.

Es en el terreno de las creencias, no de la ciencia, pretender afirmar que la vida inicia en la implantación.

Otro engaño usado frecuentemente es reducir a un ser humano a la manifestación de una de sus características, la capacidad de razonar, pensar y sentir.

El ser humano desde su concepción tiene inscrito en su genoma la capacidad de pensar, razonar y sentir, sólo hay que permitir que se desarrolle para que lo pueda expresar. Pero si nace sin esta capacidad, como las personas con discapacidad mental, o la pierde, no afirmaríamos que no es un ser humano, por ejemplo, un perro si antes de su nacimiento tiene un problema en las cuerdas vocales y no ladra, no podríamos afirmar que puesto que no ladra no es perro; más bien, si ladra puedo afirmar que es perro. Pero si no lo hace simplemente porque está dormido no puedo decir que no lo sea. Es al revés, puesto que es perro, podrá ladrar.

Tercera. La autonomía de la vida prenatal. **El embrión, y solamente él, es quien con un mensaje químico estimula el funcionamiento del cuerpo lúteo del ovario y suspende el ciclo menstrual de la madre.** Eso sucede en un minúsculo embrión que, al sexto o séptimo día de vida, es decir, después de su concepción, **mide**

1.5mm de largo y ya está en condiciones de decidir su propio destino.

El proceso de formación del embrión es autónomo, no obstante, la íntima relación que se instaura con el cuerpo de la madre. En el periodo que precede la implantación, cuando el embrión parece más precario y débil, su autonomía es paradójicamente mayor como lo demuestran las técnicas de fecundación In vitro.

Decir que una mujer tiene derecho sobre su cuerpo es una inexactitud y una irrealidad científica, pues un embrión desde el momento de la concepción no es parte del cuerpo de la madre. Las células de la madre y del embrión son diferentes en su genética y en su inmunología.

El principio de la duda. A pesar de las evidencias científicas, todavía existen científicos que dicen que, hasta las 12 semanas, el embrión, es una masa de células, entonces nos encontraríamos ante 2 posibilidades, ante la duda de tratar a una masa de células como un ser humano o a un ser humano como una masa de células. Por supuesto tendría que ser lo primero. Otra cuestión que me preocupa es poner a su consideración la redefinición del embarazo que se ha contemplado en diversas leyes como ha sido considerado.

En medicina se considera que la vida inicia en el momento de la concepción… La redefinición del embarazo peligrosamente abre la puerta a nuevas amenazas, la manipulación y la utilización de los embriones sobrantes, la clonación, la obtención de células madres embrionarias e incluso la venta de embriones humanos, ya que todos estos procesos se dan antes de la implantación, entonces el embrión es cosificado.

La ciencia debe servir al ser humano, los médicos como profesionistas estamos para defender la vida y la salud y evitar las enfermedades, tratar de curar siempre a los enfermos y cuando no lo podemos hacer, debemos aliviarlos y consolarlos.

27

Señores y Señoras ministras, mi conclusión sería: **el inicio preciso de todo ser humano es cuando la información genética necesaria y suficiente se reúne dentro de una célula, el óvulo fertilizado y este momento es la concepción. Por lo tanto, toda acción sobre un embrión desde el momento de la concepción se realiza sobre un individuo humano constatación de la genética humana.**» (Dra. María del Pilar Calva Mercado)

Algunos podrían pensar que esos médicos son los únicos que levantan la voz, pero la realidad es que no, y a continuación está la muestra de cómo los médicos chilenos, quienes hicieron un manifestó a favor de la vida, motivan a otros a hacer lo mismo. Ellos son:

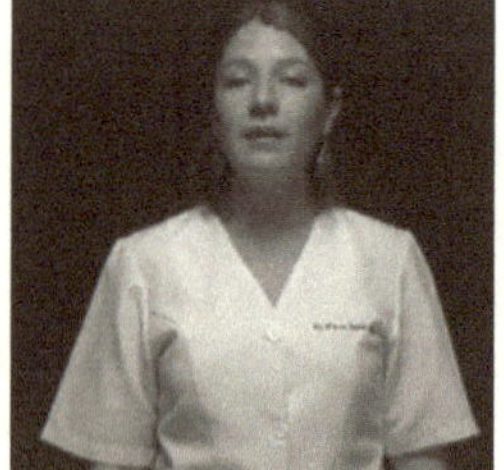

Dra. María de los Ángeles Rojas (Pediatra)

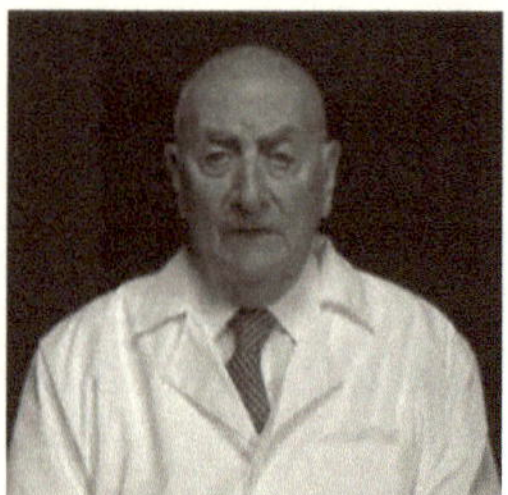

Dr. Arturo Jarpa G. (Profesor de Medicina Interna)

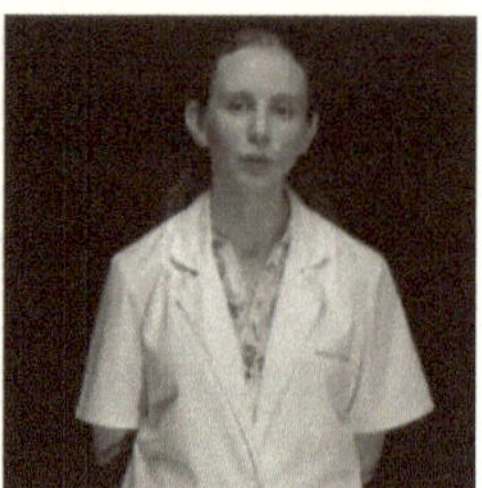

Dra. Isidora Harz (Médico General)

Dra. Colomba Cofré (Pediatra)

Dra. Carmen Lagos (Psiquiatra Infanto Juvenil)

Dra. Pilar Arnaiz (Cardióloga Pediatra)

Dr. Sebastián Illanes
(Ginecólogo)

Dr. Francisco Javier Larraín
(Pediatra Gastroenterólogo)

Dra. Francisca Eyzaguirre
(Endocrinologa Infantil)

Dr. Francisco Mardones
(Epidemiólogo)

Dr. Sergio Jarpa Y.
(Pediatra)

Dr. Luis Lira
(Pediatra)

Dr. Luis Jensen
(Ginecólogo)

Dra. Carmen Alcalde
(Médico Cirujano)

Dra. María Ester Goldsack
(Cardióloga)

Dr. Alejandro de la Maza
(Traumatólogo)

**Dra. María Carolina
González**
(Médico General)

**Dra. María Francisca
Valdivieso (Ginecóloga)**

**Dra. Francisca Rojas
(Médico Cirujano)**

**Dr. Andrés Lana
(Otorrino Laringólogo)**

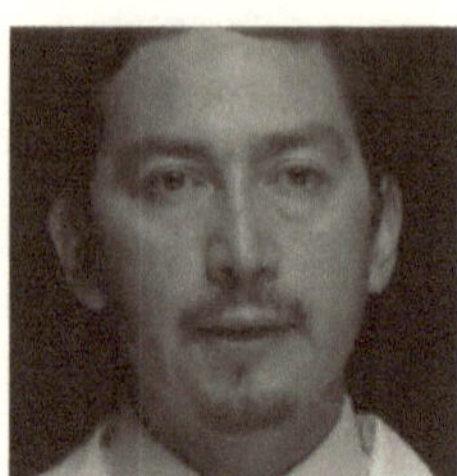

**Dr. Daniel Monrroy
Traumatólogo**

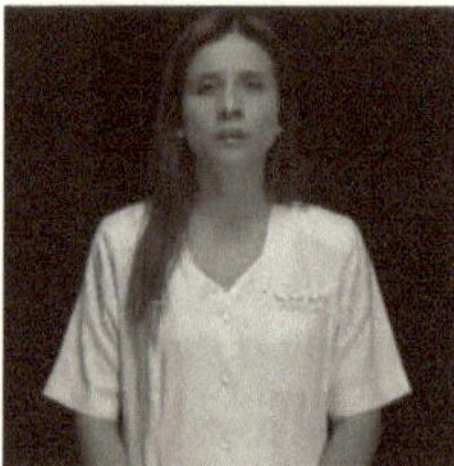

**Dra. Márcela González
(Nefróloga)**

**Dra. María de la Luz
Quezada (Infectóloga)**

**Dr. Martín Rojas (Médico
Cirujano)**

Y lo que expresaron en dicho manifiesto es:

«Somos médicos y tenemos algo que decirte. La esencia de nuestra profesión es respetar y cuidar la vida de todos. Promovemos y defendemos la dignidad del ser humano sin excepciones. **El embrión es un ser humano que se desarrolla en forma autónoma y sin interrupción desde la fecundación.** Es el protagonista de su propia existencia. No lo discriminemos. Apoyamos a las madres que por situaciones dramáticas se ven inducidas a abortar. Necesitamos una red estatal que las acompañe a enfrentar esta situación. **Es un atropello a su dignidad, y a la del no nacido, que el Estado ofrezca el aborto como solución.**

Nos oponemos a todo proyecto de ley que atente contra los derechos de los más indefensos. Los médicos hacemos lo posible por proteger la vida de la madre y de su hijo en gestación. Cuando la vida de la madre está en peligro podemos aplicar terapias que salvando su vida pueden producir la muerte del feto, como efecto secundario y no deseado. La experiencia internacional muestra que los países inician la legalización del aborto con restricciones, pero después avanzan a legalizar el aborto libre.

El aborto puede dejar secuelas físicas y psicológicas permanentes. El derecho de la mujer sobre su cuerpo no implica que pueda disponer de la vida de su hijo. Nadie tiene derecho a suprimir una vida. Ni siquiera si es el fruto de una violación, o si existe una supuesta inviabilidad del niño. El derecho a la vida es el fundamento de todos los derechos humanos. Desconocer el derecho a nacer atenta contra el Espíritu democrático de Chile. Nuestra misión como médicos es proteger la vida. Llamamos a todos los profesionales de la salud y a toda persona que lo desee a adherirse a este manifiesto.» (Manifiesto de Médicos de Chile).

¿Acaso ellos son los únicos valientes en levantar la voz? Pues en este país claro que no. A continuación te presento a mujeres valientes quienes también presentan un manifiesto público:

Matrona Nicole Geysel

Matrona Cecilia Berrios

Matrona Paula Reinoso

Matrona María Verónica Núñez

Matrona Alessandra Alves

Matrona Victoria Bascuñán

Matrona Sandra González

Matrona Eva Pérez Barrios

Matrona Rachel Escobar

Y lo que expresaron fue: «**Juro por Dios y por mi honor, en este instante solemne, ejercer mi profesión inspirada en los más nobles ideales. Protegiendo sin restricciones, la vida de la madre y del hijo**. Y cumpliendo fielmente con los deberes que me impone custodiar el sublime acto de dar a luz. Juro contribuir en la medida de mis fuerzas a mantener el prestigio y rango de la profesión. Sin olvidar su alto significado social y moral. Juro por último guardar inviolables los secretos que me fueran conferidos en el desempeño de mi cometido. Así como todo lo que viera y entendiera que debo callar.

Nosotras reconocemos a la madre y al feto, desde su gestación, como dos pacientes independientes, y hoy nuevamente declaramos públicamente que protegeremos siempre y sin restricciones la vida de los dos. SÍ JURO.» (Manifiesto Matronas de Chile).

Y si pensaron que era todo, pues no. Otro grupo de valientes médicos les envía un mensaje a los políticos abortistas que dice:

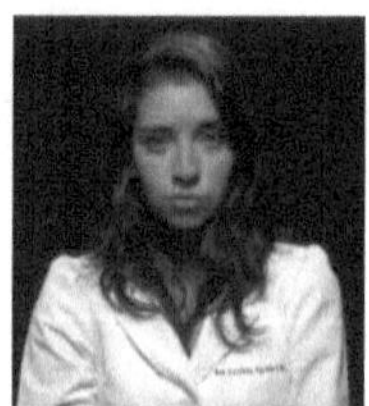

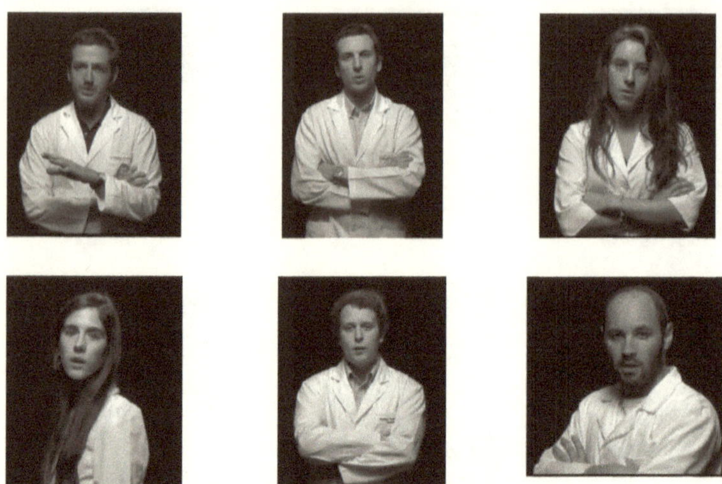

«Elegimos ser profesionales de la salud para cuidar, acompañar y proteger la vida de todos. **Si están pensando en nosotros para practicar abortos "NO CUENTEN CONMIGO"**» … porque ni en Chile ni en México ni en ningún lugar #nadiesobra.

Si tú fueras médico ¿Tendrías el valor para levantar la voz por aquellos inocentes que no pueden defenderse por sí mismos o serías un cobarde más que guardaría silencio aun cuando sabes perfectamente cuando inicia la vida humana?

Entonces, si hay bastante evidencia científica, y médicos que avalan que la vida humana empieza en la concepción, ¿Por qué hay tantos grupos dentro y fuera del gobierno que promueven políticas que la destruyen? … las respuestas las veremos más adelante.

4. Mural de la fertilización artificial

«Cuando vi el embrión, de repente me di cuenta de que entre él y mis hijas había una diferencia tan pequeña... No podemos seguir destruyendo embriones para investigar... ¡¡¡Tiene que haber otro método!!!» (Shinya Yamanaka, ganador del Premio Nobel de Medicina 2012)

Por otra parte, ¿Qué pasaría si dos diseñadores famosos levantaran la voz en contra de que avances tecnológicos estuvieran al servicio de crear hijos por fecundación artificial (úteros en alquiler, semen elegido de un catálogo)? Pues lo que ocurrió es que dentro de la lluvia de posturas que se hicieron a favor y en contra, **dos jóvenes concebidas con fecundación asistida,** «Alana Newman y Hattie Hart», **afirmaron lo siguiente:**

«**Alana** aseguró que "soy en verdad un ser humano. Mi hígado, corazón, pelo y enzimas, todo funciona igual. He descubierto que es mi psicología la que es diferente y que no está muy bien, debido a mi concepción". "No es un asunto para que los médicos lo arreglen, es un problema espiritual", dijo, añadiendo que "**mi padre aceptó dinero, y prometió no tener nada que ver conmigo**".

"Por una multitud de razones –sus antecedentes, mi personalidad y creencias, nuestra falta de conexión biológica– las cartas estaban echadas en contra de que nosotras tuviéramos una relación padre-hija convencional y amorosa".

Hattie lamentó que "**una de las grandes tragedias de la concepción con donantes es la pérdida de pertenencia: a una familia, a una cultura.** Esencialmente, uno se convierte en moldeable como un niño. Anhelo un hogar. Me veo a mí misma como viajando en muchas direcciones, haciendo cualquier cosa para encontrar una". »[1]

---

[1] Fuente: https://www.aciprensa.com/noticias/somos-hijas-sinteticas-y-estamos-de-acuerdo-con-dolce-gabbana-99209/, tomado el 5 de mayo 2015

Y todo esto me lleva a un momento muy íntimo de un hermano quien creció alejado de su padre, y durante una dinámica grupal, donde la terapeuta buscaba ayudarlo, porque era muy evidente que venía cargando muchos conflictos emocionales por dicha ausencia, él expresó al ver simbólicamente a su padre reflejado en otro hermano, lo siguiente: «… **Me has causado muchos problemas y ni siquiera te conozco**…». Para mí fue bastante fuerte ver hasta dónde puede llegar el daño que le hacen los padres al mantenerse alejados de sus hijos, o peor en estas circunstancias artificiales como las mencionadas en la nota anterior.

Cualquiera podría pensar que su mamá era suficiente para cubrir la labor de ser padre y madre, pero era evidente que no, y la razón es muy simple: los hombres no somos iguales a las mujeres, aún cuando el valor, y la dignidad, de nuestras vidas sea el mismo.

Por eso, independientemente de cualquier ideología que se venda de la mejor manera, la realidad es que todos los niños y las niñas tienen el derecho natural de crecer con un papá y con una mamá en un ambiente sano y feliz.

Obviamente jamás se juzgaría que haya madres solteras ni padres solteros, porque mis respetos hacia muchas que conozco que son valientes mujeres que con su testimonio de vida muestran que son capaces de dar su propia vida por sus hijos(as); pero, señor o señora, si usted tiene un hijo o una hija, y se encuentra alejado de ellos, acérquese a él o a ella, aunque ellos se sientan muy extraños durante este proceso de adaptación, ya que su ausencia les podría estar haciendo bastante daño, y sus hijos(as) no tienen la culpa de cargar con sus errores, problemas o inclusive sus propias historias. A nadie se juzga, pero tampoco a nadie se le oculta la verdad.
Al final de la dinámica, me conmovió bastante como él recibió la ayuda buscada y terminó la actividad diciéndole de manera simbólica a su papá: «**Yo le pido a Dios por tí, aunque no sepa quién eres ni dónde estás**».

«Las distintas técnicas de reproducción artificial, dan pie a nuevos atentados contra la vida. Registran altos porcentajes de fracaso... dejando al embrión expuesto al riesgo de muerte por lo general en brevísimo tiempo. Además, se producen con frecuencia embriones en número superior al necesario para su implantación en el seno de la mujer, y estos así llamados "embriones supernumerarios" son posteriormente suprimidos o utilizados para investigaciones que... reducen en realidad la vida humana a simple "material biológico" del que se puede disponer libremente» (Evangelio de la vida 14).

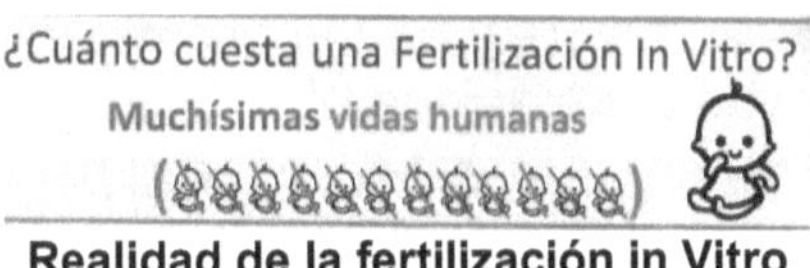

Realidad de la fertilización in Vitro

« ¿Se puede investigar con embriones vivos o con células madre embrionarias?
No. Los embriones son seres humanos, porque la vida humana comienza con la unión del espermatozoide y el óvulo.
Considerar a los embriones material biológico, "producirlos" y "consumir" sus células madre para fines de investigación es absolutamente inmoral y entra dentro de la prohibición de matar. Merecen un juicio diferente las investigaciones con células madre adultas. Porque éstas no provienen de incipientes seres humanos a los que se elimina. Las intervenciones médicas sobre un embrión sólo son responsables si tienen como fin la curación, mientras se garantice en ellas la vida y el desarrollo íntegro del niño, y si el riesgo que comporta la intervención no es desproporcionadamente alto.» (YOUCAT 385).

« ¿Se pueden hacer investigaciones con personas vivas?
Los experimentos científicos, psicológicos o médicos en personas vivas sólo están permitidos cuando los resultados que se esperan son importantes para el bienestar humano y cuando no se pueden

obtener de otra manera. Pero todo esto debe llevarse a cabo con el consentimiento libre de las personas afectadas.

Además, los experimentos no deben ser desproporcionadamente arriesgados. Es un delito convertir a personas en objetos de investigación contra su voluntad.» (YOUCAT 390).

5. Mural de la juventud acumulada

¿Qué son los adultos mayores, un beneficio para las familias o una carga para las nuevas generaciones?
Podría escribir una enorme lista de argumentos, pero prefiero compartir mi testimonio para ver si se parece al tuyo:

«Cuando yo nací, **mis abuelitos** estuvieron en todo momento **acompañando y apoyando** a mis padres en mis cuidados.

Cuando mi mamá y mi papá tenían que trabajar, ellos se apoyaban de mis abuelitos para **cuidarme**. Ellos siempre me miraron y trataron como su hijo. Me **daban de comer**, me **cambiaban el pañal** e incluso me **enseñaron** también a caminar.

Cuando mis padres no sabían cómo cuidarme, **ellos estaban ahí para orientarlos**, para decirles cómo debían ayudarme. Les mostraron también a mis papás como ser comprensivos conmigo, porque yo apenas estaba aprendiendo a conocer el mundo y ni mi mamá ni mi papá tenían un libro de cómo educarme.

De parte de ellos siempre **recibí muchos besos y abrazos** que me hicieron sentir genial, como un niño muy amado.

En mis cumpleaños, **siempre estaban ahí**, tanto que nunca faltaron sus muestras de cariño, siempre estando al pendiente.

Recuerdo también que cuando me enfermaba mi abuelita les daba muy buenos consejos para **ayudarme a aliviarme** más rápidamente.

Ella **siempre estaba ahí**. Mi abuelito siempre me decía: cuando ocupes algo me avisas y yo te ayudo, y si no lo hacía me acuerdo de que me regañaba porque **me quería tanto** que nunca quería que yo anduviera batallando.

Una vez en que me operaron, y que mis papás se tuvieron que quedar conmigo en el hospital, **ellos cuidaron a mis hermanitos** para que no se quedaran solos en casa o con algún vecino.

Cada Navidad, día de las madres y del padre, eran los momentos más especiales para reunir a toda la familia. Venían tíos, tías, primos y primas de todas partes a verlos a ellos y hasta sentía que mi familia era mucho más grande.

Aun cuando ya mis abuelitos estaban muy viejitos y sus cuerpos no respondían igual, con **sólo verlos y estar con ellos se sentía mucha paz,** tanta paz que incluso el pensar en ellos me recuerda lo hermoso que es el amor de mis segundos padres, porque ellos fueron y siempre serán muy especiales.

"Abuelitos, ahora que ya están con Dios, sólo quiero decirles que, aunque los extraño con todo mi corazón, le doy gracias a Dios porque seguro están recibiendo toda la felicidad que ustedes se merecen. También le agradezco a Dios por habérmelos prestado, porque sin ustedes mi historia hubiera sido muy pero muy diferente.

Ustedes, junto a mi papá y a mi mamá, nos enseñaron a mí, a mis hermanos(as) y primos(as), lo bonito que es la familia. Lo importante de estar al pendiente unos de otros. A amar sin esperar nada a cambio. A ofrecer todo, inclusive el mismo corazón con tal de ayudar al otro. A dar hasta el cansancio y nunca guardar nada con tal de ayudar a los que nos necesitan.

No se preocupen por nosotros, que **mientras sigamos con vida, sus enseñanzas seguirán vivas, porque aprendimos de los mejores cómo formar una muy bonita familia**".

Les escribo estas palabras con mucho cariño, su nieto que tanto los quiere y los extraña y espera algún día volver a verlos"».

Pudiera decir más cosas, pero sólo quien ha tenido abuelitos, como los míos, puede comprender la gran importancia de amarlos, quererlos, tenerlos y cuidarlos.

«Hagamos una sociedad más humana, amando y respetando a quienes también así nos lo han enseñado».

«La vejez está marcada por el prestigio y rodeada de veneración (cf. *2 M* 6, 23). El justo no pide ser privado de la ancianidad y de su peso, al contrario, reza así: "Pues tú eres mi esperanza, Señor, mi confianza desde mi juventud... Y ahora que llega la vejez y las canas, ¡oh Dios, no me abandones!, para que anuncie yo tu brazo a todas las edades venideras" (*Sal* 71 70, 5.18).» (Evangelio de la vida 46).

«La dignidad y respeto a cada persona no es asignada por ningún grupo de personas, ni concebido por ningún gobierno. Nuestra dignidad no depende de lo que tenemos o hacemos, no podemos comprarla o venderla. Esta dignidad y valor viene de Dios como un completo e inestimable regalo» (Robert W. Finn, 8).

Lamentablemente cuando se abre una puerta Anti-Vida (ProElección) para eliminar a alguien se desatan otra serie de problemas sociales no contemplados los cuales tristemente degradan el valor de la vida humana. Uno de éstos es lo que conocemos como Eutanasia, erróneamente llamada muerte digna.

Preguntas de retroalimentación:
¿Cuándo inicia la vida humana?, ¿En qué me puedo basar para conocer dicha verdad?, ¿Qué dice la ciencia? ¿Qué dicen los especialistas de la salud? ¿Acaso los adultos mayores son un beneficio o una carga para las nuevas generaciones?

CAPÍTULO II
EL PABELLÓN DE LA MUERTE

Cuando hablan de aborto gratuito legal y seguro, yo me pregunto: «¿De dónde sale el dinero para pagarle a los médicos, las enfermeras, las instalaciones, personal administrativo, capacitaciones, equipos, medicamentos, etc.? Si fuera seguro entonces significaría que después de un aborto provocado podríamos hacer una fiesta con pastel y payasos e invitar a todo mundo como si fuera un cumpleaños. Me imagino que si eso fuera seguro sería bien bonito publicar la foto de todos juntos el día en que se fuera a practicar el aborto. Imagínense cuanta alegría habría como para gritarle a todo mundo: ¡¡¡Yo aborte, denúnciame esta!!!

1. Mural de la muerte digna

«La muerte es el final de la vida terrenal. Nuestras vidas están medidas por el tiempo, en el curso del cual cambiamos, envejecemos y como en todos los seres vivos de la tierra, al final aparece la muerte como terminación normal de la vida. Este aspecto de la muerte da urgencia a nuestras vidas: el recuerdo de nuestra mortalidad sirve también para hacernos pensar que no contamos más que con un tiempo limitado para llevar a término nuestra vida» (CIC 1007).

«Gracias a Cristo, la muerte cristiana tiene un sentido positivo. "Para mí, la vida es Cristo y morir una ganancia" (Flp 1, 21). Es cierta esta afirmación: "si hemos muerto con Él, también viviremos con Él" (2 Tm 2, 11). La novedad esencial de la muerte cristiana está ahí: por el Bautismo, el cristiano está ya sacramentalmente "muerto con Cristo", para vivir una vida nueva; y si morimos en la gracia de Cristo, la muerte física consuma este "morir con Cristo" y perfecciona así nuestra incorporación a Él en su acto redentor: "Para mí es mejor morir en ('eis') Cristo Jesús que reinar de un extremo a otro de la tierra. Lo busco a Él, que ha muerto por nosotros; lo quiero a Él, que ha resucitado por nosotros. Mi parto se aproxima..."» (CIC, 1010).

«La muerte es el fin de la peregrinación terrena del hombre, del tiempo de gracia y de misericordia que Dios le ofrece para realizar su vida terrena según el designio divino y para decidir su último destino. Cuando ha tenido fin "el único curso de nuestra vida terrena" (LG 48), ya no volveremos a otras vidas terrenas. "Está establecido que los hombres mueran una sola vez" (Hb 9, 27). No hay 'reencarnación' después de la muerte» (CIC 1013).

« ¿Qué pasa con nosotros cuando morimos?

En la muerte se separan el cuerpo y el alma. El cuerpo se descompone, mientras que el alma sale al encuentro de Dios y espera a reunirse en el último día con su cuerpo resucitado.

El *cómo* de la resurrección de nuestro cuerpo es un misterio. Una imagen nos puede ayudar a asumirlo: cuando vemos un bulbo de tulipán no podemos saber qué hermosa flor se desarrollará en la oscuridad de la tierra. Igualmente, no sabemos nada de la apariencia futura de nuestro nuevo cuerpo. Sin embargo, san Pablo está seguro: "Se siembra un cuerpo sin gloria, resucita glorioso" (1Cor 15,43a)» (YOUCAT 154).

Pero ¿Qué pasa cuando quien tiene la autoridad de elegir decide acabar con la vida de otro ser humano dando argumentos subjetivos que dependen de quien los expresa?

VIENEN LAS CONSECUENCIAS, generando MUERTOS en vida o MUERTOS para siempre…

Ya que hay grupos de personas que han confundido, por ignorancia o por maldad, la muerte digna con el suicidio (eutanasia) y asesinato de seres humanos inocentes (aborto provocado) negando la responsabilidad que se tiene ante el hermano, generando un ambiente de destrucción donde un vicio lleva a otro vicio…

Porque morir dignamente es amar y proteger hasta donde nos sea posible, el cuerpo y el alma de nuestros hermanos, dejando en manos de Dios el futuro de nuestras vidas.

Sin embargo, la historia ha demostrado cómo cuando se abre una puerta a la cultura de la muerte, aprovechándose de los sentimientos y la ignorancia en estos temas de las personas, grandes errores ocurren tal y como se presentan en el siguiente artículo difundido por el sitio Web «Lifesitenews.com»

«El sitio Lifesitenews.com informa que, según datos de la Real Asociación Médica Holandesa, 650 bebés murieron en 2013 bajo la ley 26.691 de eutanasia, puesto que los doctores o los padres de las víctimas consideraban que su sufrimiento sería muy difícil de soportar.

El diez de abril de 2001 se aprobó en Holanda una ley que permitía la eutanasia y el suicidio asistido. Dicha ley, N° 26.691, entra en vigencia el primero de abril de 2002… Con el correr de los años, la experiencia ha demostrado que, si bien la normativa fue pensada para pacientes con enfermedades terminales, el derecho a morir fue garantizado a una gran cantidad de personas que son físicamente saludables, pero con problemas psicológicos.

Al respecto, Wesley J. Smith llamó la atención a aquellos que argumentaban que la ley era referida sólo a los pacientes terminales, e instó a admitir que en realidad buscaba permitir la muerte como solución a muchas causas de sufrimiento, ya sea terminal o crónica, discapacidad, enfermedades mentales, entre otras.

Los medios de comunicación de los Países Bajos informaron que el número de muertes reportadas sólo por Eutanasia en 2011, aumentó respecto del año anterior en un 18 %: alcanzando una cifra de 3.695 personas fallecidas por la citada causa. Y que la cantidad de muertes acaecidas por Suicidio Asistido, no integrantes de las estadísticas oficiales de la eutanasia, es probable que haya alcanzado en el año 2011 la cantidad de 226.

La cantidad de muertes ocurridas por Eutanasia ha sido de 3.136 para el año 2010, 2,636 del año 2009, 2,331 del año 2008, 2,120 para el año 2007 y 1,923 del año 2006. Otro aspecto que preocupa es que no todas las muertes por Eutanasia son reportadas; conociéndose que en el año 2010 el 23% de tales defunciones no fueron informadas a las autoridades oficiales correspondientes.

Por otro lado, cifras oficiales certifican que 13 pacientes que padecían enfermedades mentales murieron a raíz de la Eutanasia en 2011, mientras que en el 2013 el número ascendió a 42.

El holandés TheoBoer, especialista en Bioética, solía apoyar la legislación mencionada, pero luego de doce años de aprobada la ley cambió su postura. Al ver el incremento exponencial de muertes en las estadísticas, se preguntó: ¿Se debe a que la ley debería haber tenido mayores garantías? ¿O en cambio es el resultado de la mera existencia de una ley que invita a ver la Eutanasia y el suicidio asistido como solución inmediata y eficaz a diferentes inconvenientes, antes que un último recurso?»[2]

Como se apreció anteriormente, el turismo suicida abre la puerta a nuevos atentados contra la vida, donde inclusive los recién nacidos terminan pagando el alto precio de una cultura en decadencia.

2. Mural de las consecuencias físicas del aborto

¿Cuáles podrían ser las consecuencias físicas de practicarse un aborto? Estas podrían ser: esterilidad, abortos espontáneos, trastornos menstruales, hemorragias, infecciones, útero perforado, coma, intenso dolor, peritonitis, trombosis, futuros embarazos ectópicos, **MUERTE**, etc. Podrá decirse mucho de si el legal es mejor que el clandestino y mostrar estadísticas ficticias para generar un falso sentido de urgencia para legalizar esta practica mortal, pero lo que si es un hecho es que, legal o clandestino, el 100% de los pequeñitos indefensos terminan siendo brutalmente eliminados.

«Todas estas cosas y otras semejantes son ciertamente oprobios que, al corromper la civilización humana, deshonran más a quienes los practican que a quienes padecen la injusticia» (Evangelio de la vida 3).

---

[2] Fuente: http://centrodebioetica.org/2015/01/650-bebes-muertos-por-eutanasia-en-holanda/, tomado el 7 abril 2015

3. Mural de los métodos abortivos

Succión

Se inserta en el útero un tubo hueco que tiene un borde afilado y que ejerce una fuerte succión (28 veces más fuerte que la de una aspiradora casera) que despedaza el cuerpo del bebé y lo aspira ya troceado, junto a la placenta, depositándolo todo en un frasco.

El abortista introduce luego una pinza para extraer el cráneo, que suele no salir por el tubo de succión.

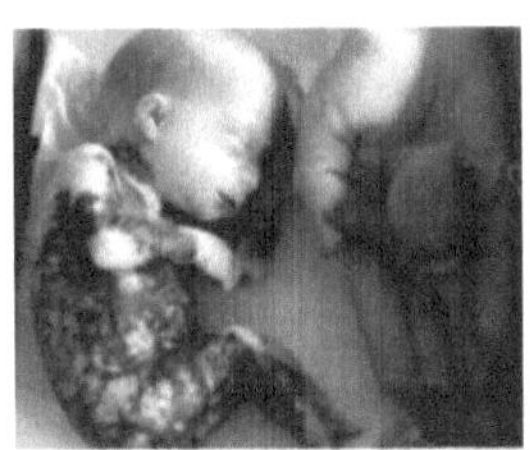

Envenenamiento salino

Con una larga aguja, a través del abdomen de la madre, se accede la bolsa amniótica que contiene el líquido que protege al bebé y se inyecta en su lugar una solución salina concentrada.

El bebé recibe quemaduras en la delicada piel e ingiere esta solución que le producirá la muerte por envenenamiento y horribles lesiones cáusticas. Esta espantosa agonía dura unas 12 horas.

Bebé cortado en un aborto por curetaje

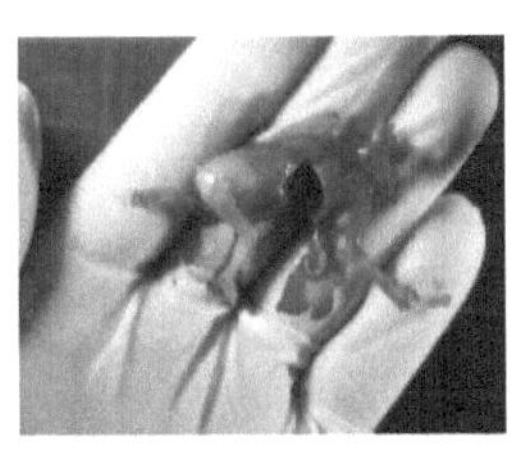

Se utiliza una cureta, una herramienta con una cucharilla muy afilada en la punta (legra) con la que se va cortando en pedazos al bebé, para facilitar su extracción de la madre. Después con ayuda de un fórceps se van sacando los pedazos. Este método produce al bebé un gran número de heridas de cuchilla, antes de conseguir matarlo.

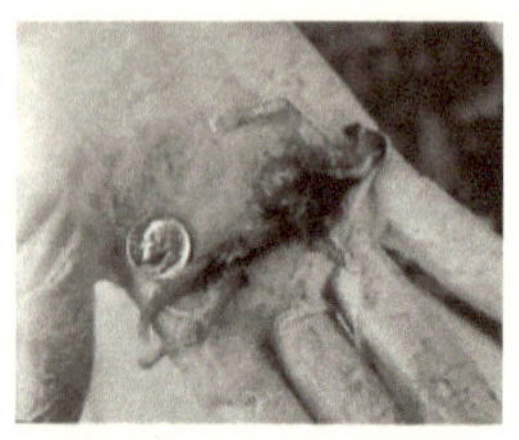

Farmacológico o químico RU486 – prostaglandinas

La RU 486 (mifepristona) impide la acción de la progesterona, encargada de que el útero se prepare para «alimentar» al bebé, por lo que éste no puede sobrevivir y muere, desprendiéndose del útero. 36-48 horas después de la ingestión de la RU 486, la mujer recibe una dosis de misoprostol, una prostaglandina que favorece las contracciones uterinas y la expulsión de su bebé.

La mujer puede abortar en el hospital en las primeras 4-6h. Aunque muchas lo hacen en otros lugares; en este caso la mujer ha de volver al hospital para comprobar que no existen «restos fetales», en cuyo caso ha de realizarse un legrado.

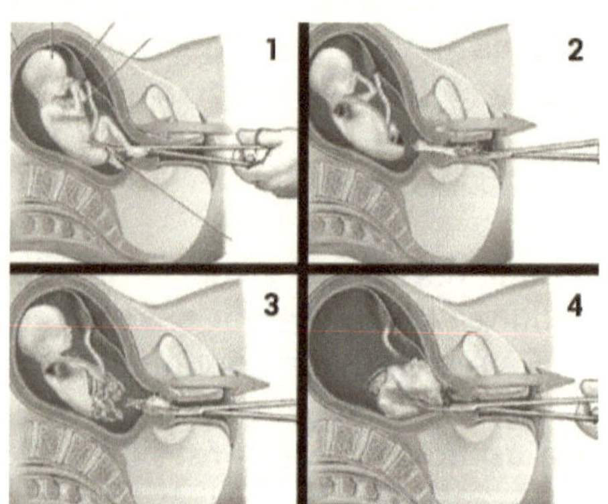

Evacuación por arrancamiento de tu bebé de 23 semanas

1. Se agarran las partes del cuerpo al azar con una tenaza larga que tiene dientes.
2. Se empiezan a sacar por la vagina.
3. Se agarra la cabeza y se aplasta para poder extraerla por la vagina.
4. Las partes que quedan también se retiran.

Se extraen la placenta y el resto del contenido del útero con un equipo de succión.

Así como en el proceso de gestación, los métodos abortivos presentados anteriormente fueron facilitados por la Asociación Civil Española «**Hazte Oír**», a través de su plataforma «**Derecho a Vivir**».

En caso de que tengas mayores dudas, te invito a ver los videos de «Live Action» en su cuenta de Youtube, donde el **Dr. Anthony Levatino quien es médico gineco obstreta**, ex abortista ahora provida, explica con animaciones como se llevan a cabo estos procedimientos, y de igual manera explica claramente cuales son las consecuencias físicas que la mujer experimenta cuando es sometido a estos procesos que van en contra de su misma naturaleza.

No importa el método, físico o químico, en cualquiera de los casos **el ser humano no nacido** termina siendo **mutilado** aun cuando la madre **aparentemente** salga ilesa ante dicha situación.

Realidad que representa "el derecho a elegir"

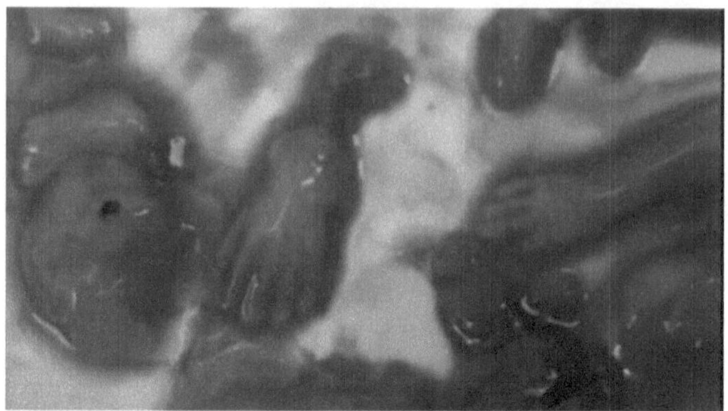

Bebitos no nacidos abortados por "el derecho a elegir"

«Me parece tan claro como el día que el aborto es un crimen» (Mahatma Gandi)

Cabe aclarar que, debido al aborto, no solamente la mujer y el hijo asesinado sufren, sino todos aquellos involucrados tal y como lo afirmó el Dr. Bernard Nathanson después de su conversión:

Dr. Bernard Nathanson, Ex-abortista arrepentido, impulsor de campañas a favor de la Vida

«Durante diez años, pasé por un periodo de transición. Sentí que el peso de mis abortos se hacía más gravoso y persistente pues me despertaba cada día a las cuatro o cinco de la mañana, mirando a la oscuridad y esperando (pero sin rezar todavía) que se encendiera un mensaje declarándome inocente frente a un jurado invisible», señala Nathanson. … en esa situación no faltó la tentación del suicidio, pero, por fortuna, decidió buscar una solución distinta. Los remedios intentados fallaban: alcohol, tranquilizantes, libros de autoestima, consejeros, hasta llegar incluso al psicoanálisis, donde permaneció por cuatro años…»

Fetito abortado. Durante el video se aprecia que todavía estaba vivo porque se movía

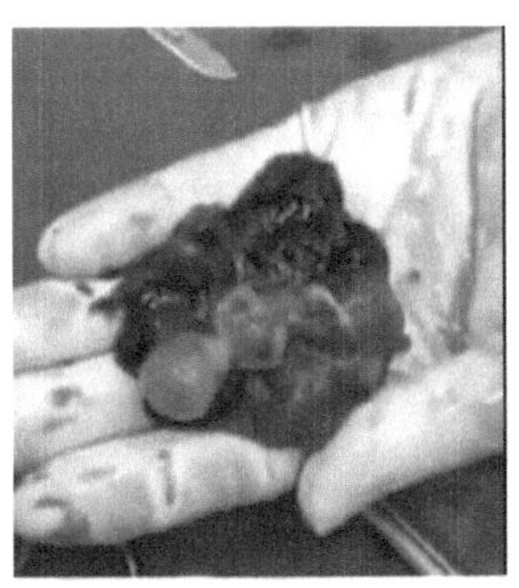

Sin embargo, voces fuertes y valientes han surgido después de terribles actos generados por los abortistas de la generación pasada. Una de estas voces es: «**Lila Rose**».

Lila Rose, líder de la organización civil «Live Action»

Ante todo, lo que pasa en Estados Unidos, Lila se pone de pie en la asamblea de la ONU diciendo:

«" Pido perdón por cómo mi nación ha exportado la violencia contra los más inocentes a todo el mundo", dijo. "Y quiero compartir lo que mis equipos han visto dentro de la industria del aborto… Si no tratamos a los miembros más débiles de la sociedad con el respeto que tenemos por nosotros mismos, ¿Cómo es eso justicia? ¿Cómo es eso igualdad? ¿Cómo es eso defender los derechos humanos?" Lila dijo a la multitud. »[3]

Por eso, esta organización «**Live Action**», a través de los diferentes medios de comunicación, principalmente en sus redes sociales, nos presenta a través de cámaras ocultas lo que hay detrás del sucio negocio del aborto legal. Esto mediante una estrategia en la que personas encubiertas van a solicitar dicho servicio, quedando expuestas ante las cámaras las respuestas que dan quienes comercializan con el aborto "legal".

---

[3] Fuente: https://c-fam.org/friday_fax/lila-rose-estremece-al-publico-en-la-onu/, tomado el 20 marzo 2015

Algunos de los resultados que se aprecian a ver esta serie de videos se aprecia como en el diálogo encubierto, la vida humana, en su lenguaje, ha sido cosificada de manera que pueden disponer de ella cuando les de su regalada gana, sin un solo remordimiento tanto que hasta puede ser arrojado al sanitario como cualquier material desechable. Incluso también se puede observar cómo no se refieren a un ser humano, sino como "eso".

Sólo basta ver las risas que se muestran en uno de estos videos como cuando la abortista, por sí misma, asegura que el feto ya está completamente desarrollado por tener más de 6 meses, cayendo en la insensibilidad de practicarlos comúnmente tal y como ella lo afirmó.

Por otra parte, es cruel la manera como se expresa cuando dice que sale en pedazos, y cómo la solución tóxica detendrá el latir de su corazoncito.

Puedes validar lo que te comenté anterior, con tus propios ojos en las redes sociales de «Live Action» y de «The Center for Medical Progress».

Pero, alguna vez te has preguntado **¿cómo fue que estos países llegaron a deshumanizarse hasta este punto de cosificar a un ser humano?** En base a la historia de los países que han accedido, a continuación, te presento las etapas, las cuales pueden variar en algunas cuestiones, aunque normalmente son las mismas:

1ra. etapa. Se realiza un bombardeo constante para sobre erotizar a la comunidad mediante la utilización de materiales de alto contenido sexual en los medios de comunicación (música, películas, etc.) para estimular sexualmente a la comunidad, dejando la idea masiva de que el sexo es una necesidad básica, dando paso a la distribución constante de condones, y demás anticonceptivos, principalmente entre los adolescentes y jóvenes quienes podrían llegar a ser los principales consumidores.

2da. etapa. Aprovechándose de los sentimientos de las personas, y de la ignorancia de la población en esta temática (aborto), se inventan estadísticas que confunden a la comunidad acerca de la necesidad de legalizar el aborto para evitar la muerte de miles y miles de mujeres quienes supuestamente mueren debido a los miles de abortos ilegales a los cuales ellas son condenadas malvadamente por aquellos quienes buscan el respeto a la vida del no nacido. En estos casos se presentan casos extremos, que se deben solucionar de manera específica, pero se presentan como si fuera algo general o común dentro de la comunidad, lo que manipula a las personas a aceptar el derecho de la decisión de la mujer, cosificando a su hijo a tal grado que él o ella pueden ser asesinados simplemente porque su madre, o cualquier otra persona, así lo deciden.

3ra. etapa. Cuando se ha legalizado el aborto por violación, aborto eugenésico (malformación del fetito) y el erróneamente llamado aborto terapéutico (riesgo de la salud de la madre) a las 12 semanas, después dicen que no es suficiente, y buscan ampliar el alcance hasta la semana 20 a la 24. Obviamente como se puede apreciar en las historias de ex abortistas, una vez que se abre la puerta desde las primeras semanas, es muy difícil que las restricciones que se tienen se cumplan sobre todo por la falta de monitoreo de los controles gubernamentales que abrieron estas opciones para elegir.

4ta. etapa. Se plantea el aborto ya no como una necesidad, por los tres supuestos mencionados anteriormente, sino como un derecho de la mujer para hacerlo cuando quiera, dando paso al aborto libre, que cruelmente demuestra que una mujer puede matar a su hijo mientras esté en su vientre. Una vez que se llega a esta etapa es casi imposible dar marcha atrás a estas leyes por los controles de población, así como por el flujo de efectivo que se obtiene por dicha actividad.

Además de lo anterior, también «**Live Action**», en sus investigaciones ha comprobado cómo estos centros abortuorios acceden a practicar abortos por razones de sexo, principalmente cuando el ser humano es niña, a encubrir la prostitución infantil (niñas de 14 años quienes salieron embarazadas por la práctica que realizan) tapando a quienes las controlan, etc.

Y pues después de esta cruda realidad, no nos queda más que mostrar una vez más lo que significa ser prochoice o proelección.

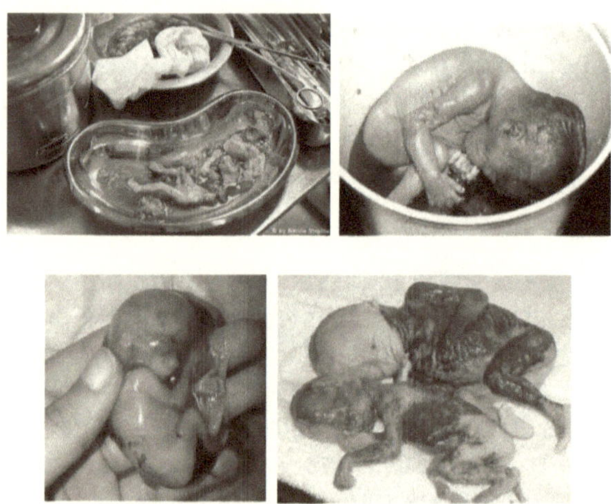

Imágenes del Túnel de la Muerte

Ahora esta imagen reprodúcela por los millones de seres humanos que han sido mutilados a lo largo de la historia, pero con un incremento impresionante en aquellos lugares donde este crimen se practica legalmente.

Uno de los puntos que quisiera resaltar en uno de estos videos es como **la abortista afirmó**, sin mostrar ningún fundamento científico ni de ninguna otra índole, **que el feto no sufría ningún dolor**, sin embargo, **«según los expertos, a partir de la mitad de la gestació**n. **"Se sabe científicamente que, aproximadamente desde la semana 20 del embarazo, el feto es perfectamente sensible al dolor",** afirma el doctor Francisco Reinoso, especialista en anestesiología pediátrica y jefe de la Unidad de Dolor Pediátrico del Hospital Infantil La Paz, quien ya incidió en estas importantes evidencias científicas en el VI Congreso Mundial de las Familias (WCF), celebrado en Madrid…, donde también advertía que, por el contrario, **la capacidad para inhibir el dolor no se adquiere hasta las 10/14 semanas después del nacimiento, por lo que cualquier daño le causa al feto mucho más dolor que a un adulto. En el vídeo** que acompaña a esta noticia el prestigioso especialista expone el tema en su ponencia dentro de las I Jornadas Científicas de Derecho a Vivir.

Dr. Francisco Reinoso, especialista en Anestesiología Pediátrica

Según Reinoso, ante estímulos dolorosos, **un feto de 8 semanas presenta una respuesta refleja, si bien ésta no está asociada a una sensación dolorosa. Desde las 15 semanas, "cuando a un feto le hacemos una intervención dolorosa, éste libera las hormonas del estrés igual que cuando uno tiene dolor". »**[4]

«Me parece inhumano (el aborto)… sumamente atroz, y creo para considerarlo como una tortura porque si os dais cuenta acabar adolido asi, supone que se le están inflingiendo intencionadamente a una persona dolores y sufrimientos graves… con que tenga un componente físico ya será suficiente…

…Está comprobado científicamente que los fetos tienen más dolor que los adultos. Desde luego su componente físico desde la semana 15, y desde luego en sus componentes psicológicos desde las 20 o 22 semanas. Luego, existen métodos probados de analgesia fetal que deberíamos utilizar, que deberían de utilizarse

---

[4] Fuente: http://www.hazteoir.org/noticia/47165-ciencia-aborto-causa-dolor-no-nacido, tomado en abril del 2015.

independientemente de cuales sean los condicionamientos ideológicos… » (Dr. Francisco Reinoso)

Puedes ver el video completo, donde se explica más a detalle lo mencionado anteriormente en la jornada cientifica de DAV (Derecho a vivir) en el canal de Youtube de Hazte Oir.

Y quisiera invitarte a reflexionar acerca de: Si no son seres humanos, entonces, ¿qué son?

Por otra parte, también se cuenta con testimonios de quienes estuvieron directamente en estos crimenes. Por eso te invito a que leas detenidamente el siguiente testimonio de quien comprendió el error de ser ProAborto.

Carol Everett, ex-abortista arrepentida

«Atendimos a una modelo de 22 años que bailó y saltó sobre la mesa haciendo reír al doctor porque no llevaba ropa interior. Estaba embarazada de 22 semanas. La pusimos sobre la mesa, hay una maniobra llamada de Hansen. Puede hacerla el mismo doctor o cualquiera. La hicimos porque era un bebé grande. Yo sostenía a los bebes y decía, aquí está la cabeza, los pies aquí, el culito aquí y tú suavemente empujas al bebé hacia los instrumentos. En el primer empujón le saco el omento (a la madre), el revestimiento de los intestinos. Literalmente perforó su útero y tiró del intestino la primera vez que metió los instrumentos. Y la segunda vez los sacó y los volvió a meter.

El bebé estaba vivo. Despertó a la mujer, la metimos en mi coche porque no era una buena publicidad tener una ambulancia enfrente de la clínica abortiva. Así que la metimos en mi coche y la llevamos no al hospital más cercano, o a otro donde la atendiera mejor. La llevamos a través de la ciudad a un hospital que nos ayudase a encubrir lo que habíamos hecho. Y el cirujano recoge a esta chica que tiene a un perfecto dentro con sus intestinos fuera en su vagina y la suben al quirófano. Siete médicos estaban operando al bebé y a esa chica.

Tuvieron que hacer una colostomía para la recepción del intestino y vaciar su bolsa dentro. Sacaron al niño, lo enrollaron en cortinas desechables y lo incineraron en el hospital. Esos siete médicos falsificaron los documentos. Así matamos al bebé, los doctores falsificaron los documentos, le dijimos a esa chica que tenía un embarazo abdominal y ella no nos demandó.» (Carol Everett, Documental Dinero de Sangre).

Por eso, en base a lo anterior, me atrevo a decir que:
«El aborto provocado es el resultado de una sociedad fracasada que no quiere solucionar sus problemas de raíz, impactando cruelmente en la vida de los seres humanos más indefensos, impregnando a sus habitantes de una absurda ley injusta donde está la comodidad de los más fuertes sobre los derechos naturales de los más débiles»

Y ¿Qué pasaría si un bebe no nacido supiera que su madre tuviera la intensión de abortarlo? ¿Qué crees que le diría?

«…**pero si cambias de planes, te ofrezco mil y unas sonrisas.** Dormir tranquilo en las tardes, calmar mi llanto al escuchar tu voz. **Serás lo más grande en mi vida**, y guardarás mis secretos... Serás lo más grande en mi vida, y guardaras mis secretos, tú la reina de mis cuentos, **mamá mi mejor amiga.**

Hoy te digo estas palabras, pongo en tus manos mi suerte. Te habla tu hijo pequeño, sonrió desde tu vientre.» (Felipe Gómez, canción "La reina de mis cuentos").

4. Mural del aborto a domicilio

Sea quirúrgico o por medicamentos, el aborto sigue siendo lo mismo: el asesinato de un ser humano en desarrollo. No obstante, se promueven pastillas que fueron elaboradas para otros tratamientos pero que se utilizan por su poder de acabar con la vida de un bebé ya concebido.

A continuación, te presentamos algo que debes saber acerca de los riesgos a los que se someten quienes acceden a estos medicamentos para acabar con la vida de su propio hijo. Esta información fue tomada del website www.abortionpillrisks.org el cual te sugiero ingreses para que veas todos los riesgos a los que se enfrentan las mujeres que toman este tipo de pastillas.

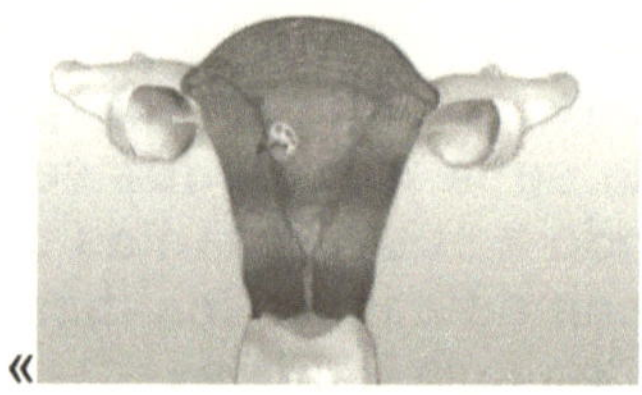

Los medicamentos terminan los embarazos al bloquear la acción de la progesterona.

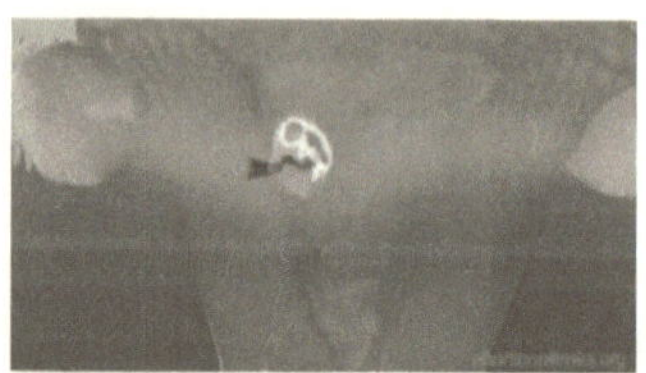
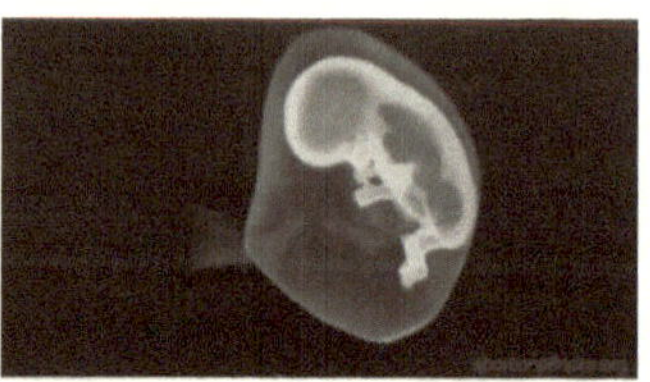

Estos actúan en los vasos sanguíneos del útero causando daño vascular, hemorragia y desprendimiento del embrión.

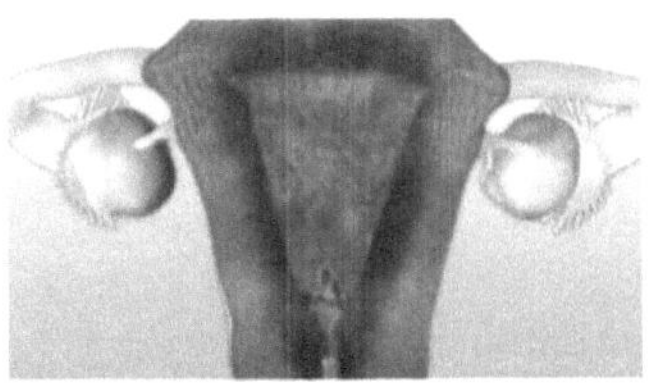

Los medicamentos completan el proceso induciendo dilatación cervical, sangrado y contracciones uterinas para expulsar el embrión y el tejido placentario.

El legrado instrumental podría ser necesario para abortos fallidos, exceso de sangrado o tejido gestacional residual en el útero.

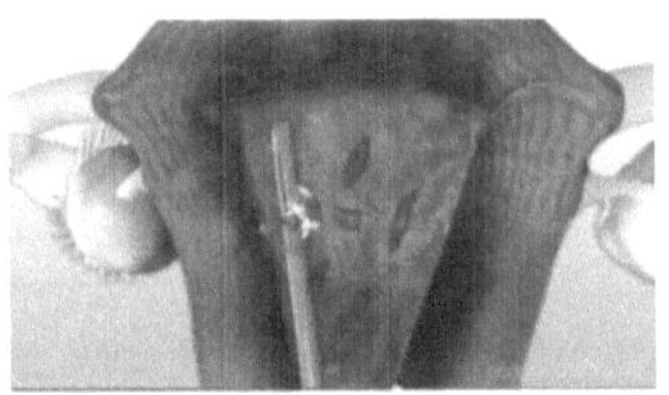

Han sido reportadas Infecciones y muerte en mujeres previamente sanas. Las infecciones pueden ocurrir mientras el cuello del útero está abierto durante el aborto con medicamentos, permitiendo que entren bacterias y contaminen el útero.

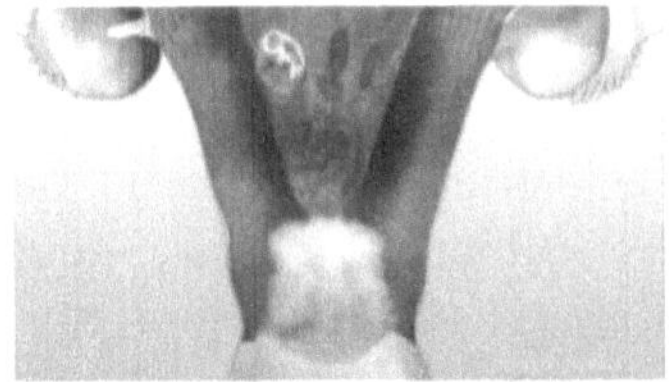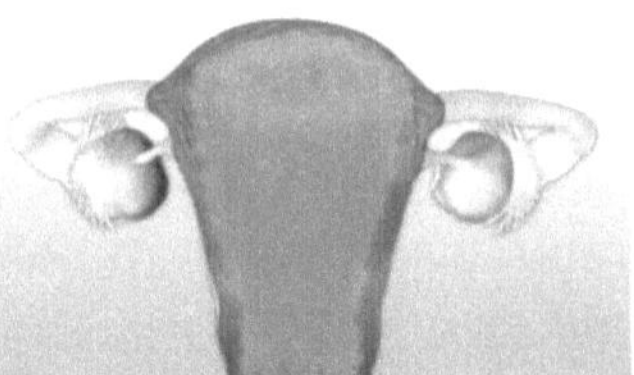

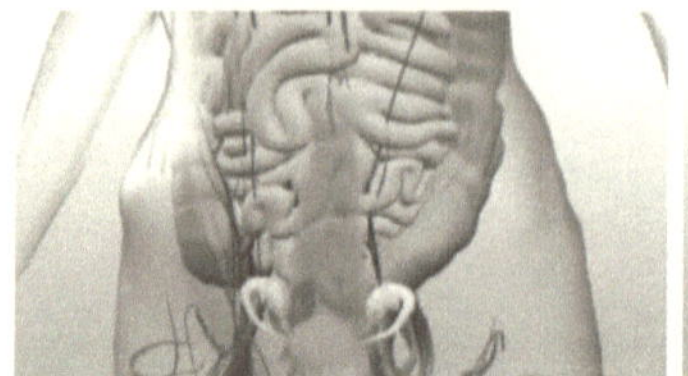 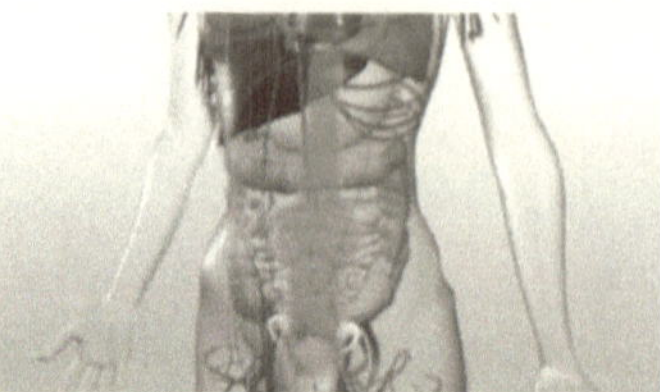

Estudios médicos sugieren que las drogas abortivas pueden alterar o invalidar la respuesta inmune responsable de bloquear las infecciones.

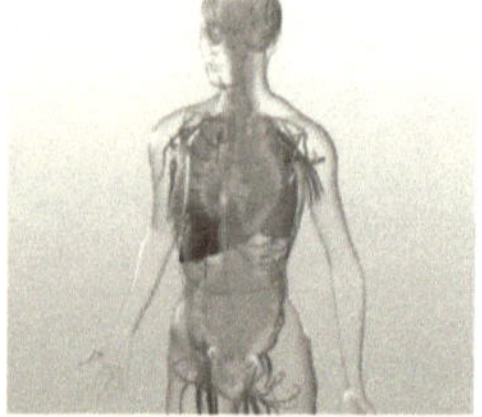

Terminar un embarazo temprano con estos medicamentos puede ser impredecible para la madre, aunque predecible para su hijo quien en cualquiera de los casos termina muriendo.»[5]

Conoce más acerca de los riesgos de estos medicamentos que pueden ser utilizados como abortivos visitando el sitio Web **www.abortionpillrisks.org**, siendo está la fuente de donde se tomó la información para este mural, el cual ha sido diseñado para apoyarnos a generar conciencia de la realidad científica que ocurre en quienes acceden a utilizar estas y otras sustancias.

5. Mural de las mujeres asesinadas

¿Existe el aborto legal y seguro para la mujer?... no creo que les puedas preguntar a las siguientes mujeres porque murieron creyendo que esta fantasía era real. Dejando tristemente a sus hijos y demás familiares con el dolor de haber perdido a quienes ellos tanto amaban.

---

[5] Fuente: tomado del website: "http://www.abortionpillrisks.org" el 2 mayo del 2015

Diana López (19 semanas de gestación), 2002

Holly Patterson, 2003

Marla Anne Cardamone, 1989

Sharon 1996 (20 semanas)

Y muchas otras las cuales nunca conoceremos porque los grupos abortistas lo ocultan a autoridades civiles, y diversos medios de comunicación, para encubrir dichos crímenes....

Podríamos poner muchísimos casos, pero debido a la extensión de los mismos, en este libro sólo nos enfocaremos en lo que le paso a Marla Cardamone:

Marla y su madre Deborah antes del asesinato.

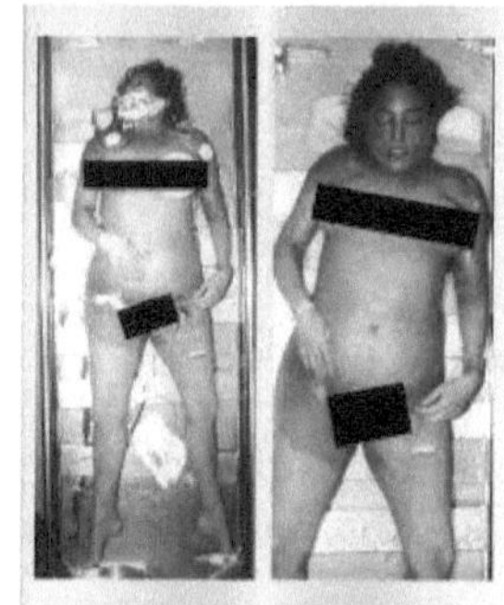

Fotografías de Marla después de haber sido asesinada durante un "ABORTO LEGAL Y SEGURO"

Deborah (la madre de Marla) expone la farsa del "aborto seguro" ante los medios de comunicación que así se lo permiten.

«Cuando Marla Cardamone, de 18 años, murió durante un aborto en un prestigioso hospital de Pennsylvania, su madre, Deborah, juró que nunca permitiría que se olvidara a su hija.

Ella se dirigió a un grupo ProVida para dar a conocer el terrible caso de su hija y les pidió que difundieran su testimonio y las imágenes de la autopsia de Marla para mostrar a otras mujeres los riesgos a los que se exponen cuando se someten a abortos.

Las fotografías de la barbarie destapan la falacia de lo que se ha querido vender como aborto "legal y seguro". El aborto en ningún caso es seguro porque siempre conlleva la muerte de un ser inocente, y además trae consigo dramáticos riesgos para la salud de la madre: desde morir hasta quedar estéril o sufrir las lamentables secuelas físicas y psicológicas que padecen en gran número las mujeres que han sufrido esta brutalidad contra su maternidad.

Innumerables mujeres como Marla pierden la vida junto a la de sus hijos durante un aborto "legal y seguro" sin que el mundo lo sepa. En Estados Unidos tras la sentencia de la Corte Suprema de 1973 en el caso Roe contra Wade se legalizó el aborto "a petición" en todo el país, durante todo el tiempo que dura el embarazo.

El aborto ha sido publicitado como "legal y seguro": una gran mentira. El pasado mes de julio también saltó a la luz pública el caso de Tonya Reaves, muerta durante el aborto de su hijo cuando estaba en el segundo trimestre de gestación.

P. Frank Pavone, sacerdote quien levanta la voz por quienes no lo pueden hacer

El Padre Frank Pavone, de Sacerdotes por la Vida, pide "participar y difundir la verdad acerca de Marla y otras mujeres muertas y heridas por el aborto" porque "como Deborah Cardamone (madre de Marla) ha dicho muchas veces, tenemos que hablar, porque si nos callamos, somos parte del problema".»[6]

Por eso mujer, si te provocaste un aborto, da gracias de que al menos físicamente la libraste, porque a diferencia de Marla, tú si tienes la posibilidad de rectificar tu vida por el buen camino hacia la felicidad.

---

[6] Fuente: http://www.hazteoir.org/noticia/50530-im-genes-brutalidad-que-denuncian-mentira-aborto-legal-y-seguro,tomada el 10 de septiembre del 2014.

Hazte la siguiente pregunta: ¿Si ellas hubieran sabido que podrían morir se hubieran arriesgado a dicho procedimiento? ¿Te arriesgarías tú?

En lo referente a los registros, a continuación, Carol Everett platica su testimonio de que es lo que ha pasado, y podía seguir pasando, en lo referente a las defunciones originadas por abortos provocados pero que se registran por otra causa.

Carol Everett, ex abortista arrepentida

«Yo no estuve durante la intervención, pero entré al final y nunca había visto tanta sangre. Había sangre por todas partes. La llevamos a la sala de recuperación y empapó la cama. Tuvimos que cambiársela un par de veces. Su presión arterial no era constante y el médico se marchó.

Estaba muy preocupada por ella y trate de decírselo a él, pero su novio quería llevársela a casa. Su presión se estabilizó un poco, pero yo creía que no era suficiente. Tenía la sensación de que algo no iba bien. A las 10 se marcharon. El novio dijo que si ocurría algo que me llamaría inmediatamente.

A las 4:30 llamó al doctor y sin coger el historial médico le dijo que la metiera en una bañera con agua caliente y cuando lo hizo la última gota de sangre que quedaba en su cuerpo se agotó. Me llamó sobre las 6 y me dijo: "**Ha muerto**". **La autopsia no presentó nada, no se presentaron cargos y no pasó nada.** Los periódicos no llamaron y nadie acudió. Matamos a esa mujer e hicimos más abortos el día siguiente.

Los familiares estaban tan afectados por lo que había pasado y tan avergonzados de que su hija hubiera muerto por hacerse un aborto que no fueron tras nosotros» (Carol Everett, Documental Dinero de Sangre).

Dr. Brian Clowes, Human Life International

«Durante mucho tiempo he visto a chicas que han muerto por el aborto, y en el certificado de defunción venía algo del tipo "muerte repentina por un problema terapéutico en los ovarios" o algo parecido.» (Dr. Brian Clowes, Documental Dinero de Sangre).

Pues ante esto te hago la siguiente pregunta ¿Quieres escuchar que tan seguro es el aborto legal en países como Estados Unidos? Ve a Youtube y en el canal de «**The Prolife Action League**» escucha las grabaciones de como llegan las ambulancias a los centros abortistas después de que han sido mal practicados y las mujeres tienen que ser trasladadas urgentemente a un hospital a recibir la atención. Lamentablemente hay casos donde la paciente mueren.

¿Quieres esto en tu comunidad? Si tu respuesta es no, levanta la voz desde ahora, antes de que mañana sea demasiado tarde… de lo contrario, quédate indiferente y ve como tu ambiente se va convirtiendo tal y como ocurrió en esos lugares donde diariamente se convive con la cultura de la muerte.

6. Mural de los ex abortistas arrepentidos

Dr. Bruckalski, ex abortista arrepentido

« Un día, mientras abortaba un bebé, calculamos mal la edad y pesaba más de 500 gramos, cuando lo saqué vivo. Avisé a una pediatra para que salvara al bebé. Me miro a los ojos y me dijo: "Johnny, eres mejor que esto." "Deja de tratar a los bebés como si fueran tumores cancerosos." "Te hiciste médico para ayudar. Esto no ayuda". **Comprendí que cuando abortaba al matar a un inocente, a un bebé, de mi mano pasaba a mi corazón y nos endurecía a mí y a la madre. Mi corazón se quebró y empecé a llorar.** Mi mujer y yo dejamos esas prácticas y abrimos nuestra Clínica, en Virginia.» (Dr. Bruckalski, Documental Tierra de María)

¿Qué es lo que pasa dentro de las clínicas abortivas que, en muchos casos, los abortistas terminan haciéndose ProVida?

- «Judith Fernández: "No hablar con los cristianos ProVida"». Los voluntarios, los escoltas, de las mujeres que entran a la clínica de aborto y los empleados han recibido instrucciones de no hablar con los cristianos ProVida. Les han dicho esto porque demasiados empleados y voluntarios han oído la verdad y se han arrepentido".

- Mariana León: "Yo cedía siempre ante las mentiras". "Un día alguien me dio un libro escrito por la Dra. Jean Jartan, ¿Quién destruyó mi bebé? Este libro tomó todos los eufemismos que yo había estado usando durante años, cuando abogaba por la 'opción', y los destruyó uno por uno. Yo leía un poco cada noche y lloraba y lloraba, y creo que la última noche que lo leí la represa entera se derrumbó, y salieron las lágrimas a borbotones, y me arrepentí. De veras que me dolía todo lo que había hecho, de veras estaba arrepentida de haberle quitado la vida a un niño inocente".

- Dina Montero: "Estaba juntando los pedazos del bebé y ayudando al médico. Habían disminuido los chistes y los sarcasmos que oí todo el tiempo que estuve allí, en la clínica del aborto. Estaba cambiando hasta el punto de que odiaba estar allí, odiaba ir a trabajar, tener que estar en el mismo salón con ese abortista y con esas mujeres. Quería correr y gritar que odiaba hacerlo".

- Josefina Dávalos: "Cuando yo estaba en la industria del aborto empecé a tener pesadillas y sentimientos de culpa porque lo que estaba haciendo estaba mal. Entonces fui con un amigo que era abortista. Él no trabajaba conmigo, pero trabajaba en una clínica cercana. Yo fui y le conté acerca de todas las cosas que sentía, sobre las pesadillas y el sentimiento de culpabilidad. Él me dijo que entendía bien, porque él también tenía pesadillas y también sentía una tremenda cantidad de culpa".

-Juana Álvarez: "La cosa más horrible era que olíamos a los bebés quemándose".

- Diana Manjares: "No se requería ningún conocimiento médico para el puesto, sólo se necesitaba estar de acuerdo con el aborto. Yo estaba viendo a los bebés como algo que se podía desechar. Yo no los consideraba importantes. Yo no apreciaba mi propia vida, por consiguiente, ¿cómo podría valorar la vida de ningún otro? Y si estas mujeres eran tan estúpidas de quedar embarazadas, entonces era culpa suya. Así pensaba yo, y así pensaba la mayoría del personal".

- Dr. Amunátegui: "...luego me acerqué más para mirar y efectivamente, había una manita que parecía estar suplicando "Por favor". Más tarde esa manita me hizo admitir que era culpable. En aquel momento yo sólo había visto un puñado de tejidos, pero luego, al profundizar en mi relación con Cristo, me di cuenta de que era una mano bellamente diseñada".

- Dr. Andrés Szörényl: "Gracias a la Iglesia por enseñar la verdad. Soy un doctor, ex-abortista, creo que el único aquí entre nosotros, ahora convertido y a favor de la vida. Soy secretario de la Organización Obstetras por la Vida en Hungría".» (100 preguntas…, Pág. 55-68).

Fotografía representando a los no nacidos que son eliminados del mundo

Otro de los casos que sorprendieron a la opinión pública fue el de la ex abortista, ahora ProVida, **ABBY JOHNSON**, quien «era la Directora del Centro de abortos ubicado en la Bryan/College Station, Texas, perteneciente a la trasnacional Planned Parenthood, dueña de la cadena abortivas más grande del mundo. **Después de dejar dicha actividad infanticida, ahora defiende la vida de los niños no nacidos y apoya a empleados de los abortorios a dejar esa actividad**.

Abby Johnson, ex directora de un abortuorio

Abby Johnson señala que "salí en buenos términos y simplemente cambié mi corazón sobre este asunto. En los últimos meses había visto un cambio en la motivación sobre el impacto financiero de los abortos y llegué a mi punto de quiebre **luego de ver un tipo particular de aborto en ultrasonido**".

En declaraciones a un medio local, Johnson indicó: "simplemente pensé no puedo hacer más esto. Fue como un flash que me golpeó. Y pensé. Esto es todo. Me siento tan pura de corazón. **No tengo esta culpa, ni este peso encima**. Por eso sé que esta conversión es sobre todo espiritual".

"Esta sorprendente conversión demuestra la importancia de la oración constante y pacífica que se realiza frente a las clínicas de aborto", comenta David Bereit sobre el caso, Director Nacional de la iniciativa **40 Días por la Vida**.

Bereit relata además que "desde el inicio de la primera campaña de 2004, rezábamos por Abby –y por todos los trabajadores del aborto– para que se dieran cuenta de lo que el aborto realmente es, para que **dejen este negocio sangriento**. En este caso, esas oraciones han sido respondidas. Estamos muy orgullosos del valor de Abby para dejar la industria del aborto y anunciar públicamente las razones por las que la ha dejado".

Shawn Carney, Director de la Coalición por la Vida y miembro del directorio de 40 Días por la Vida, ha venido trabajando con Johnson desde que dejara su trabajo en la clínica abortista el mes pasado ante cuya entrada ha comenzado a rezar.

"Verdaderamente –dice Carney– ha sido un **testimonio del poder de la oración y del valor de Abby** el hecho de dejar un trabajo que veía ya no podía realizar en buena conciencia. Ha sido una alegría para todos nuestros voluntarios que han rezado fuera de la clínica por la conversión de sus trabajadores contemplar que esta conversión efectivamente sucedió".

Johnson no es la única conversa del abortismo a la defensa de la vida como fruto de esta campaña de 40 Días por la Vida en este último año, pero sí la de más alto rango. **Hay siete personas más**.

Tras la salida de Abby Johnson, Planned Parenthood ha solicitado una orden de restricción contra ella y la Coalición por la Vida, el grupo que generó los 40 Días por la Vida que organiza vigilias de oración en su entrada desde hace cinco años.»[7]

Hoy en día Abby recorre el mundo hablando valientemente a políticos, así como a cualquier otra persona que crea que no es posible ni viable tener una alternativa ProVida. Buscando de esta forma concientizar acerca de lo dañino que es esta aberrante práctica tanto para el no nacido, así como para sus padres y la sociedad en general.

---

[7] Fuente: https://www.aciprensa.com/noticias/abby-johnson-de-directora-de-centro-abortista-a-defensora-de-la-vida-en-eeuu/, tomada el 2 de abril del 2015

7. Mural de no matar

Estudiantes ProVida valientemente hablando por quienes no tienen voz

Que mejor manera de iniciar este mural que con una canción de la cantante mexicana «Azeneth González», quien valientemente resume la situación de nuestra comunidad que duerme bajo este genocidio que cada vez se incrementa por que el abusivo avanza cuando el cobarde calla. La canción se llama «Despierta América» de su álbum «Vida/life».

«Se está acabando con la humanidad y los pequeños pagan tan dura realidad. Se está perdiendo la sensibilidad, de valorar la vida ante la maternidad. Se está jugando con la integridad de la mujer que ahora se le ha dado la oportunidad. De que realice **un crimen que es legal**, justificado como un acto de salubridad

Que absurda es nuestra realidad, que contradice a la verdad, DESPIERTA AMERICA…

Ante tanta injusticia es preciso actuar…
En esta guerra silenciosa hay que luchar…
Valdrá la pena si la vida tienes que arriesgar.

Se nos ha dado falsa libertad que nos presenta una vida llena de comodidad. **Mientras no hagan consciencia al actuar, los más pequeños seguirán pagando la frivolidad**

La indiferencia no debe continuar, abre tus ojos y rechaza esta falsa honestidad…» (Azeneth Gonzales, canción "Despierta América").

« ¿Qué acciones están prohibidas por el precepto de no matar?
Están prohibidos el asesinato y la cooperación en el mismo. Está prohibido el asesinato en la guerra. Está prohibido el aborto de un ser humano desde su concepción. Están prohibidos el suicidio, la

automutilación y la autodestrucción. También está prohibida la eutanasia, es decir, poner fin a la vida de personas disminuidas, enfermas o moribundas.

Hoy se infringe a menudo la prohibición de matar por motivos aparentemente humanos. Pero ni la eutanasia ni el aborto son soluciones humanas. Por eso la postura de la Iglesia ante estas cuestiones es de una claridad meridiana. Todo aquel que procure un aborto, ejecutándolo directamente o prestando su colaboración necesaria, si el aborto se produce, está automáticamente excomulgado. Cuando se suicida una persona mentalmente enferma, su responsabilidad está no pocas veces disminuida y con mucha frecuencia totalmente anulada» (YOUCAT 379).

«¿Está permitida la eutanasia?
La eutanasia en sentido propio, es decir, toda acción u omisión que por su naturaleza y en la intención causa la muerte con el fin de eliminar cualquier dolor, constituye siempre un homicidio, gravemente contrario a la ley de Dios.

En cambio, no son eutanasia propiamente dicha y, por tanto, son moralmente aceptables la administración adecuada de calmantes (aunque ello tenga como consecuencia el acortamiento de la vida) o la renuncia a terapias desproporcionadas (al llamado encarnizamiento terapéutico), que retrasan forzadamente la muerte a costa del sufrimiento del moribundo y de sus familiares. La muerte no debe ser causada, pero tampoco absurdamente retrasada.

Aunque la muerte se considere inminente, los cuidados ordinarios debidos a una persona enferma no pueden ser legítimamente interrumpidos. La legalización de la eutanasia es inaceptable no sólo porque supondría la legitimación de un grave mal moral, sino porque crearía una intolerable presión social sobre los ancianos, discapacitados o incapacitados y todos aquellos cuyas vidas pudieran ser consideradas por alguien como de "baja calidad" y/o como una carga social. Los cuidados paliativos constituyen una forma privilegiada de la caridad desinteresada. Por eso, deben ser promovidos.» (YOUCAT 382).

Entonces si la eutanasia es el equivalente al suicidio asistido, ¿Cuál es el beneficio de impulsarla por los gobiernos? Razones puede haber muchas pero las principales tienen que ver con cuestiones económicas y por otra parte reducción de la población. Esto porque en un mundo deshumanizado si no produces, y debido a tu condición ya no serás un miembro activo productivo, entonces ya no vales. Y lamentablemente esta idea muestra como hay incluso médicos que prefieren ofrecerle medicamentos o sustancias para que mueran en lugar de invertir en el cuidado y la atención del paciente.

«Los hombres no deben morir por mano de otro hombre, sino tomados de la mano de otro hombre» (Cardenal Franz Köning, 1905-2004, Arzobispo de Viena).

«Si un ser humano ya no está seguro en el seno de su madre, ¿Dónde podrá entonces estar seguro en este mundo?» (Phil Bosmans, 1922, sacerdote y escritor belga).

«¿Se puede decir que el "aborto provocado" es un homicidio? *Se llama aborto a terminar el embarazo, cuando el feto todavía no puede sobrevivir fuera del seno materno. Provocar el aborto directamente es un homicidio, porque el feto es un nuevo individuo plenamente capaz de lograr su desarrollo completo. Como la vida de una persona comienza con la concepción, el aborto provocado es un crimen.*

Es un asesinato de lo más cruel y cobarde, pues la víctima es un ser inocente e indefenso que no puede huir, ni siquiera gritar para protestar por la atrocidad que se comete contra él.» (100 preguntas…, Pág. 20).

«¿Por qué esa afirmación es tan fuerte?
El código genético contiene las características humanas e individuales del nuevo ser. Es decir, que el nuevo ser es un individuo desde la concepción, amparado por los derechos humanos. El aborto provocado significa eliminar a un ser humano, por lo tanto, un homicidio.» (100 preguntas…, P. 21).

«¿Es correcto afirmar: "yo hago de mi cuerpo lo que quiero"?
Las mujeres abortistas dicen que ellas hacen de su cuerpo lo que quieren; pero el feto no es una verruga. Es un ser humano.
A veces se usa una expresión de refinada hipocresía para denominar el aborto provocado. Se dice que es la "interrupción del embarazo". Como si al ahorcar se le llamara interrupción de la respiración.» (100 preguntas…, Pág. 21).

Y aunque usted no lo crea, por el mal uso que se le ha dado a nuestra libertad, actualmente estamos viviendo «LA TERCERA GUERRA MUNDIAL» cobardemente contra los más inocentes.

8. Mural de exponer la realidad a los pequeños

En este apartado se presenta la opinión de una madre de que sus hijitas conozcan lo que es el aborto y como quedan los pequeñitos abortados.

«Yo tengo una experiencia propia, tengo dos niñas. La grandecita tiene 10 años y la más chiquita tiene 7. Yo cuando comencé a estar en el movimiento Provida me regalaron una folletería y entre ellas venía una revista que tenía una portada muy gráfica donde estaba un bebé abortado en pedacitos. Muy triste. Entonces uno de mis compañeros Provida me dijo: "este material que no lo vean tus hijas porque está muy gráfico". Entonces yo le hice caso y metí la revista en un cajón.

Pero un día, mis hijas como andan por toda la casa, abrieron ese cajón y lo miraron. Les llamo la atención esa revista. Entonces andaba mi esposo por ahí cerca y ellas le preguntaron a él: "papá, ¿Qué es esto?" y mi esposo les empezó a decir a grandes rasgos lo que es el aborto y les dijo: "mira este bebé es de una mujer que no lo quiso porque por ignorancia, o por lo que tú quieras, fue con el doctor para que le sacaran su bebé y por eso esta así en pedacitos porque no lo quiso". Entonces ellas empezaron a llorar, diciendo: "pero ¿Por qué?"

En ese momento llegue y les pregunte: "¿Qué pasa? ¿Por qué lloran?" Y me di cuenta porque estaba pasando eso. Y les dijimos: "Amor, Dios es nada mas quien da la vida y quien la puede quitar, entonces nosotros tenemos que respetar la vida que Dios da, eso es el amor a la vida. El aborto es quitarle la vida a un bebecito inocente".

Entonces ellas a partir de eso, que yo quería esconderles, esa parte tan fuerte, pero a la vez nos llevó a tenerlas a ellas, de tener bien grabado en su corazón que lo que es la vida. Que es el amor a la vida y quien da la vida. Ahora, a pesar de que ellas están muy chiquitas, siempre que hacemos una oración, ya sea cuando vamos a misa o cuando hacemos las oraciones en la noche, ofrecemos por ciertas personas y ellas son las primeras que se acuerdan de los bebes en el vientre materno.

Mi hija más pequeña, quien es la más flojita para hacer oraciones es la más Provida. A ella nunca se le olvida orar por las mamás que están teniendo pensamientos en matar a sus bebes. Siempre se acuerda y reza por las mamás y por los bebitos no nacidos y eso creo que es bien importante que entre más chiquitos a los niños les empecemos a hablar del aborto es mejor, porque le vas inculcando al niño desde chiquito, la cultura de la vida.

Entre más chiquitos estén es más difícil que cuando lleguen a la adolescencia, a una etapa adulta ellos se vayan a olvidar de lo que tú le has inculcado cuando lo haces con amor y que sepan exactamente qué es y llegar hasta cierta edad de que si es necesario que vean algo grafico pues que lo vean porque así no se les olvida.

Mis niñas ni están traumadas ni sueñan con bebes abortados. Sino todo lo contrario, ellas no tienen esos pensamientos así feos traumatizados, al contrario, ellas las ponen en manos de Dios y hacen sus oraciones bien fuertes, nunca se les olvida, nunca, nunca, nunca.» (América Benítez)

Este testimonio me lleva a reflexionar que, si HOY no hablamos con nuestros hijos, de estos temas, alguien más lo hará a su modo y después será más difícil convencerlos de porque la VIDA HUMANA es sagrada y hay que respetarla.

Quiero terminar este capítulo presentando la respuesta que la valiente cantante de Republica Dominicana, Lilly Goodman, dio vía televisión, en la que le preguntaron si está a favor de que se apruebe una ley a favor del aborto en su país. Cuando escuche su respuesta me llego directo al corazón y quiero compartirla con usted:

«Por supuesto que no. O sea, yo tengo un hijo de 4 años y medio. Y tengo uno que viene en camino (porque está embarazada) ¿Sería yo capaz de quitarle la vida a mi hijo de 4 años? Después de que ya lo veo. Probablemente no, ¿Sería una persona capaz de matar a un niño de 4 años?

Pero a veces a la gente se le hace tan fácil quitarle la vida a algo que no ve. Pero cuando yo quedé embarazada de Elia, mi primer hijo, algo que completamente me impresiono, y me toco tan fuertemente es que YO FUI AL DOCTOR CON 6 SEMANAS Y MEDIA DE EMBARAZO. Y me dice ella: «a esta semana es sólo del tamaño de un arroz.» Me dijo porque está muy nuevo. Pero ahí escuchaba yo el corazón latiendo, pero fuerte, con 6 semanas de embarazo del tamaño de un arroz. O sea que lo primero que se le forma a un ser humano es el corazón. Entonces yo digo: woow.

Cuando matas a un niño dentro de un vientre ya tenga un mes, dos meses, tres meses, estas matando un corazón. Estas matando un ser humano. Y ahí viene lo mismo que menciono cuando no tenemos amor por nuestro prójimo, y quitamos la vida a otro, se nos olvida que nosotros también somos seres humanos. Que también tenemos un corazón, también somos una vida. Y yo no estoy de acuerdo para nada y en República Dominicana espero que eso nunca se legalice.» (Lilly Goodman, cantante cristiana)[8]

Su valiente testimonio de vida me deja esta reflexión de lo que pasa en una persona cuando no conoce lo que es el verdadero amor, lo que la deshumaniza al pensar que las demás personas no son seres humanos, hecho que nos vuelve tan egoístas en creer que nosotros tenemos derechos sobre otros, pero la realidad es que un derecho no puede existir ante un acto tan injusto como lo es el aborto provocado.

Preguntas de retroalimentación:
¿Quién tiene autoridad para decidir quien vive y quién muere? ¿Qué consecuencias se tiene al adelantar dicho proceso? ¿Quiénes resultan dañados por una decisión que va contra la misma natural humana?

---

[8] Fuente: https://www.youtube.com/watch?v=_LgqayKn8r8, 6 de julio del 2017

CAPÍTULO III
EL PABELLÓN DE LA MENTE

Si ser libre es hacer lo que me da la gana, entonces ¿Por qué aun cuando muchas personas hacen lo que les da su regaladísima gana siguen consumiendo sustancias artificiales (drogas, alcohol, cigarros) que tanto las dañan? Si no hay consecuencias psicológicas cuando realizamos un acto en contra de la misma naturaleza ¿Por qué hay personas diciendo que desean simplemente desaparecer? Digo, si me dicen que el aborto es un bien y que es salud, ¿Sería muy egoísta mi Creador como para negarme a mí, por ser hombre, a un bien tan grande como dicen los ProChoice, que es el aborto?

« ¿Qué es la conciencia?
La conciencia es la voz interior en el hombre, que le exige hacer el bien y evitar el mal. Es, a la vez, la capacidad de poder diferenciar el uno del otro. En la conciencia, que es testigo de la Verdad, Dios habla al hombre.

La conciencia es comparada con una voz interior en la que Dios mismo se muestra dentro del hombre. Es Dios quien se hace perceptible en la conciencia. Cuando decimos: "Esto no puedo conciliarlo con mi conciencia", para un cristiano quiere decir: "Esto no lo puedo hacer en presencia de mi Creador". Por fidelidad a su conciencia muchas personas han ido a la cárcel y han sido ejecutadas.» (YOUCAT 295).

«¿Se puede obligar a alguien a hacer algo contra su conciencia?
Nadie puede ser obligado a actuar contra su conciencia, mientras su acción se sitúe dentro de los límites del →BIEN COMÚN.

Quien pasa por alto la conciencia de un hombre, la ignora y la presiona, atenta contra su dignidad. Pocas cosas hacen más hombre al hombre que el don de poder distinguir por sí mismo el bien del mal y poder elegir entre ellos. Esto es válido incluso cuando la decisión, vista desde la luz de la Verdad, es errónea. Si una conciencia se formó rectamente, la voz interior habla en coincidencia con lo que es razonable, justo y bueno ante Dios.» (YOUCAT 296)

« ¿Se puede formar la conciencia?
Sí; es más, debemos hacerlo. La conciencia que todo ser humano tiene por nacimiento, puede ser conducida en mala dirección o adormecida. Por eso debe ser formada para llegar a ser un instrumento, cada vez más sensible, de la actuación justa.

- La primera escuela de la conciencia es la autocrítica, a la luz de la Verdad sinceramente buscada. Pues los hombres tenemos la inclinación a juzgar a favor nuestro.

- La segunda escuela de la conciencia es la orientación al buen obrar de los otros.

La formación correcta de la conciencia conduce al hombre a la libertad de hacer el bien conocido rectamente.» (YOUCAT 297).

¿Cómo se puede adormecer la conciencia? Por los vicios.

«¿Qué son los vicios? *Los vicios son costumbres negativas adquiridas que adormecen y oscurecen la conciencia, abren a los hombres al mal y los predisponen al pecado.*
Los vicios humanos se encuentran en la cercanía de los pecados capitales: soberbia, avaricia, envidia, ira, lujuria, gula y pereza.» (YOUCAT 318).

«Por tanto la virtud y también el vicio están en nuestro poder. Porque donde el actuar está en nuestro poder, también está el dejar de actuar, y donde está el no, también está el sí» (Aristóteles, 382-322 a.C., junto a Platón el mayor filósofo de la Antigüedad).

Los hombres, en la medida en que quieren imponer su voluntad (aunque ésta sea injusta) borran los rasgos de Dios **PARA DORMIR SU CONCIENCIA** y cumplir sus caprichos. Porque un dios impersonal no te compromete a nada.

«El entorno arrastra a diversiones y libertades ilimitadas hasta vivir sin normativas, llegando a borrar los límites entre bueno y malo, bajo el imperio de un relativismo subjetivo. Precisamente de esto se trata; LA MUERTE DE LA CONCIENCIA ETICA en las nuevas generaciones. Se desvanece la CONCIENCIA MORAL y desaparecen verdades objetivas que sirven de brújula segura para orientarse en un mundo en donde todo es confuso y cambiante.

La víctima es el mismo hombre y, en particular, los niños y jóvenes, quienes, navegando sin rumbo ni parámetros, no encuentran la felicidad prometida; ni siquiera se encuentran a sí mismos... el derecho que tiene todo ser humano es conocer su identidad como persona.» (Poder oculto, Pág. 7).

2. Mural de la repetición y la memoria
¿Cómo es que se nos queda grabado lo que captamos con nuestros sentidos y de qué manera influye en las decisiones que tomamos?

«El cambio de opinión en torno a temas importantes… no ocurre de un día para otro, algunas veces resulta luego de años. El excelente profesionalismo de los que interpretan papeles con la conducta que se desea imponer como normal, se suma a la puesta en escena de situaciones que golpean fuertemente la afectividad y así se justifica ese caso. Pero a fuerza de repeticiones introducidas con habilidad, resultan como regla general las excepciones. Finalmente se consiguen cambios en la visión de las nuevas generaciones que no tienen oportunidad de contrarrestar con otras alternativas.

Como vemos, películas y campañas bien pensadas, pueden revertir la opinión del público en cuestiones de tanta trascendencia como es, por ejemplo, la identidad sexual. En películas o programaciones con estos temas, quizás en ninguna parte se dice expresamente que deben ser aceptadas estas conductas patológicas. Lo cierto es que los ciudadanos sufren una lenta evolución que aceptan por miedo a parecer "pasados de moda".» (Poder oculto, Pág. 65).

«Las grandes empresas publicitarias son las que más avanzadas investigaciones han realizado en torno al comportamiento humano, filtrado de mensajes, sustratos inconscientes, modos de almacenamiento de la memoria, motivaciones primarias y todo lo que se mueve "dentro de la cabeza" o que pueda incidir en el comportamiento.

Conociendo el sustrato psicológico en el que se basa la publicidad y trasladándola al esquema "estímulo – respuesta" de los conductistas conlleva a resultados concretos. Los medios masivos de comunicación, en particular la publicidad, se constituyen importantes agentes de modificación de comportamientos al establecer respuestas a estímulos que ignora el mismo protagonista.» (Poder oculto, Pág. 73).

3. Mural del porno físico y emocional

De inicio vamos marcando la diferencia entre la pornografía física y la emocional. La primera es explícita donde el material presentado se concentra específicamente en la zona genital donde se lleva a cabo el acto. En ésta es muy fácil identificar de qué se trata. En cambio, la pornografía emocional es más sutil, ya que aun cuando no se ve dicha actividad sexual, el espectador recibe el mensaje lo cual podría estimularlo para posteriormente incitarlo a repetir dicho acto, o por lo menos profundizar en la pornografía física.

Esta pornografía emocional se presenta principalmente en telenovelas y películas que están disponibles para todas las edades, en las que los niños y los jóvenes son quienes captan los mensajes, siendo un factor que promueve la profundización en temas de índole sexual que los podría llevar a una vida promiscua aun a temprana edad.

Por una parte, es irónico como los defensores del aborto y la eutanasia hablan de que es necesario estas practicas por la **sobrepoblación**, pero por otra se da un problema muy fuerte ante embarazos inesperados principalmente en niños y adolescentes, y son raras las organizaciones que cuestionan todos los contenidos eróticos (música, imagen y videos) y los supuestos "métodos de educación sexual" empujando a los jóvenes a tener relaciones sexuales a menor edad. Es triste ver como incluso niños en las escuelas primarias son grabados y publicados en las redes sociales bailando de una manera que antes sólo podríamos pensar que se hacía en algún centro para adultos promiscuos. Y ante esto, te invito a preguntarte: ¿Dónde están esos padres de familia, donde están esos maestros con valores, donde están esos líderes de opinión para hablar de la falta de filtros que están dañando a nuestros niños y jóvenes que están creciendo de una manera sobre-erotizada? Espero que con este libro haya personas que asuman su responsabilidad y pongan un alto a este daño que se está generando en nuestras comunidades.

En cualquiera de los casos «la pornografía atenta contra la dignidad humana y comercializa a las personas y la sexualidad; mata de hambre al alma humana, la cual tiene una dimensión espiritual que debe ser alimentada dando y recibiendo un amor personal» (Robert W. Finn).

Marcela Palos, Conferencista de Amar Es

«Cada vez más los chicos son adictos a la pornografía. Hay un problema y hay un estudio que sacaron en Estados Unidos que dice que los chicos que son adictos a la pornografía son más propensos a violar a sus hermanas, primas, amigas… porque la curva de excitación sexual de los varones es rápida y corta, ellos ven una imagen y rápido se excitan y creen que las mujeres funcionamos de esta misma manera. Lo ven en una hoja, en un video y creen que una mujer en la vida real va a funcionar cuando no es verdad, entonces LA VIOLAN» (Marcela Palos).

A continuación, nos enfocaremos en la pornografía física, aun cuando los efectos en ambas sean muy similares:

«La pornografía viola la verdad. Lleva a la gente a un mundo irreal, de fantasía, que los aísla de otras personas y de los compromisos y el respeto que debe gobernar nuestras relaciones.» (Robert W. Finn, Pág. 21).

«Efectos de la pornografía:
- 40% de los adultos encuestados creen que la pornografía daña las relaciones entre hombres y mujeres. Consensus Among American Public on the Effects of Pornography on Adults or Children or What Government Should Do About it (Concenso entre el Público Americano Sobre Efectos de la Pornografía en Adultos o Niños y Qué Debería Hacer el Gobierno en Cuanto a Ello), Harris Poll, 7 October 2005. www.harrisinteractive.com
- 30% de los adultos encuestados dijo que el uso de la pornografía por parte de su pareja los hace sentir como objetos sexuales. Marriage Related Research (Estudio relacionado al Matrimonio), Mark A. Yarhouse, Psy.D. Christian Counseling Today, 2004 Vol. 12 No.1. August, 2004.
- Una de cada seis mujeres batallan con adicción a la pornografía. Internet Pornography and Loneliness: An Association? Vicent Cyrus Yoger, Tho mas B. Virden III, and Kiran Amin. Sexual Addiction & Compulsivity, Volumen 12.1, 2005
- 47% de los cristianos encuestados dijeron que la pornografía es un problema mayor en el hogar.
- Tan sólo seis horas de exposición a pornografía leve (cualquier cosa designada para provocar la sexualidad) son suficientes para destruír en quien lo ve la satisfacción con su cónyuge; disminuir el valor de la fidelidad, la habilidad de estar con una persona y tratarla con ternura; y, aumentan la idea de que las mujeres disfrutan una violación. Encuesta 2004.» (Robert W. Finn, Pág. 25-26).

«Dentro de la persona, la pornografía causa daño físico, emocional y espiritual. Ésta puede ser tan física y químicamente adictiva como el alcohol, las drogas o las apuestas. Las imágenes pornográficas se graban en nuestra imaginación. Tanto más frecuentes y profundas suceden, cuanto más duro será el camino a la libertad. Como otras adicciones, la pornografía es una adicción progresiva. Requiere más y más presentaciones gráficas para alcanzar el efecto deseado. Mientras esto continúa puede llevar a cometer un crimen.» (Robert W. Finn, Pág. 30).

«**La pornografía incapacita a las personas para amar, te desensibiliza...**» (Marcela Palos).

«La pornografía impide el crecimiento emocional de la persona. Los adictos pueden retirarse de amigos, familia y sus propios cónyuges. **La pornografía los lleva a un mundo de irrealidad, con figuras idealistas y falsas que no nos conectan en una manera realmente humana**. Mientras las personas se apartan, sus habilidades interpersonales y relaciones se debilitan. Miran a otros como objetos en vez de verlos como personas con la capacidad de amor y de amistad. Se posesionan de cada situación y persona que encuentran: "¿Me podrá dar la gratificación que busco?"

Si alguien está seriamente apegado a este vicio, la conducta adictiva persiste aún después de llevar a consecuencias obviamente dañinas, por ejemplo: destrucción de la relación matrimonial, pérdida de trabajo por ver pornografía. En sentido real, uno puede ser esclavo de la pornografía de una manera análoga a una adicción a las drogas. Como en otras adicciones, quien ve pornografía requiere más y más material explícito y desordenado para alcanzar el mismo efecto. Esto causa una espiral de bajada que se hace progresivamente más difícil de corregir» (Robert W. Finn, Pág. 29-30).

Si está comprobado que la pornografía está haciendo mucho daño a la sociedad ¿Por qué no hay gobiernos que la detengan?

- «De acuerdo al estudio del IFR hecho en 2004, las ganancias de la industria de la pornografía exceden el total de las ganancias de ABC, CBS y NBC (6.2 billones). Las ganancias de la industria son mayores que la ganancia de todas las franquicias de fútbol, basketball y baseball profesional. La industria de pornografía, según cálculos conservadores, obtiene $57 billones por año, siendo Estados Unidos responsable por $12 billones. *Internet Pornography and Loneliness: An Association?* (Pornografía en Internet y Soledad, ¿Una Asociación?) Vincent Cyrus Yoder, Thomas B. Virden III, y

Kiran Amin. *Sexual Addiction & Compulsivity* (Adicción Sexual y Compulsividad), Volumen 12.1, 2005.

- La industria para adultos en Internet sumó $2.5 billones en ganancias. *Dirty Downloads Ready to Go on Ipods* (Descargas Sucias Listas Para Bajar en Ipods), Ron Harris, www.macnewsworld,com, 2005.

- De acuerdo a un cálculo hecho en marzo de 2004, hubo 800 millones de rentas de video y DVD para adultos. *Overdosing on Porn* (sobredosis de Pornografía), Rebeca Hagelin. www.worldandi.com

- Cálculos actuales estiman que $20 billones son gastados anualmente en renta o venta de videos para adultos.

- La mitad de todos los clientes de hoteles ordenan películas pornográficas. Estas películas representan el 80% de las ganancias por servicios de entretenimiento en el cuarto y el 70% de las ganancias totales por servicios en los cuartos. *Sex – Film Industry Threatened With Condom Requirement* (La industria de Películas de Sexo Amenazada por el Requerimiento de Condón), Nick Madigan. The New York Times, 24 August, 2004.

- El pago de cable por evento sumó $2.5 billones.

- Las revistas sumaron $7.5 billones.» (Robert W. Finn, los peligros de la pornografía).

Podríamos empezar un debate de si los violadores nacieron con un gen violador, como se quiere afirmar en otros casos, pero no se necesita ser un erudito para entender que muchos de los que han ocasionado las violaciones a nuestras mujeres, de las cuales se pudiera haber haber generado una vida humana, seguramente muchos de ellos se dejaron influenciar por la misma pornografía.

Entonces ¿Qué sería más útil? **¿ATACAR LA RAÍZ DE LA VIOLENCIA SEXUAL COMO LA PORNOGRAFÍA O AUTORIZAR EL ABORTO POR VIOLACIÓN?** La situación de los países que lo han autorizado bajo dicho supuesto demuestra la incompetencia para solucionar los problemas de nuestra sociedad, los cuales ocasionan otros como lo que veremos en el siguiente mural, pero mientras preguntemos:

«¿Qué podemos hacer? Desarrollar un plan para estar más fuertes:
- Evitar un ambiente secreto o tentador
- Eliminar el material pornográfico
- Ser buenos administradores de nuestro tiempo
- Conocer nuestras debilidades» (Robert W. Finn, P. 42-44).

«Soy un Padre de Familia ¿Qué puedo hacer?
- Mantén la computadora en una parte pública de la casa.
- Aplica una contraseña al Internet para que tus hijos no puedan entrar a menos que tú lo hagas.
- Compra un filtro para la computadora.
- Sé proactivo. No pienses que esas cosas suceden sólo en otras familias.
- Antes de dejar a tu hijo pasar la noche en casa de un amigo, pregunta a los padres de él si tienen un filtro en su computadora.
- Pongan reglas para el uso del teléfono, la TV, video juegos y el Internet.
- Enseñen a sus hijos sobre la santidad del amor puro y casto y ayúdenles a encontrar buenas lecturas.» (Robert W. Finn, Pág. 56).

El no medir las consecuencias de nuestras decisiones, afecta los resultados de nuestros actos. Una de las principales causas que genera los abortos, en todo el mundo, es no tener una vida sexual ordenada, que no solamente provoca consecuencias físicas, sino también psicológicas. Éstas se manifiestan como «El síndrome post aborto», las cuales conoceremos en el siguiente mural.

4. Mural de la depresión post aborto

Rosa María Pérez Amada, modelo y actriz quien padeció el síndrome post aborto

«En esos momentos en que yo estaba en el embarazo ojalá hubiera encontrado la ayuda de alguien quien me dijera algo para sentir bonito como: "óyeme ser mamá no es malo, ser mamá es una bendición, no es una desgracia", como lo pinta la cultura y el mundo que te bombardea con una cantidad de mensajes que van a acabar con tu vida, que no te va a dejar salir adelante, que primero están tus metas, tus cosas, realizarte como mujer, como profesional.

En esos momentos que me encontraba tan sola, pues yo recurrí y le conté a varias personas, y las pocas personas que estuvieron a mí alrededor me dijeron todas estas cosas. Yo me llené de mucho miedo, no se lo conté a mis padres y decidí deshacerme de mi bebé.

Las consecuencias del aborto son gravísimas... Hay rompimiento de útero, hemorragias, anemia, bulimia, todo lo contrario, desesperación y ansiedad por comer, depresiones profundas, un vacío emocional, pesadillas, yo tenía pesadillas soñaba con bebés, escuchaba bebés y llorando. Siempre que veía un bebé pensaba que años tenía mi hijo si yo lo hubiera dejado vivir. Era irascible, irritable por todo. Los estados de ánimo eran muy variables, no eran constantes. Lloraba porque si, lloraba por que no. Lloraba si me miraban, si no me miraban…

He contado con la gracia de hablar con muchas mujeres que han abortado, y me cuentan tal cual los síntomas que son esos, por eso los pensamientos suicidas, que algunas han llegado a vivirlos. Desgraciadamente todos están ligados de pronto a un aborto, a un suceso de estos.» (Rosa María Pérez Amada, Documental Tierra de María).

Y si se buscan ejemplos, como los que mencionó Rosa María, a continuación, te presento dos testimonios reales de dos mujeres valientes que después de sufrir, tanto ellas como su familia, las consecuencias del síndrome post aborto, se acercaron al Ministerio de Sanación del Viñedo de Raquel y ahora ellas abiertamente hablan de que fue lo que las llevo a tomar esta mala decisión, así como las consecuencias que se originan. Esto lo hacen con el único objetivo de que otras mujeres, y sus familiares, no tengan que pasar por la pesadilla que ellas pasaron. Aclarando que durante la entrevista ellas jamás pidieron ningún bien a cambio y me dieron la completa libertad de utilizar sus testimonios donde sea necesario con tal de ayudar a más personas.

- **Testimonio de Josefina**

«Mi nombre es Josefina Mata. Soy parte del Viñedo de Raquel, el cual es un ministerio que ayuda a hombres y mujeres que han elegido el aborto. Yo pase por un aborto. Les platico mi historia:

Yo tenía alrededor de 21 años cuando me encuentro embarazada. Para mí fue muy difícil haber tomado una decisión así (de abortar). En sí, cuando me pongo a pensar acerca de que fue lo que paso nunca pensé en el bebé, sino que simplemente estaba pensando en mi situación, en cómo lo iba a enfrentar, que iba a hacer. Como le iba a decir a mis papas. Quedé embarazada en una visita que fui a México, con quien todavía no era mi esposo, allá lo encontré. Entonces fue solamente una vez, por eso para mí fue muy difícil, no sabía qué hacer, no era ni mi novio y él se había quedado en México.

Entonces cuando yo regreso y me doy cuenta de que estoy embarazada voy al centro de abortos, y cuando miran mi reacción me toman de la mano y me dicen que no me preocupe, que ellos me pueden ayudar. Que ellos pueden terminar con el embarazo si no lo quiero. Y que no es nada.

Yo les pregunte si era un bebe y me dijeron que, a esa etapa, antes de cumplir las 12 semanas, no era un bebe, que sólo era un puñado de células o que es un arrocito. Entonces pues yo me fui con esa idea, no sabía que pensar, estaba confundida, no sabía qué hacer, no sabía cómo iba a enfrentar la situación. Entonces, en ese fin de semana fui con mis padres a una fiesta y me doy cuenta de que ahí estaba (el padre de mi hijo) y lo hago para un lado y le digo: "oyes, estoy embarazada". Su respuesta fue: "no estoy listo para una responsabilidad, hazle como quieras". Entonces, yo por el orgullo o por lo que sea, por la desesperación que ya tenía y el verme sola pues fui a donde me habían ofrecido ayuda y les pregunte que sí que tenía que hacer y me dijeron que tenía que conseguir 260 dólares. Los conseguí, fui a la cita.

Tengo lagunas mentales que son partes de los síntomas del post aborto y he ido recordando poco a poco a cómo voy sirviendo en los retiros del Viñedo de Raquel, pero no recuerdo todavía como es que yo llegue a ese lugar. Recuerdo que estaba en el mostrador y pedí hacer una llamada. Yo en mi interior esperaba que, quien es ahora mi esposo, me contestara el teléfono. Pero no me contesto, entonces yo seguí con el proceso.

Les mencionaba que mi nombre es Josefina Mata. No me pidieron identificación, es decir, no me pidieron ningún tipo documento para identificarme. Entonces yo me puse el nombre de Alma Martínez. Yo tenía miedo, incluso de decir mi nombre.

Tengo muchas compañeras que dicen que ellas recuerdan el sonido de la aspiradora. Yo no lo recuerdo. Yo solamente recuerdo alguien enfrente de mí. Ni siquiera recuerdo la silueta del doctor, solamente una enfermera tomándome la mano y diciéndome que todo estaba bien **y ese momento en que pasa el aborto, cuando sientes que**

tu bebe se desprende del vientre, es indescriptible. No lo puedo explicar lo que paso en ese momento.

La mejor manera de explicarlo ahora es que ese vínculo entre ese bebé y la madre es tan fuerte que en ese momento yo lo rompí. Y es impresionante ese dolor porque nunca lo he podido explicar. Y muchas compañeras que han vivido el Viñedo de Raquel lo explican igual. No podemos explicar ese rompimiento, ese vínculo de la madre y con el bebé, pero yo recuerdo que era como si me hubiesen arrancado el alma. Así fue como yo lo recuerdo, como yo lo sentí.

Y todo se hizo obscuro, como si una sombra hubiese opacado mi alma, mi ser, mi corazón. Después de ahí, no recuerdo ningún otro momento hasta que estoy en la sala de espera. La sala de espera es un corredor grande donde tienen sillas reclinables, donde supuestamente nos llevan a la recuperación. Ahí tenemos que estar por lo menos 40 o 45 minutos para que pase la anestesia. Hay algunas personas que les han dado medicamento para acceder porque ellas no están de acuerdo y aun así sus familiares las llevan.

Pero la dinámica que yo mire me impresiono tanto, que yo no me quede a la recuperación. Cuando yo me paro en la puerta miro este corredor de sillas reclinables. Mamás con sus hijas. Esposos con sus hijas, con sus esposas. Pero sus rostros eran de tristeza. Un profundo dolor. Muchas lloraban, muchas sollozaban, en muchas de ellas sus rostros se miraban sumidos como en un abismo. Su mirada era como perdida. Eso yo lo pude percibir en ese momento y cuando me quisieron sentar en una de esas sillas yo no pude. Era tanto el dolor y la tristeza y la desesperación que yo sentí en ese momento que yo quería salir de ahí. Entonces yo les dije que ya estaban esperándome afuera que ya me tenía que ir.

Salgo y todavía me sentía mal, me sentía mareada, tenía nauseas. Y voy al teléfono público y le llamo a mis papas para que vayan por mí. Cuando llegan mis papás me preguntan que sí que estaba haciendo ahí y yo les dije que estaba buscando un trabajo. Me siento en la parte de atrás del auto. Me sentía tan mal, pero tenía que darles una cara diferente a ellos. Entonces yo les sonreía y hablaba lo más normal que yo pudiese, pero por dentro me estaba muriendo. Todos los síntomas que tenía eran horribles.

Un día, que tuvimos un entrenamiento del Viñedo de Raquel, donde nos explican como la mente olvida, pero nuestro cuerpo no. Y para mí fue un momento impactante el darme cuenta de que, al pasar los años, al sentarme en la parte trasera de un auto yo me sentía mal. Me sentía con ganas de vomitar, me sentía mareada. Me dolía todo el cuerpo, sentía una profunda tristeza y yo nunca me había dado cuenta hasta ese momento, que mi cuerpo si recordaba ese suceso, ese trauma que mi cuerpo paso y el querer esconderlo, entonces, me di cuenta de que mi mente lo había escondido pero mi cuerpo lo recordaba.

Desde el momento en que salí de ese entrenamiento, todo el camino a la casa llore y llore, y le marque a mi esposo y le dije que ahora entendía porque me sentía mal cuando me sentaba en la parte trasera de un auto.

Después de que llegue con mis papás a casa me quede dormida. Creo que dormí todo el día hasta el siguiente día. Al despertar era como si ya todo había pasado. Era como si todo se hubiera quedado en el olvido. Nunca lo volví a recordar, más que en las supuestas fechas en que él bebe hubiera nacido que fue en abril. Por alguna razón, hasta la fecha, en el mes de abril siento esa profunda tristeza, un desaliento, aunque lo he superado, pero ese evento, ese mes no encuentro paz. Son las fechas que Ángel Daniel pudo haber nacido, como en el 16, 17 o 18 de abril.

Me doy cuenta de que después de 13 años, lo que hice, reconozco que tenía un bebe en mi vientre y que le quite la vida. Pero yo no lo recordaba más que cada año en abril. Cuando yo lo reconozco después de 13 años fue muy impactante para mí porque comencé a tener los síntomas post aborto. Me despertaba por la noche llorando y le preguntaba que si a él no le dolía. Que si no siente nada por lo que le hicimos a ese bebe. Mire el video de Eduardo Verastegui "la cruda realidad". Para mí fue impactante ver lo que había hecho con ese bebe. Darme cuenta de que ya tenía sus partes, de que ya estaba formado, y de que lo sacaron a pedacitos. Y yo me martirizaba mirándolo.

Buscaba imágenes en la Internet para sentirme culpable, para sentir lo que no había sentido por 13 años. Y yo quería hacerle lo mismo a mi esposo. Y cuando me despertaba llorando por la noche le preguntaba si a él no le dolía lo que hicimos con ese bebe. Cuando buscaba imágenes lo hacía para que él las mirara y él nada más miraba las imágenes y se iba y me ignoraba. Así tarde como un año.

Un día, llevamos a nuestras niñas a confesar. Nosotros no nos confesábamos, no vivíamos ningún sacramento. Yo estaba completamente alejada de la fe. No me interesaba porque yo creía que lo que había hecho, no tenía perdón de Dios. Entonces, yo me aleje completamente de la Iglesia, pero no quería que mis niñas estuvieran lejos de la fe, y pues yo las llevaba a confesar, a vivir sus sacramentos, aunque nosotros nos quedáramos atrás. Íbamos a misa, no porque quisiéramos ir, sino porque queríamos acercar a las niñas.

Un día cuando llegamos a la Iglesia, que por cierto íbamos peleando en el camino, cuando bajamos a las niñas él se sienta atrás y yo me siento adelante. Y él me habla y me dice: "ven", y yo muy indignada le digo: "ven tú". Y yo estaba hasta enfrente y mientras las niñas estaban haciendo fila para confesarse él se me acerco y me dio el papelito donde decía: "retiro de sanación post aborto, ¿has abortado? Hay ayuda". Me dice: "ten, tú lo necesitas, creo que ya es tiempo que busques ayuda porque ya me tienes cansado".

Esas fueron sus palabras y yo me indigne, me moleste porque "él ya me tienes cansado" para mí fue como de que como que te tengo cansado si tú también fuiste parte de eso. Pero la idea fue que yo me lleve el papelito a la casa. Tarde una semana para tomar la decisión en hablar. Tomaba el papel y el teléfono y no me animaba a hablar. Una noche él me decía: "anda habla para ver si te pueden ayudar". Cuando tomo el teléfono y hablo con esta señora ella me dice que todavía hay lugar y que también hay para mi esposo, y yo lo volteo a ver y le pregunto: "¿también puede ir mi esposo?", y me dice: "sí", le dije: "entonces anótelo" y él me decía que no. Me hacia la señal de que él no iba a ir y yo por teléfono le decía que sí que también a él lo anotara. Él también va a ir conmigo.

Cuando llegamos al retiro, estaban inscribiendo a las personas y tardamos como una hora para decidirnos ir a inscribirnos. Nos queríamos ir, estábamos sentados y nos queríamos ir. Era el primer retiro en español en la ciudad de Phoenix. Nos decidimos, nos inscribimos. Fue un retiro que cambio nuestras vidas y la manera de ver el dolor que también sufría mi esposo. Ahí me di cuenta de que los hombres también sufren el dolor post aborto, pero si nosotras lo escondemos, para ellos es más fácil ocultar sus sentimientos.

Mi sorpresa fue el día siguiente. A las 4 de la mañana no siento a mi esposo cerca de mí y me levanto y lo veo escribiendo una carta. Y él estaba escribiéndole una carta a nuestro bebe, a Ángel Daniel. En la carta le decía que siempre lo quiso, que le dolía mucho haber tomado esa decisión, el no haberme apoyado. Que le dolía mucho que ya no estuviera en nuestras vidas. Y que por primera vez lo reconocía como parte de nuestra familia, y que dé en ese momento en adelante él siempre iba a estar cerca de nosotros como parte de la familia. Que lo perdonara.

Para mí fue impactante leer esa carta. Porque yo lo martirizaba y yo no me daba cuenta de que él también sufría, y también sufría el verme, sufría mis reproches. Entonces él sufría doble. Y después de ahí, llegamos a la casa. En cuanto abrimos la puerta, mi hija la del medio, abrazo a mi esposo y duraron como una hora llorando. Sin decirse nada simplemente abrazándose. No exagero, fue una hora.

Le decía que tienes: "¿Qué tienes?", Y ella le respondía: "no sé qué tengo".

Cuando a la semana después yo le explico a mi hija, y cuento sobre lo que habíamos hecho, lo que había pasado, y ella me dice: "entonces fue eso, porque yo sentía que con ustedes venía alguien". Entonces ella lo explica de que siempre sintió como que nos faltaba alguien, como que en la familia siempre faltaba un miembro de la familia. Incluso ella una vez hizo un dibujo y estábamos las tres niñas, mi esposo y yo y estaba una silueta, y yo le pregunte: "¿Qué es eso?", y ella me dijo: "no sé, nomás se me ocurrió". Y ella decía que a ella siempre la hacía falta alguien, como que alguien no estaba ahí. Y ella nos explica después lo que sintió cuando nosotros reconocimos a Daniel. Fue algo inexplicable. Y desde entonces nuestro bebe vive con nosotros y está en nuestro corazón, en nuestra mente. Encontramos su perdón, el perdón de Dios. En este retiro nos perdonamos nosotros mismos porque yo no me perdonaba. Deje de martirizarme ahora. Cuando yo voy a compartir estos testimonios yo sé que mi bebé está cerca de mí.

Esto que hacemos no lo hacemos por vanagloriarnos porque quien va a vanagloriarse por haberle quitado la vida a nuestro bebe. Lo hacemos para que no haya más hombres y mujeres que tomen esta decisión. Duele mucho. Es una decisión que nos va a marcar toda la vida. Los bebes, aunque hayan estado un breve momento en nuestro vientre, siempre van a ser nuestros hijos, siempre van a ser parte de nosotros y siempre van a estar en nuestra mente y en nuestro corazón. No importa el tiempo que hayan pasado en nuestro vientre, si fue breve, si lo quisimos, si no lo quisimos. Por eso es por lo que nos duele tanto reconocer que le quitamos la vida y lo cargamos para toda la vida. Nuestros hijos, son nuestros hijos por toda la vida, no nada más en el vientre, en el tiempo que estuvieron en el vientre. O como ahora mis hijas si deciden irse no van a dejar de ser mis hijas. Por eso es por lo que el aborto nos duele tanto.

Yo siempre les digo a los hombres que busquen, si es que ya no están con estas señoras, a quienes motivaron para tener un aborto, que las busquen y que les ofrezcan ayuda. El aborto nos acarrea vicios, nos acarrea impresiones, tristezas, enojos, incluso estar enojado con nuestros propios hijos.

Una de las consecuencias más dolorosas se da en nuestros hijos vivos, ya que los hacemos sufrir porque de una manera les queremos hacer pagar por la vida que no está, erróneamente lo hacemos. Y muchos de nosotros lo hacemos. Entonces maltratamos a nuestros hijos por la vida que ellos tienen y la que no tuvieron los otros, y eso es inconscientemente. Cuando, tanto hombres como mujeres llegan al retiro del Viñedo de Raquel, y se dan cuenta de eso, es impactante para ellos que van a sus casas y deciden amar profundamente a sus hijos y darles lo mejor que puedan.

Entonces, nos damos cuenta de que el aborto no solamente destruye al bebe y a la mamá, destruye completamente a la familia, a todos los que estamos alrededor de ella. Y nuestros hijos son los que más lo sufren, los que viven. Es un coraje interno lo que llevamos por ello, que no se puede explicar y lo descargamos con las personas que menos deberíamos de hacerlo. Yo lo hice por un tiempo, y me arrepiento tanto por haber lastimado a mis hijas. Aunque no era consciente, pero lo hice. Y creo que ese es uno de los problemas más graves que tiene el aborto, que seguimos lastimando a los que nos rodean.»

- **¿Qué les dirías a aquellas mujeres que se encuentran ante un embarazo inesperado?**

«Si te encuentras ante una situación en donde tu pareja no te apoya, y tú estás ante un embarazo inesperado, no tengas miedo, ese temor que tienes pasara. Ese bebe que llevas en tu vientre, en el futuro, si tú lo dejas vivir, va a ser tu mayor orgullo. De eso te lo puedo asegurar y estoy seguro de que ese bebe va a ser tu mayor orgullo. Va a ser quien este a tu lado. Vas a poder disfrutar de sus primeros pasos, de sus primeras palabras, de sus primeros días de escuela, de sus triunfos, de sus caídas, pero tú vas a estar ahí para apoyarlo en lo que el necesite. No tengas miedo, el miedo pasa.

Son nueve meses. Lo miras como si fuera mucho cargarlo en tu vientre, pero en cuanto ese bebe se empieza a mover en tu vientre es una alegría inmensa porque te das cuenta de que está creciendo dentro de ti, de que es tu hijo, de que desde el vientre te empiezas a sentir orgullosa. El miedo es sólo las primeras semanas, el primer mes. Todavía los primeros 2 o 3 meses. Pero cuando ese bebe empieza a crecer en tu vientre lo empiezas a amar. No tengas miedo, el peor error que pudieras hacer es provocarte un aborto. Quedas con la desolación, quedas con el que sería de tu bebé. Es un dolor para toda la vida. Sin embargo, si decides tenerlo, va a ser tu alegría, tu orgullo. Tu mejor compañía en los momentos de tristeza.

Nosotras las madres, nos refugiamos en nuestros hijos cuando nos sentimos tristes, cuando sentimos que la vida no tiene sentido, volteas y ves a tus hijos y te das cuenta de que tiene sentido, porque están ellos ahí, porque Dios te dio esa gracia de ser madre. Eso es lo que yo te diría si están en una situación de desesperación ante un embarazo inesperado.»

- ¿Qué le dirías a aquellos políticos que están ante un embarazo inesperado?

«Que no solamente están afectando a un bebé, sino que están afectando a toda la sociedad porque cuando una mujer se provoca un aborto vienen los vicios, viene el rompimiento de familia. Entonces todo eso lleva a una sociedad destruida. A parte de que ellos también, en cierta forma, se llenan sus manos de sangre, ya sea por el dinero, o por quedar bien con alguien, con algún otro político. No se dan cuenta de que sus manos se están llenando con toda esa sangre de inocentes que se están matando en los abortuorios.

Voten por la familia, voten por los bebes, por el derecho a la vida. Yo que ya pasé por ese dolor, que pude haber caído en lo más bajo que puede caer un ser humano, si yo lo hubiera hecho yo hubiera sido parte de esta sociedad destruida. Gracias a Dios que Él me levanto. Pero ustedes me hicieron creer a mí, que como es legal que yo lo podría hacer. ¿Cómo podría yo estar haciendo algo mal si era legal? Eso es lo que ustedes me hicieron pensar a mí.»

- Hoy en día ¿Crees que quieren te practicaron el aborto te estaban ayudando o te estaban utilizando $$$?

«En los centros de aborto se abusa de las mujeres. No nos dicen exactamente lo que es cuando ellos perfectamente saben que es un bebé, un bebé completamente desarrollado, que puede tener ya hasta sus uñitas como dice en la película de "juno". Ya puede tener hasta cabello. No nos dicen que su sistema nervioso está ya activado. Que si lo sacan a cierta etapa ellos ya sienten dolor, eso no nos lo dicen. No nos dicen el problema que vamos a tener después, la depresión, la tristeza, la desolación, el sufrimiento que vamos a cargar por el resto de nuestras vidas. No nos dicen eso.

Ellos simplemente se preocupan por el dinero, por estar haciendo el mal a base de un precio que me pusieron a mí, que fueron 260 dólares, destruyeron una vida. Destruyeron mi vida, destruyeron la vida de mi hijo, haciéndome sentir que ellos me estaban apoyando cuando realmente nunca se volvieron a preocupar por nosotros. Nunca nos volvieron a hablar y ni como lo iban a hacer si ni di mi nombre ni mi teléfono correcto. Entonces, al no pedirme una identificación nos damos cuenta de que a ellos no les importa nadie más que su negocio.»

- ¿Qué les diría a aquellos grupos Provida que no encuentran apoyo en sus comunidades?

«Yo les diría que no se desanimen. Hemos tenido mujeres y hombres en el Viñedo de Raquel que ellos dicen, si tan sólo me hubiera tocado que estuvieran orando por mí, que me gritaran no entres, como ahora lo hago, probablemente no hubieran entrado.

Y de esa misma manera han llegado otras personas, que la primera vez entraron, y la segunda encontraron personas fuera de los centros de aborto haciendo oración, tratando de animarlos para que no se provocaran un aborto, y ya no siguieron con su segundo aborto. Esos son los frutos que a veces no miramos todos los que estamos en este movimiento. Pero tan solo con la oración, o ir a ponerte enfrente de un centro de aborto a hacer oración. Decirnos que Dios nos ama, son frutos que no miramos pero que ahí están. No hay que desanimarnos.

Se que esta es una lucha tremenda, porque no es una lucha contra el mundo sino una lucha contra el mal que nos quiere callar. Porque en cada aborto se pierde un alma. Se pierde un bebé que pudo haber hecho un bien a la humanidad, pero se pierde el alma de los padres. Entonces, con un aborto, es el pecado más grande que podemos hacer porque estamos atentando contra la propia vida que nuestro Señor nos da. Entonces cuando nosotras sentimos que ese vínculo entre la mamá y el bebé se rompe, ese vínculo que Dios nos da, que somos Co-Creadoras con nuestro Señor, perdemos prácticamente nuestra alma si no buscamos ayuda. Entonces, el enemigo es lo que quiere de nosotros.

Entonces a los movimientos Provida esa es una lucha espiritual la que llevamos, más que nada es espiritual porque nos quieren desanimar. Nos quieren que no hagamos lo que estamos haciendo, precisamente por eso. Nosotros en el Viñedo de Raquel tenemos muchas luchas para llevar a hombres y a mujeres a los retiros, porque al enemigo no le conviene que un alma arrepentida llegue a estos viñedos a un encuentro con el Señor, un encuentro personal con el Dios. Entonces, nuestra lucha, tenemos que seguir, con oración, con los sacramentos y seguir hablando. Que no nos callen. Yo sé que a veces nos sentimos humillados, pero eso no es humillación que nos deba de doler. Es humillación que nos deba de levantar para seguir adelante.»

- **¿Hay alguna relación entre el abuso sexual y el aborto?**

«Hemos llegado a la conclusión en el Viñedo de Raquel, y he buscado también estadísticas que dicen que del 80 al 85% de hombres y mujeres, que han pasado por aborto, han sido abusados de niños. A nosotros personalmente, en el Viñedo de Raquel, hay veces que tenemos de 8 a 10 personas y supongamos que de cada 10 personas 8 de ellas han sido abusadas o abusados por padres, por hermanos, por familiares, por desconocidos. Pero han pasado por el abuso sexual.

Entonces miramos esa relación que ya los han deshumanizado desde niños. Que ya no le tienen valor a su persona y cuando se miran en una situación de desesperación realmente no piensan en el ser humano que llevan dentro de ellos, porque ya no tienen el valor a la vida. Ese es uno de los síntomas que nos lleva al síntoma post abuso. Nos lleva al aborto.

Es una conexión grandísima. Muchas mujeres lo hacen porque no quieren que sus hijos vayan a pasar por lo mismo, o por la vida difícil que pudieron haber tenido, y no quieren que sus hijos pasen por eso. Entonces, en cierta forma creen, aunque no es así, que están ayudando a ese bebe cuando realmente sabemos que no, porque sabemos que están destruyendo la vida de él o de uno mismo.

Es como cuando estas embarazada y vas a la clínica al cuidado prenatal y te dicen: "¿te podemos hacer el examen para ver si el bebé tiene síndrome de Down?" Y te quedas: ¿Y si tiene el síndrome de Down?, y te dicen: "pues si tiene el síndrome de Down podemos acabar con el embarazo, interrumpir el embarazo". Muchas mamas toman esa decisión, porque te hablan tanto de un bien que vas a hacer, de no hacer sufrir a ese bebe. Entonces optan por el aborto, porque creen, entre comillas, que le están haciendo un bien a ese bebe.

Cuando una mujer ya ha sido abusada o ha tenido una vida difícil, especialmente si fue abusada por el papá o por los hermanos o alguien muy cercana a ella, como ya tuvo esa vida tan difícil pues cree que le está haciendo un bien al bebe cuando realmente hoy sabemos lo que es esa realidad, le estamos quitando la vida a un bebe, estamos matando a un bebe, no importa si lo haces "por caridad", ya sea un bebe de una madre que fue abusada o de un bebé que tiene síndrome de Down.»

- ¿Qué podemos hacer para ayudar a aquellas personas que pasaron por un aborto provocado, sin hacerlos sentir mal al darse cuenta de que ya estamos enterados?

«La mejor manera de ayudar a aquellos que han pasado por el aborto es dejando la información como cosa perdida. Puedes buscar en el internet los síntomas post aborto. Entra a http://www.elvinedoderaquel.org/weekend/sites.aspx y te da los lugares en donde van a ser los próximos retiros. Todo eso lo puedes imprimir y dejarlo como cosa perdida, como que se te olvido. Y esa es una técnica, porque no le estas diciendo: "necesitas ayuda".

La persona en su ser está pidiendo ayuda a gritos en su interior, pero no quiere que nadie sepa su secreto, entonces esa es la mejor manera para comenzar. Tarde o temprano, si tú le comienzas a dejar esa información de cuáles son los síntomas post aborto, entonces, ella misma va a buscar ayuda. Te puede llegar a preguntarte en donde encontraste esa ayuda. Puedes dejar los panfletos del Viñedo de Raquel. También están otras opciones como el proyecto Raquel y el proyecto Esperanza. Todos estos ministerios son para ayudar a hombres y mujeres que se han provocado abortos. Hay ayuda.

Y trata de imprimirlos y dejarlos ahí. Estas personas, tarde o temprano, lo van a leer porque les interesa. Aunque no parezca, en verdad les interesa, porque ese bebe pide justicia y el interior de la madre también.»

- **¿Qué le diría a aquellos familiares y amigos que están apoyando a alguien a abortar pensando que de todas formas lo van a hacer o de que la están ayudando?**

«A todas las personas que están apoyando a alguien a provocarse a un aborto, yo les puedo decir que no sea cómplices. Porque no nada más a la madre le va a pesar eso, a ustedes también. Tarde o temprano van a sentir ese remordimiento por haber provocado el asesinato de un bebe. Lo que yo les puedo decir, si en verdad creen que aman a esa persona, es apoyarla completamente. Porque, así como te sientes capaz de buscar ese dinero para que se provoque ese aborto, de buscar esa pastilla abortiva, de buscar esos medios para llevarla a un centro abortivo, mejor busca los medios para ayudarla.

Hay programas, hay clínicas de la mujer donde le ayudan, donde puedes ser atendida gratuitamente o a bajo costo. En México están los centros CAM. En Phoenix tenemos "Life Choices" o "First Wave". Todos estos lugares son para ayudar a las mujeres para que continúen con su embarazo, les dan herramientas.

Entonces lo que te puedo decir, si en verdad eres amigo o familiar, o si en verdad quieres a esta persona que está pasando ante un embarazo inesperado que la apoyes, y ese bebe como va a ser orgullo de ella, también va a ser tuyo. Sin embargo, si optan por la muerte, también va a ser tu remordimiento. No nada más va a ser de la madre sino también tuyo, y la culpa también va a ser tuya. Por el Viñedo de Raquel también han pasado personas que han dado dinero o que han llevado a las mujeres a abortar. Porque sufren igual, sufren estos síntomas post aborto.»

-   **¿Qué le dirías a aquellos hombres que no asumieron su paternidad lo que influyo en que la madre de su hijo decidiera abortar?**

«Que es el momento en que todos estos hombres que han abandonado a sus mujeres y las han ahorillado a tener un aborto, que por favor busquen ayuda para ellas. No nada más para ellos. Traten de hablar con ellas. Se equivocaron "Sí". Pero nuestro Señor es un Señor de Misericordia y Él nos va a perdonar y Él busca que nosotros tengamos una reconciliación con Él.

O simplemente busca ayuda, reconcíliate con ese bebe porque también es tu hijo y sabemos que también te duele. Ese bebé está en tu mente, aunque no lo quieras aceptar esta en tu mente, entonces yo te pido que lo reconozcas, aunque ya no esté en este mundo. Reconoce a tu bebe. Hay maneras de reconocerlo, puede ponerle un nombre. Si se te hace difícil conseguir ayuda, reconócelo. Ponle un nombre. Trata de hacer una conexión con él, poniéndole un nombre. Trata de pedirle perdón. Si ya no tienes contacto con la madre, pide por ella. Ora por ella.

Si tienes contacto con ella búscale la ayuda. Ella te necesita tanto. Ese apoyo que un día le negaste ahora dáselo. Ahora que probablemente está sufriendo por las secuelas del aborto. Acércate a ella. No va a ser fácil porque la mujer esta dolida, pero sigue insistiendo y déjale folletos. Déjale información. No la apoyaste un día, pero apóyala ahora. A buscar ayuda, a buscar esa reconciliación con ese bebe que un día rechazaron.

Ya para terminar, quiero decirles que no tengamos miedo a defender la vida. Que, si nos callan o nos cierran una puerta, toquemos otra y tratemos de abrir otra. Si nos cierran la puerta, están las ventanas. Pero la lucha Provida tiene que continuar. La lucha por la familia tiene que seguir adelante. Con tantas leyes, tanta destrucción que se mira contra la familia tenemos que luchar fuertemente por ella.

Desde la concepción hasta la muerte natural todo ser humano vale. Y al decir, vamos a luchar por la familia vamos a luchar por los padres, por los hijos, por los abuelos que a veces los tenemos olvidados. Hay que comenzar a darle valor a todos los miembros de nuestra familia. No nada más a unos sino a todos, desde que está en el vientre. El que está perdido hay que buscarlo, hay que amarlo, pero todos tenemos que poner nuestro granito de arena en esta lucha por la vida, esta lucha por la familia.

La familia es lo que mantiene a esta sociedad sana, si queremos una sociedad sana tenemos que ponernos a trabajar.»

- **Judith y su testimonio.**

«Hola, mi nombre es Judith Villegas. Tengo 36 años. Soy madre soltera, tengo 4 hijos. Aproximadamente estoy sola con mis hijos desde hace como 10 años. Mis hijos ya son unos adolescentes y es algo muy difícil el tener adolescentes. Fui mamá muy joven.
Les voy a contar un poquito lo que fue mi vida. Hoy de grande pude descubrir que fui abusada sexualmente cuando tenía entre 6 y 8 años, no puedo recordar muy bien. Y, como muchas en mi casa no hubo mucha comunicación, no hubo mucho cariño. No se sentía afecto ni entre papá y mamá ni entre papás e hijos. A los 16 años salí embarazada. Y me da pena porque la realidad es que el papá de ellos no se quería juntar conmigo. O sea que después de salir embarazada rapidito me junte con él sin ni siquiera preguntarle si quería. Simplemente un día me fui a su casa y me quedé. Ya no me fui de ahí.

Esa relación nunca fue buena. Pero desde un principio, de ese embarazo, yo estaba muy contenta, pero a la vez tenía mucho miedo por mi papá. Yo soy una de las mayores, somos 6 hermanos y yo fui una de las hijas mayores. Tengo dos hermanos mayores que yo, pero la presión siempre fue hacia mí.

Y cuando salí embaraza lo que pensé fue: "mi papá", que va a decir mi papá de mí. Mi papá fue muy duro conmigo, incluso físicamente algunas veces me llego a golpear feo. Y es chistoso porque hoy se lo he dicho y me dice: "es que tú ya tenías que saber lo que era bueno y lo que era malo".

Cuando salí embarazada, a pesar de que estaba muy contenta, tuve miedo y pensé en abortar, pero no lo hice. Hoy tengo unas hijas de 18 años. Después seguí con esa persona, esa relación siguió de mal en peor. Entre engaños y golpes llegue a una depresión. Después salí embarazada por segunda vez e igual tuve miedo y más pensaba que va decir mi papá, que va a decir mi familia. Tuve a ese bebé a pesar de todo, pero también había pensado en abortarlo. Ahorita mi hijo tiene 17 años. La relación seguía igual.

Cuando mi hijo tenía 6 meses salgo otra vez embarazada. Se me venía a la mente el pensar que van a decir, que voy a hacer, pues no trabajo, no hago nada. Me encontraba con una depresión, sintiéndome que no valía nada, que no servía para nada. Aun con todo sí tuve a mi hija.

Regresándome un poquito atrás, mi hijo, cuando se formó, nació con sus intestinos por fuera. Por muchos años me culpe. Después nació mi hija la más chica y nació sorda, no escucha bien y me siento mal hasta la fecha porque yo los rechace (cuando estaba embarazada).

Seguí con esta relación e igual, nunca me cuidé. Yo creo tenía como unos 21 o 22 años cuando ya tenía mis 4 hijos y volví a salir embarazada. Fui a hacerme la prueba y pues esta vez decidí que no, que ya no podía. Sentía que ya estaba en las ultimas con esta persona, que ya no podía estar con él, que ya no quería estar ahí y no quería traer a otro niño a sufrir.»

- ¿Cómo era la relación de tu expareja con sus hijos?

«Él era muy seco con sus hijos, yo siempre los sobre protegí mucho de él. Si ellos estaban incluso en frente de la televisión, cuando él la estaba viendo yo los movía, nunca los dejaba que los regañaba porque era muy fuerte con ellos. Cuando salí embarazada esta vez, ya no quise eso, y pensé que era la mejor opción que tenía, pensé que era lo mejor para ese bebé el no nacer y no crecer como de la manera en que mis otros hijos estaban creciendo. Pues sola lo decidí, no le comenté a él, al papá de mis hijos. Y fui a abortarlo.»

- ¿Viste algunas otras mujeres dentro del abortuorio?

«Recuerdo mucho el estar ahí yo sola. Y una de las cosas que recuerdo, una niña de 14 años con su mamá. Su mamá la llevo a abortar, y lo recuerdo y me da mucha tristeza porque mis hijas tienen 18 años. Mi hija la más chica tiene 15 años y yo en realidad no quisiera que ellas pasaran por algo así. **Porque te destruye eso, es muy triste, es como si tu alma se saliera.** Fui al abortuorio y como el embarazo no estaba muy avanzado me dieron unas pastillas, y luego me llevé otras para mi casa, y al siguiente día mientras mis hijos jugaban alrededor de mí yo sentía ese desprendimiento.

Sentía esas contracciones y miraba a mis hijos jugar alrededor de mí. Y luego sentí que se desprendió mi bebé y lo pude ver. Te dicen que no es nada, y no es cierto, no es cierto porque tenía pocas semanas y mi bebe estaba chiquito. Yo lo pude ver y yo lo quería. Yo me quería quedarme con él, pero lo perdí. Al momento de quererlo lavar se me fue. Se me escapo de mis manos y ya no lo pude recuperar.

Seguí con esta persona con algunos años más y después decidimos separarnos. Nunca nos casamos, en realidad hoy no sé si alguna vez estuvimos enamorados alguno de los dos. Porque bueno, veo las cosas muy diferentes, pero al momento de separarnos, de nuevo quisimos retomar la relación a ver si funcionaba, a ver si podíamos hacer las cosas diferentes, a ver si podíamos regresar y salí embarazada de nuevo.

Pues esta vez igual. Yo vivía en un estudio que a veces no tenía ni siquiera dinero para comprarle leche a mis hijos. Hoy me acuerdo y nos íbamos a casa de mi mama para poder comer. Pues al momento de saber que estaba embarazada, igual, se me venía a la mente el que va a pensar mi papá, que va a pensar mi mamá, la gente, como le voy a hacer. Ya tengo 4 hijos, no tengo ni siquiera con que alimentar a los que tengo, e igual, decidí de nuevo, pero esta vez sí le dije a él (al padre del hijo). No le pregunte su opinión, solamente le dije que al siguiente día iba a ir a tener un aborto. Pues para entonces él estaba pensando que ni siquiera eran de él. Que estaba embarazada de alguien más. Y solamente me dijo que no hiciera eso, que, aunque no fuera su hijo, que no lo matara. Pues ya tenía la decisión.

Como conseguí el dinero fue me habían hecho un préstamo para empezar a trabajar, y con ese mismo dinero agarré para hacerme el aborto. Esta vez el embarazo ya estaba más avanzado. Llegue a este lugar y el embarazo ya estaba más adelantado, ya eran más semanas. No recuerdo en realidad cuantas semanas eran, pero la persona que me atendió me llevo a que me hicieran el ultrasonido. Éste no lo pude ver, pero ella me comento algo, que hoy sé que, pues me di cuenta de que el segundo embarazo eran dos, que no eran sólo uno. Ese aborto fue por aspiradora. Que mis bebes fueron arrancados de pedacito por pedacito. **Hoy recuerdo el sonido de la aspiradora, y eso es muy triste y muy doloroso que en realidad no se lo deseo a nadie.**

Mis hijos saben de lo que hice. A mi hija la más chica fue la que más le afecto e incluso ella ya no quería vivir conmigo. Se quería ir a vivir con su papá. Y como enfrentas eso con tus hijos. Mis hijas también las destrocé porque al decirle que tuve un aborto, que fueron unas cuatas como ellas, es algo muy doloroso tanto para ellas como para la persona que lo hace.

Hoy siento que lastime a su papá, porque me tocó enfrentarlo también. Sé que lo lastime. Que él no hubiera querido eso, que no me hubiera dejado hacerlo. Y ahí lastimas a todos alrededor de ti, te lastimas tú, lastimas a tus hijos si es que tienes más, o tal vez incluso ya no puedes tener hijos después. Yo tengo miedo de que en un futuro no pueda tener hijos porque es un anhelo que tengo de volver a tener un hijo. Y pues no lo hagan. En realidad, no tengo palabras para decirles, para explicarles, para detenerlas a que no lo hagan. **Es algo que te marca de por vida, que marca a tu familia.»**

- **¿Crees que existe el derecho a abortar?**

«Yo no creo que exista el derecho a abortar. Los que están a favor del aborto no saben el daño que causa. No se han dedicado en realidad a buscar esa respuesta adecuada, porque una persona que aborta muchas veces lo deja atrás y lo tapa, y es algo que no quiere volver a ver, pero en un momento dado se va a regresar y le va a causar una depresión y muchas veces no va a saber ni siquiera el porqué de esa depresión.»

- **¿Conoces algunos otros casos de personas con el síndrome post aborto?**

«Sí, conozco muchísimos casos, incluso soy parte de un ministerio para personas que han abortado y me ha tocado ver, el caminar con ellas. Me ha tocado mirarlas en su sufrimiento. Escucharlas y vivir con ellas el dolor que muchas veces llevan escondido por años. Me ha tocado ver tanto a personas mayores como a personas jóvenes que han incluso buscado el suicidio, que no quedan bien, ni física ni emocionalmente. Muchas veces tienen que ir con psicólogos. Es algo bien difícil, bien doloroso.»

- ¿Cuándo fuiste al abortuorio te mencionaron las consecuencias psicológicas del síndrome post aborto?

«Cuando tú vas a planned parenthood, porque ahí fue donde fui a practicarme los abortos, en la entrevista te tratan de lo mejor. Ellos sólo te dicen que te van a ayudar. Muchas veces te dicen que no es nada, que es un coagulo de células y no te dicen nada de lo que va a pasar después.

Yo me pongo a reflexionar, a pensar que tengo 4 hijos adolescentes y también conozco personas que su adolescente ha salido embarazada, y una de ellas llevó a su hija a abortar y pues la niña quedo muy mal, mentalmente quedo muy mal.»

- ¿Qué le dirías a los padres que están en una situación en que sus hijos están pasando por un embarazo inesperado?

«Yo les diría a los papás que tienen a un hijo o a una hija, que están en esa situación (embarazo inesperado) que los apoyen, porque abortar no es la opción. Nos hacen creer que el abortar es la única opción que tenemos. Yo me pongo triste porque me ha tocado ver casos de mujeres que no han podido tener hijos, que han tratado de todo y recuerdo que yo lo hice, que yo tuve la oportunidad y le quité la oportunidad a mi hijo de nacer. Me quite la oportunidad de ser madre de nuevo. Esa es una opción (la adopción). Que podemos darles la felicidad a nuestros hijos, la opción de que tengan una vida con alguien más si nosotros no se la podemos dar. Yo creo que esa sería la mejor opción. Abortar no es una opción, es un asesinato, porque eso es lo que yo hice. Esa "opción" que yo creí que era una opción la tome y esa decisión me llevo a asesinar a tres niños, a tres angelitos, a tres bebes que solamente buscaban el conocerme y brindarme su amor. Ni siquiera les di la oportunidad de nacer ni de darme un abrazo.»

- **¿Qué le dirías a aquellos hombres, que, al no asumir su responsabilidad como padres, empujan a la madre de su hijo a tomar esa mala decisión?**

«Pues muchos de los casos de que una mujer tomara esa decisión, de no tener a su bebe, tiene que ver con el hombre. El hombre muchas veces por miedo, o por cualquier razón, no quiere asumir su responsabilidad. Yo les diría a los hombres que apoyen a su pareja, que le dieran la oportunidad. Que incluso para ellos también, ya que cuando vez a ese niño nacer se te olvidan todos los problemas, olvidas todo lo que pasaste.

Olvidas cualquier cosa, porque he visto a muchos hombres heridos, destrozados por el aborto, ya sea que lo decidieron ellos o que lo decidió la mujer o que ellos empujaron a la mujer (no brindarles el apoyo que ellas necesitaban). Después de eso también les llega ese dolor. Pero muchas veces que se cree que al hombre no le duele, pero si le duele.»

- **¿Qué les diría a los abuelitos de estos pequeñitos para que luchen por sus nietos?**

«Creo que los abuelitos también pueden hacer una gran diferencia, porque el aborto no solamente va a afectar a su hijo o hija, sino que a ellos también les va a afectar porque no van a ver crecer a ese nieto o a esa nietecita, y sabemos que los abuelitos muchas veces se encariñan más con el nieto o la nieta y lastimosamente hay casos donde los abuelitos tampoco apoyan. Yo creo que todos haríamos la diferencia. Sea una mamá, papá o abuelitos, incluso los niños también. Todos podemos hacer la diferencia.»

- **¿Qué opinas de los grupos Provida que están afuera de los abortuorios luchando por las madres y sus hijos?**

«Para mí en lo personal, porque yo fui una de las que decidí hacer eso (abortar), es muy difícil (detener a otras mujeres para que no aborten). Porque tú estás con toda la intensión de detener a esa persona (que aborté) y decirle que ese niño le va a traer felicidad a pesar de lo que esté pasando. Y cuando miras a alguien que pasa (rumbo al abortuorio), y que te ignora, pero tus miras en sus ojos la tristeza. Puedes mirar desde que salen de su carro esa tristeza, de que todavía no lo hacen y ya van vacías por dentro.

Para todos ellos que están trabajando muy fuerte para defender la vida, la verdad mis respetos, porque es un trabajo bien difícil y sales de ahí con mucha tristeza porque te das cuenta de cuantas personas entran (al abortuorio), cuantos padres llevan a sus hijas, cuantas mujeres llegan solas, miras cuantos hombres llevan a su pareja, y es muy triste. Pero también es muy gratificante el saber que tú has podido salvar una vida como muchas veces pasa, y para eso se está trabajando para seguir salvando muchas vidas.»

- ¿Qué le dirías a los padres de familia que evaden los temas de sexualidad con sus hijos?

«Yo pienso que ahí está el trabajo de los padres, del papá y de la mamá, que tenemos que informarnos, que tenemos que aprender y sentarnos y explicarles a nuestros hijos lo que es una educación sexual y no quedarnos sólo en decirles: "si lo vas a hacer cuídate (con condones y pastillas)", sino que tenemos que ir más allá, de mostrarles lo que es la castidad. De nosotros informarnos primero para llevarles el mensaje a nuestros hijos, porque ese es el primer error de nosotros los padres, de que no estamos educados, y se entiende porque así muchas veces fue como nos educaron a nosotros también, pero creo que si todos pusiéramos nuestro granito de arena podríamos educarlos mejor, para que no tuvieran que estar en esa situación.»

- ¿Qué le dirías a aquellos educadores que afirman que sexo seguro = condón y anticonceptivos?

«Recuerdo que cuando estaba en la primaria nos mostraron algo así, pero eso fue hace muchos años. Pero a todos aquellos que educan de esa manera es como una falta a la moral, porque le están diciendo que está bien que vayas y te acuestes con cualquier persona o con el novio o con quien tú quieras, pero cuídate, cuando en realidad no hay sexo seguro.»

- ¿Qué le dirías a aquellos políticos que promueven leyes a favor del aborto?

«Para los políticos quiero decirles que es una tristeza que estén queriendo legalizar leyes que están matando a los ciudadanos, que están matando a la persona que decide eso. Que están afectando a toda la humanidad. Cuantos niños se han perdido, cuantas niñas se han matado porque muchas veces pensamos que, porque es ley ya está bien, y a muchos de nosotros nos falta mucho conocimiento, mucha educación, y solamente pensar que por porque es legal está bien. Es como querer tapar algo que no está bien y que es un asesinato.»

- ¿Qué es el Viñedo de Raquel?

«El Viñedo de Raquel es un ministerio para ayudar a aquellas personas que han tomado esa decisión de abortar. En lo personal me ha tocado escuchar muchas historias de personas que han sido violadas, y que después de salir embarazadas se practicaron un aborto y de por vida las marca. **Han buscado la sanación, pero es un proceso muy largo. Ese dolor nunca se te va a ir, esa herida nunca se te va a cerrar, pero ahí te ayudan a poder encontrar el perdón, hacia ti misma, y puedes sentir el calor de tus hijos y lo más importante que es el perdón de Dios.** Ahí también me ha tocado personas que tienen mucho miedo. Personas que no han podido tener hijos después del aborto. Me ha tocado casos de personas que tienen pesadillas. Hay casos de personas que se han suicidado también. Hay tantas cosas que vienen después del aborto que nadie te dice, y pues no les conviene porque es lo que ellos (abortistas) buscan, que es tener clientes que sigan abortando.»

- Hoy en día, ¿Crees que quienes te dijeron que te estaban ayudando realmente te estaban utilizando?

«Yo pienso que una persona que no fuera ambiciosa no dejaría que tantas mujeres salieran de esos lugares caminando prácticamente sin vida. Yo pienso que toda esa industria es para darles dinero a ellos sin importarles cuantos años tiene quien va a abortar, y lastimosamente ellos se enfocan mucho en las minorías, y es muy triste que nos estén atacando de esa manera porque hay más hispanos y afroamericanos que estamos yendo a esos lugares.

En los dos abortos que tuve en realidad nunca me dieron una opción. En lo que más se enfocaron era en que me iban a ayudar con el problema. Que iba a entrar un día e iba a salir del problema al día siguiente con mi problema, porque así se refieren ellos.»

- En tu segundo aborto ¿escuchaste el latido del corazón de tus hijos?
«No escuche el corazón de los pequeñitos. Se que fueron dos porque la persona que me "ayudo" me comento algo, me pregunto como si yo ya supiera, pero yo iba tan cegada que no quise saber nada ni le pregunte nada ni en realidad no le puse atención a lo que me dijo. Ya después fue que me di cuenta de que eran dos.»

- ¿Qué le dirías a aquellas mujeres que están pasando por un embarazo inesperado?

«Llevo como 13 años con este dolor, y es como si hubiera sido ayer. Como si ayer hubiera sido cuando tome la decisión. Les diría que no lo hagan, que es algo que les va a marcar. No importa por lo que estén pasando, nada es mejor que tener la oportunidad de ver nacer, de ver crecer y ver correr a tu hijo o a tu hija. Y si tú tomas esa decisión, no solamente te estas quitando la posibilidad de sentir ese bebe, sino que le estas quitando la oportunidad a ese bebe de crecer y ser alguien en la vida.»

- ¿Qué le dirías a los hijos que están juzgando a sus padres por haber abortado a sus hermanos?

«Si un hijo está juzgando a su madre, yo le haría mirar las cosas un poco diferente. Muchas veces tiene que ver la vida que haya llevado. Pero a una mamá o a un papá no se le puede juzgar porque no sabemos el pasado que han tenido. Todos tenemos un pasado, y todos hemos sufrido de cierta manera que lastimosamente nos lleva a tomar decisiones no muy buenas, y pues si ese niño está juzgando a sus padres yo trataría hacerlo entender y mirar las cosas diferentes.»

- ¿Qué le dirías a los sacerdotes que pudiendo no se han sumado a programas de sanación post aborto?
«A los sacerdotes sería maravilloso que se involucraran más. Una persona que tiene el síndrome post aborto es muy frágil, porque ya desde el momento en que toma la decisión, ya se está lastimando así misma, ya se está juzgando, ya se está atormentando, ya no siente que ni siquiera merece nada, y que una persona que es tan importante para nosotros, que por x's motivo no pueda darnos ese apoyo sería muy doloroso para esa persona porque nosotros lo que buscamos es alguien que nos guie por el buen camino para llegar a esa sanación, o a ese acercamiento, o algo para nosotros para poder superar. O sea, sería muy grandiosos poder superar eso que hicimos, si pudiéramos llegar a más personas.

Y necesitamos a más sacerdotes que estén más involucrados, que nos puedan ayudar, que muchas veces va a ser tal vez la única persona que va a buscar alguien para poder sanar eso, y si por algún motivo se le da la espalda de cierta manera, sería muy triste porque esa persona ya no va a confiar en nadie más.»

- ¿Qué le dirías a los integrantes de grupos Provida que no reciben el apoyo de la misma comunidad?

«Yo pienso que en el movimiento Provida hace falta mucha ayuda. Yo sé que se está haciendo mucho, pero creo que lamentablemente las personas muchas veces estamos muy cerrados, y pues tal vez se necesite trabajar más, pero es algo que se me hace muy difícil porque hay tantas personas que no tienen el conocimiento, o simplemente no les interesa, o piensan que está bien. Yo he hablado con muchas personas que dicen que son católicas, pero a la vez están como si llegara a pasar algo van a apoyar a lo que sea (el aborto) en lugar de tratar de buscar (la vida) y hacer las cosas lo mejor posible.

Sé que los grupos Provida están haciendo mucho, que están trabajando muy fuerte, pero hay veces que incluso me ha tocado que dentro de los grupos Provida han mirado diferente a una mujer que ya abortó, y pues de eso no se trata. Si son Provida hay que luchar por la vida (del no nacido), pero también no hay que mirar a una mujer que no acepto la vida, que rechazo la vida (de su hijo), hay que darle un empujoncito para que pueda buscar ayuda y para que pueda **SANAR**.»

Cuando le hice las entrevistas tanto a Judith, así como a Josefina, tuve unas enormes ganas de llorar, pero me mantuve para no alterar el proceso. Ver esas lágrimas derramadas me partió el corazón. Y pensar en todas aquellas personas que están pasando por lo mismo es terrible. Te confieso que estas entrevistas han sido uno de los eventos más duros para mí, porque no solamente fue grabarlas, sino también editar los materiales y escuchar su testimonio una y otra vez fue como revivir su dolor, tanto así que fue como si yo estuviera experimentando su sufrimiento.

No es que me quiera victimizarme, pero hay mucho trabajo detrás de todo esto. Incluso a veces hasta los ojos me han dolido por el tiempo que he estado enfrente de mi laptop editando videos, escribiendo artículos, etc. aun sabiendo que habrá muchas personas que los van a ignorar, pero no importa, de cualquier forma, lo hago porque siento que Dios me lo pide.

Él sabe que si yo decidiera me olvidaría de todo esto, pero ¿Con que cara la voy a decir al mundo «Viva Cristo Rey» si traiciono al mismo Evangelio de la vida? No sé qué me depara el futuro, sólo sé que después de mi muerte ahí va a estar Él, y quiero buscar ser lo más obedientemente posible.

Ahora sí que, como especie humana, no podemos seguir callando mientras ellos siguen muriendo.

«Las estadísticas hablan de que después de un aborto las mujeres tienen tendencias depresivas muy profundas. Tienden a refugiarse en el alcohol, drogas, abuso de tabaco, desórdenes alimenticios, etc. Veamos cuáles pueden ser las secuelas:

- **Necesidad de tratamiento psicológico**
Las mujeres que abortan tienen más probabilidades de ingresar a un hospital psiquiátrico que aquellas que dieron a luz a su bebé. Es muy común que las mujeres que abortan tengan un periodo de represión o negación de sus sentimientos, esto retarda la intervención psiquiátrica, pero tarde o temprano ésta llegará.

- **Síndrome post aborto (SPA o PAS)**
Son tantas las mujeres que viven trastornos depresivos que ya los psicólogos le han puesto nombre a esta mal, se llama: PAS. Por este motivo se dice que la segunda víctima del aborto es la mujer. Cada vez son más las mujeres víctimas de creer que el aborto es la salida natural y sencilla a un embarazo no deseado y las estadísticas hablan de que un 91 % de las mujeres que abortan sufren fuertes depresiones. La vida después de un aborto nunca volverá a ser igual.

Por este motivo si decides abortar puedes tener algunos de los siguientes síntomas:

- **Hiperexcitación:** perderás tu paz, vivirás exagerando peligros, sobresaltada, con ataques de ansiedad, gran irritabilidad, explosiones de ira o rabia, conducta agresiva, dificultad para concentrarte, hipervigilancia, dificultad para conciliar el sueño o mantenerse despierta.

- **Intrusión:** esto consiste en revivir el aborto de manera involuntaria e inesperadamente. Podrás tener pensamientos recurrentes sobre el aborto o el niño abortado, recuerdos en los que podrás vivir momentáneamente experiencias de tu aborto, pesadillas sobre él o sobre el bebé que no nació; reacciones de intenso pesar o depresión en la fecha del aniversario del aborto.

- **Constricción:** querrás evadir las sensaciones negativas, incapacidad para recordar la experiencia de tu aborto; desearás evitar todo recuerdo de él, por lo tanto te alejarás de personas que te lo recuerden, verás con pesimismo el futuro, reprimirás sentimientos de amor y de dulzura que son característicos de una madre; podrás tener poco interés por actividades con las que antes disfrutabas; para olvidar o evadir podrías hasta abusar de drogas o alcohol; querrás huir de la realidad con pensamientos o actos suicidas y otras tendencias autodestructivas.

- **Disfunción sexual**
Y por si no fuera suficiente el Síndrome post aborto, también las estadísticas revelan que entre un 30 y un 50% de mujeres que han abortado sufren disfunciones sexuales que puede ser: ausencia de placer en las relaciones, dolor añadido aversión al sexo o a los hombres en general, o desarrollo de una forma de vida tipo promiscua.

- **Planteamientos suicidas o intentos de suicidio**

Aproximadamente un 60% de mujeres que experimentan secuelas post aborto declaran albergar ideas suicidas, con un 28% que intenta realmente suicidarse, de las cuales la mitad lo han intentado en dos o más ocasiones. Son muchas y alarmantes las estadísticas de mujeres que abortaron y desean suicidarse. El corazón de madre empezó a latir más tarde, después de que murió su hijo y ahora ellas desean estar con su hijo muerto.

- **Abuso de tabaco, alcohol y/o drogas**

El estrés post aborto se vincula con una acentuación del tabaquismo. Las mujeres que abortan tienen el doble de probabilidades de convertirse en grandes fumadoras y de sufrir los correspondientes riesgos sobre la salud.

El aborto seguido se vincula con conductas violentas, divorcio o separación, accidentes de tráfico y pérdida del puesto de trabajo.

El aborto se halla significativamente ligado al abuso posterior de las drogas. Además de los costos psicosociales que supone tal abuso, la adicción a las drogas se vincula con el riesgo incrementado de contraer infecciones por VIH/SIDA, de presentarse malformaciones congénitas y conductas agresivas.

- **Desórdenes alimenticios**

Para algunas mujeres al menos, el estrés post aborto se asocia con desórdenes en la ingestión de alimentos tales como comer compulsivamente, bulimia y anorexia nerviosa.

- **Descuido de los niños o conducta abusiva hacia ellos**

Existe una relajación de los lazos que unen a las madres con los hijos posteriores. Puede haber trato abusivo sobre los niños, ya que se descarga sobre ellos el dolor que la madre tiene por dentro.

- **Divorcio y problemas crónicos**

Para la mayor parte de las parejas, un aborto crea problemas imprevistos en su relación. Las parejas que han recurrido al aborto están más expuestas a divorcio o a separarse. Muchas mujeres que abortan desarrollan una mayor dificultad para establecer lazos duraderos con un compañero.

- **Abortos de repetición**

Las mujeres a las que les ha sido practicado un aborto tienen mayor riesgo de volver a abortar en el futuro. Las mujeres que cuentan con una experiencia abortiva anterior tienen una probabilidad cuatro veces mayor de volver a interrumpir voluntariamente su embarazo que aquellas que no tienen historia abortiva previa.» (Con ganas de vivir, Pág. 137-142).

De los puntos anteriores, en lo que respecta a las secuelas que podrían llevar al suicidio, es importante mencionar que «según ha revelado el ministerio "No Más Silencio", la tasa de suicidios entre las mujeres a las que se practica un aborto inducido es siete veces mayor que entre las que llegan a dar a luz, incluso tras embarazos no deseados. Los datos son similares en otros países con elevado número de abortos.

Según indica esta organización en una nota de prensa fechada el 13 de marzo, diversos estudios demuestran que la tasa de suicidios "se multiplica por siete" en las mujeres que abortan en comparación con las que dan a luz, llevando a término "incluso embarazos no deseados"…

Pilar Gutiérrez, directora de la asociación, asegura que la encuesta de los médicos de Atención Primaria (AP) demuestra que España "sigue el mismo patrón de otros países con altas tasas de aborto" como Finlandia, donde un estudio del Centro de Investigaciones y Desarrollo para el Bienestar y la Salud, dependiente del Ministerio de Sanidad, publicado en 1996 en el 'British Medical Journal', relaciona ambas variables. "Este estudio, titulado 'Suicidios después del embarazo en Finlandia de 1987 a 1994', demuestra que suicidio y aborto están relacionados.

En concreto, aseguran que entre las mujeres que abortan hay tres veces más suicidios que en la población en general, una tasa que se multiplica por siete en comparación con las mujeres que dan a luz, incluso embarazos no deseados", reseñó la Sra. Gutiérrez.»[9]

En base a los testimonios que he escuchado, se puede evadir los sentimientos de culpa por haber ocasionado o participado en esto, pero tarde o temprano llegara el momento en que la misma persona no pueda cargar con todo esto que lleva dentro. Por eso, es una de las razones por las que expertos en esta área les piden a quienes hayan pasado por abortos provocados que busquen ayuda antes de que sea demasiado tarde, ya que una vez que la conciencia se nubla es más complicado establecer un limite entre lo que esta bien y lo que esta mal, y esto podría ocasionar exponerse nuevamente a otros riesgos por querer cubrir ese vacío que se está experimentando.

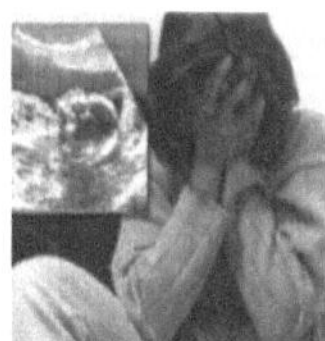

Representando el dolor silencioso de mujeres que sufren en silencio el SPA

Debemos ser gentiles y no juzgar, «LA MUJER» es la segunda víctima del aborto.

«En 2011, el Dr. Ernesto Beruti, especialista en clínica obstétrica y ex jefe de la Maternidad del hospital Rawson (Argentina), aseguró que "ante la tragedia del aborto siempre hay dos víctimas: la primera

---

[9] Fuente: http://www.hazteoir.org/noticia/abortar-multiplica-7-riesgo-suicidio-en-embarazadas-espanolas-11090, tomada el 15 de mayo del 2015

es el niño por nacer, que pierde el derecho más importante que tenemos todos los seres humanos, que es el derecho a la vida; la segunda es la mujer, que muchas veces lo hace por presión del entorno, del marido, de la familia, y muchas veces padece el síndrome post-aborto, un calvario que le destroza el alma y la acompaña el resto de su vida". "Es más fácil que una mujer se saque un hijo del vientre a que se lo saque de su cabeza y de su corazón", lamentó.»[10]

Pero las mujeres no son las únicas que sufren el SPA, sino también los hombres. Personas como Patrick (padre de 3 hijos abortados) hoy en día están expresando sus testimonios para que otros hombres también conozcan acerca de las consecuencias que también tiene esta práctica en sus vidas.

Patrick, padre arrepentido quien ahora es la voz de aquellos que no pueden defenderse por sí mismos

Mira el testimonio completo de Patrick en el canal de Youtube de «Silent no more»

Andy Balwin, padre arrepentido del aborto de su hijo.

También está el caso de Andy Baldwin, quien en el documental «The 40 film» explica como después de una noche loca, la joven con quien tuvo relaciones sexuales se comunicó con el para informarle que estaba embarazada. A él se le hizo muy fácil no responder sus mensajes hasta que ella le aviso que iba a abortar. Después llegaron los remordimientos y las depresiones tanto que el afirma: «me arrepiento no haber hablado con ella... **Lo que paso me estaba matando por dentro, yo me decía que iba a**

---

[10] Fuente: https://www.aciprensa.com/noticias/antes-de-suicidarse-actriz-reconocio-que-sufria-depresion-a-causa-de-un-aborto-39101/, tomado el 1 de abril del 2015

estar bien, pero nunca lo estaba... Por nuestra irresponsabilidad, dañe la vida de una joven mujer que tendrá que cargar con esto toda su vida, así como destruimos una vida» (Andy Balwin, Documental The 40 film)

Al igual que ellos, puedes escuchar por cuenta propia el testimonio de hombres y mujeres quienes están hoy arrepentidos y gritan al mundo «No más silencio», estos los puedes escuchar en español e ingles en el canal de Youtube de «Silent no more».

«Afecta fundamentalmente a la mujer, pero también a los hombres. Los síntomas pueden aparecer inmediatamente después del aborto o incluso muchos años después» (Patti Haywood – McKinney, woman exploited by abortion – mujeres explotadas por el aborto).

Si las personas y/o grupos quienes motivan y exigen que se aprueben estas leyes no se toman la molestia de advertirte acerca de los riesgos a los que te estas exponiendo menos se van a preocupar por ayudarte cuanto tengas todo esto encima. Ante estos cambios se presenta una mentalidad abortista **«ABORTO EN EL CORAZÓN Y EN LA MENTE»**. Evitar concebir el hijo y si «falla» recurro al aborto.

Cristina López Schlichting. Periodista española, directora del programa Fin de Semana de Cope. Impulsora de la Iniciativa Mujeres contra el aborto.

«...hay que ser muy perverso para entender a la mujer sin el dato de su maternidad, realmente se tendría que censurar una parte de la realidad. La mujer tiene útero, tiene trompas, tiene ovarios... y es parte de su riqueza esta capacidad para alumbrar la vida y de cambiar las sociedades a través de ello» (Cristina López Schlichting).

«Para **LA IDEOLOGÍA DE GÉNERO**, el aborto es necesario porque de lo contrario no existe igualdad entre hombre y mujer. El principio

121

del presupuesto parte de una equiparación biológica que no existe. El hombre y la mujer son diferentes, biológicamente diferentes. Sin esta diferencia, la especie humana no es tal.

Desde esta ideología de género, la maternidad es concebida como una carga que penaliza a la mujer y le impide la igualdad en vez de una causa natural que la realiza y le otorga plenitud» (Organización civil Hazte Oír)

Preguntas de retroalimentación
¿Tú controlas tu mente o tu mente te controla a tí? ¿Cómo es que hay personas que lo que está mal lo ven como si fuera lo normal? ¿Qué podría hacer para cuidar mi mente?, aun cuando no haya aparentemente consecuencias físicas de un aborto ¿podrían generarse consecuencias emocionales?

CAPÍTULO IV
EL PABELLÓN DEL LENGUAJE

Si me la llevo cantando "hago lo que me da la gana" ¿Qué crees que voy a hacer al final del día? Pues hacer lo que te da la gana. Y ante una sociedad que le da flojera reflexionar acerca de lo que se traga a través de los medios de comunicación pues evidentemente vienen las consecuencias, principalmente cuando con palabras bonitas nos estamos tragando el veneno más poderoso que cualquier ideología desea convertir a quienes no utilizan su capacidad para analizar. Muuuuu diría una vaca. Yo te diría: «Esos cuentos yo no me los trago, primero analizo y luego decido».

1. Mural de la persuasión

«La persuasión es el intento de modificar la conducta de otro u otros… Para Reardon, la gente aprende modos de comportamiento a través de: la imitación, asociación (éxito que obtienen los modelos presentados, etc.) comunicación y persuasión. Las técnicas persuasivas más comunes, tratan de asociar el objeto de cambio con algún gratificante…

Las exposiciones repetidas pueden pasivamente ser incorporadas en óptimas condiciones de penetración, si encuentran actitudes permeables.» (Poder oculto, Pág. 59).

Lo anterior se podría ejemplificar de una manera sencilla en la siguiente imagen:

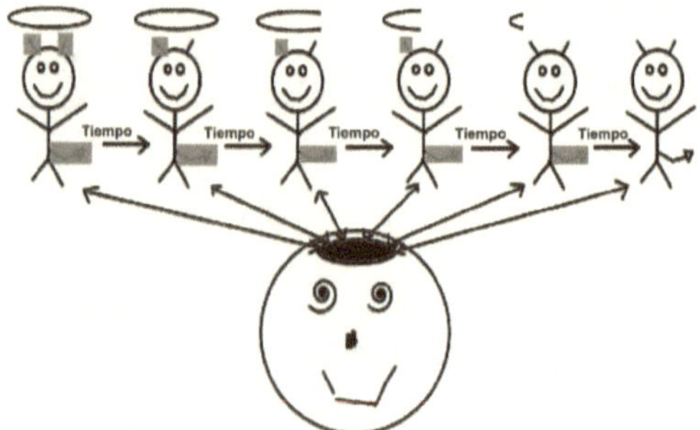

Modificación del pensamiento debido al constante bombardeo de imágenes en los medios

En dicha ilustración se aprecia cómo la imagen de una persona, o producto, es presentada de forma que no se aprecie a simple vista ningún riesgo, y poco a poco sin que el receptor se dé cuenta, la van modificando haciéndole entender a la persona que es sólo evolución común, y cuando menos se lo espera, ya esta imagen ha cambiado de forma que la persona no se da cuenta totalmente del contenido que ha recibido, el cual, dependiendo del nivel de vulnerabilidad de la persona para ser manipulado, empieza a ver imágenes o comportamientos inmorales, como algo normal y común, dándole la entrada a otros contenidos con alto nivel de erotismo, adicciones, violencia, alcoholismo, ocultismo, etc.

Tal y como se presenció anteriormente esta técnica de manipulación esta previamente planeada en el corto, mediano y largo plazo, considerando para este material que la forma de control es a través de la música, imagen y video. La estrategia se puede ver de forma sencilla, pero ejecutarla es más complejo de lo que parece y requiere de personas con alto nivel de experiencia en el tema para asegurar que se alcancen a trasmitir los mensajes deseados en tiempo y forma.

«Con respecto a la consideración de un mismo tema presentado por los MASS MEDIA, interpretándolo en etapas sucesivas (puede variar los contenidos), **la evolución puede suceder en los siguientes posibles tiempos**:

- Captación del tema sin relación con otros (primera fase).
- Posible contradicción entre las valoraciones personales y las presentadas por los Mass Media (televisión, revistas, etc.).
- Consideración de la conveniencia que supone adoptar los comportamientos exhibidos por los Mass Media.
- Etapa de aflojamiento, duda, desconcierto. El medio frecuentado ya opina «así».
- Justificación de quienes obran de la manera presentada, lo que supone cambios de importancia.
- Aceptación de comportamientos presentados como normales que, sin embargo, se contraponían a profundas convicciones personales y que provocaban rechazo anteriormente.
- Miedo a parecer "pasado de moda" y quedar aislado en reuniones y círculos de amistades.
- Lenta erosión de las propias convicciones hasta su extinción total.
- Justificación, comportamiento personal de acuerdo con dichas valoraciones.

Esta evolución puede comprender tanto a convicciones políticas, ideológicas, religiosas como a modas, costumbres, juicios, valoraciones, etc.» (Poder oculto, Pág. 67).

Para esto, se desarrollan campañas publicitarias que poco a poco van cambiando la percepción y costumbres de las personas. Ante esto, probablemente te preguntaras ¿Cómo trabaja la publicidad?

«**Trabaja según el esquema de Pavlov.** En primer término: **estímulo fuerte y una promesa gratificante, luego asociaciones y refuerzo o insistencia que provoca la automatización del impulso**. Pavlov realizó una interesante experiencia: cada vez que comía un perro, escuchaba una campana. Con el tiempo, el solo tañido le hacía segregar saliva sin ver la comida. De tal modo, comprobó que se podía manipular el comportamiento sustituyendo la realidad por un elemento que la representaba.

Traspolando el ejemplo: así como el animal asoció la campana a la comida y al oírla se le hacía agua la boca, el uso de determinado jabón, queda asociado a la belleza de 9 de cada 10 estrellas. O fumando ese cigarrillo, automáticamente se adquiere la personalidad y éxito del artista que lo representa.

Este complejo tramado está atento a los estímulos, tiene en cuenta los deseos primarios e instintivos; ofrece como segura gratificación el éxito, seducción o poder a que todos aspiran.» (Poder oculto, Pág. 79).

«**A mayor personalidad y reflexión, mayor defensa ante el virtual bombardeo publicitario**, que más allá de los anuncios, también proporciona implícitamente modas y modos de vida» (Poder oculto, Pág. 80).

Además, es importante mencionar que las personas más vulnerables de tener todos estos efectos son quienes no han logrado desarrollar esa capacidad para amarse a sí mismo, conocida como **AUTOESTIMA**, la cual se define como «la **valoración**, generalmente positiva, **de uno mismo**. Para la **psicología**, se trata de la **opinión emocional** que los individuos tienen de sí mismos y que supera en sus causas la racionalización y la lógica»[11], ya que estas personas al no estar en paz consigo mismas, buscarán otros medios para sentirse identificadas, e inclusive para recibir una aparente tranquilidad, lo cual los deja expuestos a ser tomados por cualquier ideología que los utilice a manipule a través de sus emociones.

Y para ayudar a tu hijo o hija ante dicha situación, es importante que tengas siempre en mente que «cada nueva experiencia, cada éxito o fracaso y todas las cosas que hacemos van formando y cambiando la imagen que tenemos sobre nosotros mismos. Cuando un niño está en su etapa de desarrollo, se está formando su autoestima, y su autoestima es especialmente vulnerable, ya que tiene pocas experiencias con las que formarse una idea sobre sí mismo. **Si el niño forma una baja autoestima, le perjudicaría en la formación de su personalidad.** Las inseguridades propias de la edad o los temores a fracasar ante lo desconocido hacen que la autoestima pueda sufrir especialmente durante esta edad.

Un niño con una alta confianza en sí mismo (alta autoestima) tendrá mayores posibilidades de superar las dificultades que se le presentan. Y otro aspecto importante: debes saber diferenciar entre autoestima y soberbia. Hay una gran diferencia entre fomentar la autoestima y la soberbia. Tú fomentarás la soberbia en tu hijo si le inculcas la idea de que debe de ser perfecto. No cometas el error de presionar a tu pequeño, ya que puede ser muy nocivo y perjudicial para la autoestima de tu hijo. Como padres, debemos contribuir a que el niño tenga un buen desarrollo de la autoestima y mucha confianza en sí mismo y en sus posibilidades.»[12]

«En efecto, un equipo de profesionales publicitarios es acompañados por psicólogos, técnicos en imagen y especialistas en

---

[11] Definición de autoestima: tomada del sitio Web http://definicion.de/autoestima/, tomado el 29/12/2012

[12] Fuente: http://www.miautoestima.com/ninos/, tomado el el 1 de noviembre del 2012

comportamiento humano y variadas especialidades. Todos conforman un complejo equipo y trabajan arduamente antes de entregar el producto: color, figura, protagonista, situación, guion, o slogan, han sido largamente meditados y sopesados.

Se tiene en cuenta, asimismo, reacciones automáticas en mecanismos instintivos, psicológicos, afectivos, etc. Largos ensayos, numerosas propuestas, rígidas selecciones finalmente seleccionan la imagen definitiva…. **Sus propuestas son percibidas en escasos segundos.** Su estatismo actúa **subliminalmente** con alto poder persuasivo» (Poder oculto, Pág. 100).

2. Mural del compromiso con el auditorio

«La conciencia moral, está hoy sometida, a causa también del fuerte influjo de muchos medios de comunicación social, a un peligro gravísimo y mortal, el de la confusión entre el bien y el mal en relación con el mismo derecho fundamental a la vida» (Evangelio de la vida 24).

« ¿Qué responsabilidad ética existe ante los medios de comunicación social?
Los que hacen los medios tienen una responsabilidad ante los usuarios de los mismos. Ante todo, deben informar conforme a la verdad. Tanto la investigación de los verdaderos hechos como su publicación deben tener en cuenta los derechos y la dignidad de la persona.

Los →**MEDIOS DE COMUNICACIÓN SOCIAL deben contribuir a la construcción de un mundo justo, libre y solidario.** En realidad, no pocas veces los medios se emplean como arma en las disputas ideológicas, o, en aras del mayor alcance ("cuota de pantalla"), se abandona el necesario control ético de sus contenidos y se convierten en instrumentos para seducir y hacer dependientes a las personas.» (YOUCAT 459).

«¿Cuál es el peligro de los medios?
Muchas personas, y en especial los niños, consideran verdad lo que ven en los medios. Cuando, con el fin de divertir, se ensalza la violencia, se aprueba el comportamiento antisocial y se banaliza la sexualidad humana, pecan tanto los responsables de los medios como las instancias de control que deberían atajar esto.

Las personas que trabajan en los medios deben ser siempre conscientes de que sus productos tienen un efecto educativo. Los jóvenes deben examinar continuamente si son capaces de usar los medios en libertad y con sentido crítico, o si ya son adictos a determinados medios. Cada hombre es responsable de su alma. Quien consume, a través de los medios, violencia, odio y pornografía, se embota mentalmente y se causa daño a sí mismo.» (YOUCAT 460).

«Esto no quiere decir que los medios masivos sean los absolutos responsables de todo cuanto ocurre, porque es indudable que entran también en juego otros elementos que comprometen el resultado final... Por su parte, en la escuela, a la hora de evaluaciones muestran sus bajos resultados. Paralelamente a este debilitamiento de familia y escuela, las valoraciones esenciales son llenadas de otros escenarios: aulas sin muros con atractivas luces, coloridas imágenes e interesantes presentaciones de los más variados contenidos, conforman un entorno que suplanta la realidad.» (Poder oculto, Pág. 6)

«Esos profesionales alcanzan gran influencia y en esto reside el compromiso y responsabilidad con lo que deben asumir dicha función... El más mínimo comentario..., rápido es captado y tenido en consideración por parte de los destinatarios... si el tono remarca una frase o un ligero arqueo de cejas, TODO se inserta en el significado total de la noticia... las investigaciones realizadas muestran que, cuando un cronista sacude la cabeza, frunce el ceño o cambia la inflexión de la voz, los televidentes responden con un gesto similar a su enojo, duda, encono o esparcimiento. A tal punto llega este conocimiento familiar… la audiencia se sentirá honrada si el locutor la saluda, aunque les conste que no sabe a quién lo hacen.» (Poder oculto, Pág. 53).

«La ficción puede condicionar la realidad y mostrar sólo un aspecto de ella, de manera intencionada… Ocurre entonces un hecho sustancial: **la modificación de la conducta**. Ella es en definitiva, lo que define al hombre. De allí que los Mass Media no pueden evadir la responsabilidad que les compete.» (Poder oculto, Pág. 68).

3. Mural de Dilo Bien

Para evitar la responsabilidad y tocar conciencias se usan **eufemismos** (palabra de expresión suave para sustituir otra que puede sonar fuerte) **y falacias** (mentiras que esconden algo) en el tema del aborto. De esta manera se hace un juego de palabras en donde parecen inocentes los asuntos de suma gravedad.

Por eso si se va a DECIR ALGO, se debe DECIR BIEN…

CUANDO DICEN	LO QUE REALMENTE SIGNIFICA
Interrupción voluntaria del embarazo (IVE)	Matar voluntariamente al hijo ya que no es interrupción, si se interrumpiese a alguien, significa que se le detiene transitoriamente, después de lo cual la actividad se reanuda, cosa que no pueden hacer los bebes abortados.
Legalización del aborto	Pena de muerte para los bebés inocentes que aún no son deseados. Porque después de que los matan son

	muy deseados y desearían nunca haberlos matado.
ProAborto	En contra de la vida, a favor de la muerte de bebés.
ProElección	Poder decidir para matar.
Feto	Bebé no nacido, un alma de Dios.
Cirujano o doctor	Abortista o asesino
Terminación del embarazo	Asesinato de una víctima inocente
El derecho de su propio cuerpo	El derecho de matar otro cuerpo.
Derechos de la mujer	Derecho de matar, permiso para asesinar y arriesgarse a morir en manos de un "cirujano".
Clínica de aborto	Cámara de abortos, cuarto de asesinatos.
No imponer moral	Permitir la promiscuidad.
Aborto salino	Asesinato del bebé no nacido por envenenamiento salino
Libertad reproductiva	La mujer tiene la libertad ser sexualmente activa y permiso de asesinar a sus bebés no nacidos.
Aborto terapéutico	Matar de manera selectiva.
Que quien no viva el embarazo no puede opinar al respecto	Tampoco pueden opinar del genocidio de Hitler aquellos que no fueron asesinados
Abortar bebés con "discapacidades"	Matar al bebé enfermo no nacido para no atenderlo y ahorrarnos sacrificios
Abortar como consecuencia de una violación	Matar a un bebé inocente por el delito de su padre.
Salud reproductiva	Aborto o asesinato de víctimas inocentes.[13]

---

[13] Con ganas de vivir, *Zandra López de Llamas*, Pág. 133-134.

Ante esto, nuevamente **«Live Action»** nos lleva a otro centro abortista en el que mediante el juego de palabras se busca convencer a sus clientas de que adquieran sus servicios. El dialogo obtenido en su canal de Youtube se presenta a continuación:

-Abortista: ... de manera que se elimine el embarazo, y la terminación se realiza con pinzas y cosas por el estilo en el interior del cuerpo. Y luego se quita el tejido del embarazo y demás partes fuera del cuerpo.
-Mujer: Oh, Ok. Entonces, ¿Cómo se lleva a cabo la terminación?
-Abortista: Es con las pinzas, y con los instrumentos dentro del cuerpo...
-Abortista: ... No puede hacer una terminación una vez que está fuera del cuerpo, ¿de acuerdo?
Él (abortista) tiene que resucitarlo; él tiene que enviarlo al hospital. Esa es la ley.
-Mujer: entonces, básicamente, ¿tendría que llevármelo?
-Abortista: ¿Qué quieres decir, si sale con vida?
-Mujer: Sí.
-Abortista: Entonces tendríamos que enviarlo al hospital, y en el hospital harían todo lo que fuera necesario para mantenerlo vivo. Si no permanece vivo, entonces, ya sabes - pero una vez que ya está fuera del cuerpo y está vivo, tiene que ser enviado al hospital.
-Mujer: ok.
-Abortista: Es por eso que la terminación se realiza en el interior.
-Mujer: Sí, - está bien. Quiero decir, si ella -
-Abortista: Es - es probable que no lo hará (sobrevivirá). De acuerdo.
-Abortista: es probable que no será...
-Abortista: ... por lo general lo que pasa es que él hace una terminación interior, y luego se elimina el embarazo.
-Mujer: así que normalmente él simplemente lo mata por dentro, así que no sería -
-Abortista: No utilizamos la palabra "matar ", pero -
-Mujer: Oh, Ok. (Risas) Bueno, o terminar -
-Abortista: Terminación -

-Mujer: ¡Oh, ustedes dicen "terminar " Ok, Sólo para que quede, como -
-Abortista: No, sólo porque eso es lo que está pasando. Dependiendo de con quién esté hablando –
-Abortista: Dependiendo de lo que se consideres vida, la concepción de la vida, o lo que sea, cuando el embarazo está dentro del área de útero, y es menor de 24 semanas, esto se puede hacer, nosotros podemos hacer una terminación.

Reflexión. Después de analizar dicho diálogo se muestra una serie de indicadores comunes en las sociedades donde se ha perdido el sentido total del valor de la vida, ya que es muy evidente **como se evita el uso de la palabra "kill – asesinar" como parte de la estrategia abortista para minimizar la gravedad del daño que ocasionan.**

Cabe resaltar como al final se cae en un relativismo en el que la vida humana depende de cada persona, puede ser modificable tanto así que hasta las 24 semanas es permitido, de acuerdo a sus leyes, asesinar. Irónicamente también se aprecia cómo se expresan que para poder "terminarlo" tiene que ser dentro del vientre materno, porque ya fuera tienen que poner los medios para que sobreviva. Es decir, estando dentro es el lugar más inseguro del planeta, pero una vez que el bebé sale ya tiene derecho a vivir, como si éste dependiera de la posición geográfica donde se encuentre.

Esta es una de las consecuencias que se viven en estos países donde se ignora la bioética y el primer derecho de todo ser humano, el cual es «VIVIR», dando como consecuencia «Una terrible DESHUMANIZACIÓN».

¿Quieres esto en tu comunidad? ¿Estás dispuesto(a) a levantar la voz o te quedarás callado(a) mientras estas puertas se abren?
Te invito a que reflexiones si esto es ser progresista, avanzado, de primer mundo, así como sus líderes abortistas lo expresan.

«… **presiones e intereses** pueden mover a que los medios **oculten o deformen la verdad**. Esta desinformación o ignorancia de lo que en realidad sucede, **permite que la gente no se entere de irregularidades que deberían ser condenadas»** (Poder oculto, Pág. 33)

Y ante esto, no necesitamos tener una bola mágica para saber lo que pasa, y seguirá pasando en aquellas personas que no logren comprender el impacto que tiene en sus vidas la constante exposición a materiales eróticos, los cuales posiblemente también dañen a sus hijos tal y como ha ocurrido en casos que tanto tu como yo conocemos.

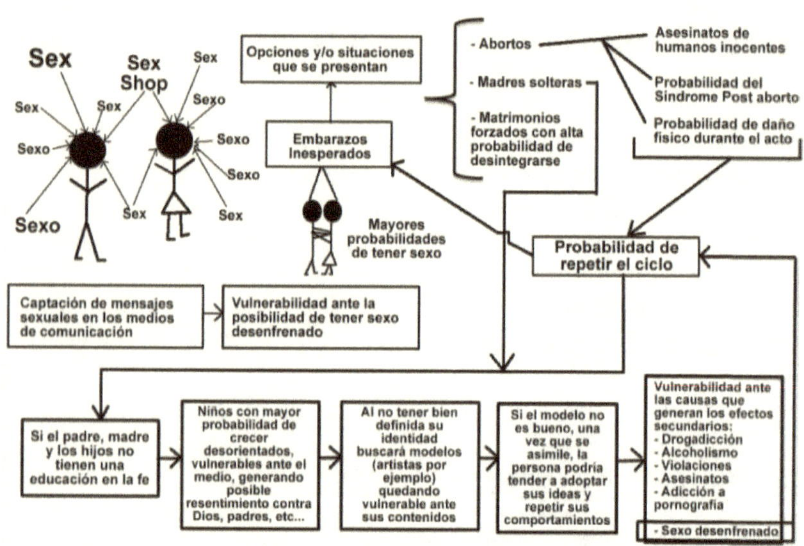

Ciclo adictivo sexual con repercusión en la siguiente generación

Como se aprecia en la imagen anterior, las personas que están en mayor convivencia con este tipo de mensajes y/o situaciones de índole sexual, tienen mayor probabilidad de repetir comportamientos (aclarando que no siempre es así por eso se dice probabilidad) los cuales generan muchos de los efectos secundarios.

Y lo más irónico, para el caso de la música, es como la gente apoya a sus artistas mientras estos los dañan mentalmente con tal de generar ingresos, así como por quedar bien con aquellos grupos que los promueven.

En fin, sigamos reflexionado… **¿Sexualidad placentera y sexo seguro fuera del matrimonio?**... mejor que digan que se incrementan las probabilidades de:
- Enfermedades de transmisión sexual.
- Infidelidad, divorcios.
- Embarazo inesperado (posibilidad de niños desprotegidos).
- Abortos provocados (asesinatos de seres humanos en el vientre con permiso de sus madres).
- Anticonceptivos. Efectos dañinos en la salud.
- Preocupación, ansiedad, celos, conflicto emocional.
- Corazones rotos: Depresión, coraje, angustia.
- Promiscuidad.
- Dificultades con futuras relaciones.

El sexo seguro sólo existe dentro del matrimonio, fuera de esto podría convertirse en una pesadilla que afectará tu vida y la de los demás. No seas parte del negocio multimillonario de las farmacéuticas que sólo quieren lucrar con tu dinero y con tu VIDA.

Por eso, te invito a que reflexiones nuevamente con la famosísima expresión: "Interrupción del embarazo"

«El propósito del aborto no es sólo la interrupción del embarazo; su objetivo es matar, quitar la vida de la descendencia humana prenatal. En justicia, sin embargo, no hay tal cosa como un "derecho" a matar gente inocente, sin excepciones» (Doris Gordon, Libertarians for life)

«Precisamente en el caso del aborto se percibe la difusión de una terminología ambigua, como la de **"interrupción del embarazo"**, que tiende a ocultar su verdadera naturaleza y a atenuar su gravedad en la opinión pública... el aborto procurado es la eliminación deliberada y directa, como quiera que se realice, de un ser humano en la fase inicial de su existencia, que va de la concepción al nacimiento. (Evangelio de la vida 58).

¿Educación sexual laica? DILO BIEN significa: «Promoción de la promiscuidad para vender productos a los humanos».

4. Mural de la imagen

«A partir de la aparición de la imagen, se produce una transformación esencial; bajo su influjo las masas se volvieron fácilmente influenciables. **La imagen no expresa largos discursos, pero encarna ideas que convencen**» (Poder oculto, Pág.94).

«...**la ilustración condiciona mi pensamiento a lo que veo**. Por eso tiene tanta importancia la imagen elegida y preparada en publicidad; basta cambiar un elemento, agregar un detalle, colocar en una determinada posición, maquillaje, iluminación, ambiente, telón de fondo, etc. para hacer variar los pensamientos que ella originará...

La imagen preparada fácilmente puede ser manipulada, aunque al momento de su aparición parezca espontánea. **Quienes las producen tienen los recursos y códigos de este dominio**. Esto les permite elaborar estrategias, conociendo anticipadamente el impacto o los estímulos que producirán...

...**Es más fácil controlar el pensamiento racional que la imaginación**. Esta es la razón, por ejemplo, de la introducción de excitantes figuras femeninas en la publicidad de artículos que nada tienen que ver con esas exhibiciones.» (Poder oculto, Pág. 96).

«Otra característica del **lenguaje icónico es su perfecta adaptación a la naturaleza humana que no le gustar recibir órdenes**: "la imagen sugiere, invita, propone modelos, presenta actitudes que despierta, sin decirlo, deseos de ser imitadas; justifica, aconseja y repite suave pero constantemente".

Los videoclips son muestra de multitud de imágenes sin encadenamiento ni sentido aparente, que se funden y confunden en brevísimo tiempo… se efectúa un bombardeo de imágenes con tal velocidad que parecen no ser vistas por el cerebro, pero que **son captadas por el subconsciente…**

Como puede comprobarse, la realidad también puede ser presentada de una manera fraccionada que cambia su significado. "La imagen puede fraccionar la realidad en pequeñas e infinitas unidades y de sus combinaciones resultan los más variados significados". **Quienes no están capacitados para una lectura a fondo de las imágenes son más vulnerables, pues quedan indefensos a sus efectos.**» (Poder oculto, Pág. 106-108).

5. Mural del sonido

«**La música y canciones** que se ofrecen… forman un atractivo insustituible elemento que anima e identifica a la emisora… Conviene reflexionar si la calidad de música trasmitida… favorece la distensión del oyente o por el contrario, **se trasforma en ruido o estimula sentimientos negativos excitantes…**

… **la canción se dirige a la afectividad y consigue la emoción**… Más allá de la emoción o el recuerdo, ellas tienen un **mensaje específico contra la sociedad o valores tradicionales**. A través de la letra, algunas con música atrayente o pegajosa, interpretada por cantantes de fama, hacen llegar a multitudes los mensajes que aludimos. **La música** en esos casos no es un fin, sino **el «MEDIO»** que se utiliza para trasmitir concepciones sobre situaciones sociales o morales…

…Aparecen un tipo de **letra de canciones eróticas** que poco a poco se multiplican y ganan en libertinaje descriptivo lindante con la pornografía... Es utópico pensar que los niños y adolescente no atienden o no entienden esos significados. **Conforman parte del clima que propicia y desorbita el instinto, se trata de franco acoso sexual a los oyentes, no importa la edad.**» (Poder oculto, Pág. 93).

6. Mural de la persona vulnerable

«**Paradójicamente a esta maravillosa intercomunicación universal, el hombre vive en soledad**. Son entonces las voces electrónicas las que reemplazan a las de las personas y se constituyen en su única compañía. En un tiempo en donde la comunicación masiva alcanza las más altas cotas de desarrollo, el hombre pierde la capacidad de comunicarse consigo mismo o en sincero dialogo con sus semejantes.» (Poder oculto, Pág. 26).

«**Es más fácil influir a los de menor edad y nivel cultural o de mayor susceptibilidad, debilidad psíquica, situación de soledad, desamparo o necesidad de evasión**… la influencia tiende a disminuir en la medida que el destinatario está informado sobre el tema que se expone… **a mayor ignorancia sobre el tema tratado, mayor posibilidad de aceptarlo como los MASS MEDIA lo demuestran**.» (Poder oculto, Pág. 54-55).

«Claude Santelii: "lo específico del lenguaje audiovisual es conseguir **que se acceda a la idea por la emoción**".» (Poder oculto, Pág. 66)

«Según Cazeneuve, **las personas que están integradas dentro de grupos con los que comparten la opinión sobre ciertos**

temas, tienen menos posibilidades de cambiar. Pero en todos los casos, la firmeza de convicciones o los posibles cambios, está en relación directa con la personalidad. En la medida en que la persona es fácilmente influenciable, son de esperar cambios de comportamiento de acuerdo a la debilidad de sus convicciones.» (Poder oculto, Pág 58).

«**Ted Bates de EE.UU.** considera la PUBLICIDAD cómo el arte de introducir mensajes en el cerebro de muchas personas al menor costo posible… **Observemos como millones de personas sacrifican buena parte de sus ingresos en pagar falsas listas de necesidades**» (Poder oculto, Pág. 70).

«La influencia de los medios es inversamente proporcional a la edad, desinformación y desarrollo de la personalidad del destinatario.» (Poder oculto, Pág. 68).

Por lo tanto, SI LA INFORMACIÓN QUE ES CAPTADA POR TUS SENTIDOS (la vista, el oído…) ES LA MATERIA PRIMA DEL PENSAMIENTO, ¿Estas consciente de lo que le estas metiendo a tu cerebro y los pensamientos que estás teniendo?

7. Mural de la erotización prematura

«**El neurólogo Marcelo Devital y la psiquiatra Ximena Keith aseguran que** "el modelo de la educación sexual quedó en un gran porcentaje en manos de la televisión". Por lo tanto, concluyen que **"un gran porcentaje de las adolescentes que quedan embarazadas, son adictas a las teleseries y las confunden con la realidad"**. Como a diario presencian en la pequeña pantalla la relación íntima como un **momento de placer, sin consecuencia alguna**, las jovencitas creen ingenuamente que en la realidad sucede como en la ficción. Para muchas es una sorpresa la realidad de su embarazo…

…Los modelos televisivos están muy lejos de parecerse a papá o mamá. Esta realidad, que constituye la esencia del amor humano, prácticamente no existe en la TV… También los padres jóvenes sienten la influencia de la exhibición cotidiana de múltiples infidelidades, exhibidas en televisión…

¿Qué consecuencia puede recogerse de tempranas experiencias? Es indudable que la estimulación sexual precoz puede alterar el comportamiento normal y dañar el concepto que puede merecer esta actividad.

Como dijimos, antes que la normalidad, los niños se ponen en contacto con la anormalidad. Pero, por repetida, termina disfrazada de normal….

…el aumento de violaciones llevado a cabo por menores o la precoz iniciación de niños y niñas en actividad sexual, con una frecuencia nunca conocida, **pueden corresponder como efecto de los contenidos que contemplan a diario. (Poder Oculto, Pág 135-137).**

«… es obvio que en gran proporción lo que trasmite a diario la televisión, pone en grave riesgo la salud mental de los menores; que son violentados en su derecho a desarrollarse normal y paulatinamente. En su derecho a ver promocionado el AMOR humano, noble y digno que da origen a la familia.» (Poder oculto, Pág. 135-137).

«En la actualidad… **imágenes de sexo y ambientes marginados ocupan el mayor espacio y los horarios de mayor audiencia.** En cambio, no aparecen en forma significativa o frecuente el núcleo familiar como protagonista de series que susciten interés. La lectura global del conjunto de programaciones televisivas es que no promocionan a la familia, ni al amor humano, otros valores fundamentales.» (Poder oculto, Pág. 108).

Recordemos que **los que quieren destruir la concepción de la familia**, son los mismos que quieren manipularte para usarte como un objeto de consumo al compartirte sus ideologías o formas de pensar.

«Así pueden quedar **jóvenes físicamente normales con serios vicios de conducta**. La razón es que no encontraron, en el momento oportuno, la orientación sexual correcta.» (Poder oculto, Pág. 66).

«El profesor Luis Matilla dice: "si somos capaces de ofrecer instrumentos divergentes mediante los cuales los niños (o adultos) puedan ejercer **filtros críticos** frente al indiscriminado bombardeo que sobre ellos ejercen los medios audiovisuales; **si somos capaces de fomentar la creación de mensajes creativos**, fruto de su auténtica espontaneidad, estaremos en condiciones de iniciar una **resistencia** que nos sirva… como elemento neutralizador de una creciente cultura uniformadora de gustos, actitudes o ideas de nuestros confiados ciudadanos".» (Poder oculto, Pág. 55).

«Para ubicar los efectos de la TV en los niños, conviene recordar algunas características que permiten comprender el efecto especial de la TV sobre los menores:
- El niño es una persona en vías de formación.
- No posee aún valoraciones éticas.
- Es imitativo, busca modelos para copiar.
- No distingue debidamente entre realidad y ficción.
- Presta credibilidad a los adultos y, por ende, a la TV.
- El medio televisivo reúne recursos únicos para mostrarse como instrumento enormemente atractivo; es, como si lo hipnotizara.
- Está indefenso ante cualquier manipulación.
- Crea dependencia.

… Y cabe destacar que es el sector más influenciable e indefenso. Quizás los efectos pasan desapercibidos porque los resultados no son inmediatos. No obstante, las mentes juveniles absorben e incorporan TODO lo que contemplan.» (Poder oculto, Pág. 130).

Como nunca visto, hoy los niños tienen acceso a una cantidad de información la cual muchas veces no puede ser procesada ni por los mismos padres. Ante esto se presenta un gran desafío para las nuevas generaciones que no se educan mediante lo que dicen los padres y maestros en la escuela, sino lo que escuchan en los medios de comunicación masiva, como en la Internet.

«Los niños y el Internet
- Los niños usan el Internet. 96% de los niños y adolescentes han estado en línea; 74% tienen acceso en casa y 61% usa el Internet en un día normal. Ellos permanecen conectados, USA Today snapshots. 5 January, 2004.
- En una encuesta hecha en el 2000, 21% de los adolescentes dijo haber visto en Internet algo que no les gustaría que sus padres supieran. *A World of Their Own* (Un Mundo de Ellos). Newsweek, 8 May 2000.» (Robert W. Finn, Pág. 27).

«Obviamente este cambio de mentalidades pone en riesgo no sólo la mente de nuestros niños, sino **incrementa las probabilidades de que sus conciencias y cuerpos sean violentados debido a lo que se conoce como abuso sexual infantil**, el cual es "una de las manifestaciones más graves del maltrato ejercido hacia la infancia y ocurre cuando un adulto utiliza la seducción, el chantaje, las amenazas o la manipulación psicológica para involucrar a un niño o niña en actividades sexuales de cualquier índole".»[14]

Algunas recomendaciones para prevenir el ABUSO SEXUAL INFANTIL serían:

«1. Lo primero y más importante es enseñarle al niño cuáles son sus partes privadas. Nombrarlas de la forma correcta: pene y testículos

---

[14] Abuso sexual Infantil ¿cómo conversar con los niños?, Vanetza Quezada, Ricardo Neno, Jorge Luzoro. Ediciones de la Universidad Internacional SEK, Santiago de Chile 2006

en los niños y vulva en las niñas, de esa manera estaremos evitando confusiones.

2. Hazles saber que tienen que respetar su cuerpo y que "Nadie" más que ellos, lo pueden tocar.

3. Enséñale a reconocer sus emociones, sus sentimientos y ayúdale a nombrarlos, esto fomentará su asertividad emocional.

4. Fomenta su autoestima, ayúdales a sentirse bien con ellos mismos, aceptar sus debilidades y utilizar sus fortalezas. Recuerda que un niño con alta autoestima difícilmente va a ser agredido ya que sabrá que él es valioso.

5. Muéstrate como un adulto accesible, al cual el niño puede acudir en caso de que tenga algún problema, se sienta confundido, se sienta triste o necesite ayuda.

6. Enséñale a defenderse diciendo ¡NO!, a las cosas que no le agradan. Es importante que tú mismo cuando recibas un ¡NO! genuino, lo respetes.

7. Conoce a sus amigos, sus maestros y las personas que lo rodean.

8. Infórmalo sobre los peligros y riesgos reales que existen en cuanto a este tema.

Recuerda que el empoderar a los niños nos dará la posibilidad de acabar con el abuso sexual infantil.» [15]

8. Mural de los efectos anticonceptivos y de las mentiras sobre el preservativo

La promoción de condones, y demás anticonceptivos, ¿Ayudan o perjudican?

«Las campañas publicitarias a favor de los anticonceptivos y los preservativos, más que ayudar a los jóvenes a tener una buena educación sexual basada en valores, **han provocado el aumento de promiscuidad y, por consiguiente, los embarazos no**

---

[15] Fuente: tomado el 20 de noviembre del 2012 del sitio Web http://www.asexoria.net/index.php?option=com_content&view=article&id=315:abuso-sexual-prevencion&catid=8:temas-de-interes&Itemid=14

deseados. Y ante un embarazo no deseado los jóvenes se plantean la posibilidad del aborto.

Tomar la determinación de abortar o no abortar, es una decisión que no se puede tomar a la ligera. Muchas mujeres han tomado esta decisión confundidas por la permisividad que impera hoy en la sociedad, orilladas por sus temores, aconsejadas por su doctor, forzadas por su pareja, por su familia o por la sociedad, y después lloran por haberse dejado manipular por todos ellos.

"Es importante que los jóvenes conozcan la realidad del aborto, porque mucho se habla de él, pero pocos saben realmente en qué consiste y cuáles son sus riesgos y consecuencias".» (Z. LÓPEZ DE LLAMAS, *Con ganas de vivir*).

«En programas del hogar (en medio de recetas de cocina) **un médico explica los mejores métodos anticonceptivos para adolescentes, lo que constituye un buen estímulo para que se inicien en relaciones sexuales prematuras**, etc. Paulatinamente también se introducen en cines, teatros y TV lenguajes, actitudes, escenas, personajes, desenfadados que aparecen a toda hora como implícita invitación a imitarlos.» (Poder oculto, Pág. 64).

«Poco a poco, del rechazo se pasa a la tolerancia y de la tolerancia a la duda. Las personas, al dejar de rechazar, comienzan a preguntarse si en este tiempo las cosas son así, no como las aprendieron o conocían… **la gente termina por aceptar las versiones de "ESA" realidad** que, persistentemente le es impuesta por los MASS MEDIA, Los adolescentes son quienes más rápidamente la adhieren, pues aún no tienen convicciones firmes» (Poder oculto, Pág. 57).

Por otra parte, luchar por el derecho a vivir, también tiene que partir de mostrar los riesgos a los que se enfrentan aquellas personas que creyeron que con usar preservativos van a estar libres de cualquier enfermedad. Para esto es necesario investigar y mostrar datos de especialistas en estos temas.

«Edward Green, director del "Proyecto de Investigación sobre la Prevención del Sida" de la Universidad de Harvard afirmo que: "la solución a la epidemia del SIDA no es más preservativos, sino cambios en la conducta sexual".

Green, quien lleva más de 20 años investigando estrategias para combatir el sida, comentó: "El hecho es que, desde hace muchos años, venimos observando que hay una relación entre el aumento de condones y el aumento de una prevalencia del VIH".

La conclusión de Green es clara: "sólo un comportamiento sexual responsable puede frenar la pandemia. Los condones no pueden ser la solución. Más bien*, la respuesta a este problema se encuentra en actitudes como el respeto a tu mujer o a tu marido*. El mensaje a los adolescentes debería ser: ***Cuídense, retrasen el inicio de las relaciones sexuales***".» (100 preguntas sobre el aborto…, Pág. 35-37).

Entonces ¿Dónde está el negocio millonario de los preservativos? Primero empieza la distribución gratuita en clínicas de salud, escuelas privadas y de gobierno, etc… (EL GANCHO)… y *difusión masiva de promoción* en los diferentes medios de comunicación (ADOPCIÓN), quienes disfrazan la campaña para que asumas que sí les interesa tu salud…

…para que una vez que te familiarices, seas **el nuevo cliente**, porque para entonces ya entrarás en el juego del sexo desenfrenado **sin voluntad propia para resistir la tentación**.

…y de esta forma el plan es un éxito cuanto **TÚ** los estés **adquiriendo constantemente** porque están disponibles en todas partes, junto a la gama de productos del mismo tipo.

¿Educación sexual o promoción de la promiscuidad para generar ingresos económicos?

Todo esto sin informarte realmente que el condón no es 100% seguro, y que su promoción y uso puede generar consecuencias como:
- Enfermedades de trasmisión sexual.
- Deshumanización del ser humano.
- Se promueve la trata de personas **$$$**.
- Rompimiento con la Gracia de Dios.
- Embarazos inesperados podría ocasionar:
    - Abortos con consecuencias fatales para el hijo(a) y su madre.
    - Síndrome post aborto.
    - Familias formadas a la fuerza con mayor riesgo de desintegrarse.
    - Hijos con mayor probabilidad de un desarrollo inadecuado.
- Y porque no decirlo: "Una adicción al sexo".

Y ¿te has preguntado por qué no te lo dice? La respuesta es: **Porque no les importas,** $ólo quieren venderte sus productos.

Primero a los jóvenes se les facilita el sexo fácil con el uso de preservativos y luego se les facilita abortar… ¿no será esta una cultura de muerte y perdición? ¿Qué se esconde detrás de ello?, ¿Acaso una industria multimillonaria de venta de placer, preservativos y clínicas abortistas?

¿Por qué la CASTIDAD no se promueve por los gobiernos ni por las empresas? Porque es gratis, es decir, no es económicamente reditable para ellos quienes desean enriquecerse a costa de dañar tu vida.

9. Mural del silencio de los protectores

«En ocasiones y en nombre de una mal interpretada libertad de expresión, se publican e ilustran, temas o escenas innecesarias para la comprensión del contenido, y que hieren el pudor o dignidad que merecen las personas. **En cierta manera los periodistas gozan de una inmunidad no declarada pero efectiva**. Al menos vestigio de lo que interpretan como violación de la libertad de expresión, suscitan el apoyo mancomunado de otros medios de comunicación y **NINGUN GOBIERNO QUIERE TENERLOS EN CONTRA**.» (Poder oculto, Pág. 52).

«EL SILENCIO ES CONSENTIMIENTO» (Rev. Levon Yuille)

Testimonio compartido en documental Dinero de Sangre

«Hay estudios que afirman que el aborto es malo para la salud de la mujer, salud física y emocional; sin embargo, esos estudios siguen acallándose, siguen siendo cuestionados, continúan enterrándose. Es un hecho que hay una gran cantidad de dinero obtenido por la industria del aborto. El dinero que están recibiendo los políticos…, ya saben, diferentes asociaciones abortistas…, es decir, **es dinero que financian las campañas y apoyan a los candidatos y así ellos no pueden hablar contra el dinero, no hablan contra ellos**» (Documental Dinero de Sangre).

Pero lo bueno es que, dentro de todas las traiciones a los pueblos, hay políticos que aman y defienden la vida.

Diputada española Esperanza Oña

«Yo les digo una cosa: "como diputada no me puedo sentir más orgullosa que defender lo que estoy defendiendo (la vida del no nacido), yo creo que no puedo hacer una aportación más honorable a nuestro país que darle paso a la vida, otros le dan paso al aborto, a la muerte sin justificación alguna".» (Diputada Esperanza Oña, Parlamento Sevillano en España).

REPRESENTANTES DE NUESTROS PAÍSES, ¿Estarían dispuestos a hacer lo mismo?

«Nuestras vidas comienzan a terminar el día que guardamos silencio sobre las cosas que importan» (Dr. Martin Luther King Jr).

Y en el caso donde la política se corrompe, y permite la autorización de leyes injustas como las leyes abortivas, ¿Vale la pena luchar cuando la meta por la vida se ve casi imposible de alcanzar? La doctora Gádor Joya nos comparte su punto de vista.

Dra. Gádor Joya, Portavoz de la plataforma de Derecho a Vivir en España

«Los movimientos cívicos tenemos una gran responsabilidad, como cuando dicen: esto que estás haciendo no va a servir de nada porque luego va a venir el PSOE (partido político ProElección Abortiva) y va a volver a cambiar la ley, yo siempre digo, si tenemos tiempo para mientras hacer PEDAGOGÍA, una vez que el mensaje favorable al derecho a la vida, el mensaje que nos acompaña, los adelantos científicos, las ecografías… **una vez que nosotros hagamos pedagogía pública y consigamos que cale como lluvia fina del trabajo de todos,** los medios de comunicación, los médicos, los movimientos cívicos, en la sociedad, ese mensaje, incluso gente que vota por PSOE, puede que dentro de 3 o 4 años, si nos esforzamos por implantar, difundir el mensaje favorable al derecho a la vida, **dirán**: **"es que esto del aborto como derecho, es que no lo voto",** aunque haya votado toda su vida al PSOE» (Dra. Gádor Joya).

Y como bien lo sabemos «El silencio no beneficia a la víctima porque encubre al agresor» y eso nos lo afirma «**Ruth Yorston**» a través del Canal de videos de «**THE PROLIFE ACTION LEAGUE**», quien abrió su corazón y nos compartió su testimonio acerca de cómo debido al silencio de sus líderes, y de su propia ignorancia, ella vivía por una parte trabajando en una empresa abortista y por otra asistiendo regularmente a la Iglesia para orar y estudiar la Biblia. ¿Puede esto ser posible? Pues a continuación te compartimos su testimonio y analices si esto pudiera también estar ocurriendo en tu comunidad.

Ruth Yorston, ex-promotora del aborto, ahora activista ProVida

De inicio Ruth comenta que creció en una familia con padres con ideología ProAborto. Durante su infancia nunca se tocaba el tema del aborto, ni de otro tipo referente a la vida, pero sí temáticas de adultos como política y demás, dando a entender que el ambiente de su casa era muy intelectual.

Su primer contacto con el aborto fue cuando en una clase de inglés se hizo un debate acerca de esto, hecho que su padre aplaudió enviándole una nota a su maestra por lo importante que era para él que su hija supiera lo bueno que es estar a favor del aborto. Por otra parte, también ella empezó a conocer acerca del tema cuando su madre, quien había estudiado algo referente a medicina, decidió ingresar a trabajar en uno de estos centros abortistas, razón por la cual ella en su pensamiento daba por hecho que la práctica del aborto estaba bastante bien.

La forma en como ella se involucró directamente con estas "clínicas" fue cuando necesitaba un trabajo para conseguir más dinero y su madre, quien ya trabajaba en dicho lugar, la invitó a trabajar ahí como recepcionista. Debido al puesto que ella desempeñaba nunca estuvo en contacto directo con las salas de operaciones donde los abortos se llevaban a cabo, por eso **por más de un año en que ella trabajaba ahí era muy normal ir a trabajar a ese lugar, y por otra parte asistir regularmente a su Iglesia (aclarando que no especifica religión) todos los domingos por la mañana y por la tarde, así como los miércoles en la noche.**

Ella no conocía a los doctores ni a las enfermeras y jamás escuchó funcionar ninguna máquina succionadora ni nada por el estilo, pero por otra parte era la primera cara que se encontraban quienes iban a practicarse un aborto, y su ignorancia era tal que incluso se llevaba la Biblia y la dejaba ahí mientras llegaban las personas, dando un terrible mensaje (del cual ella asume estar muy arrepentida) de que las personas podrían creer que la Iglesia estaba de acuerdo con esta práctica. **Es decir, por una parte, ella pensaba que su amor por Dios iba creciendo, al madurar su fe, y por otra parte era una más en estos negocios de muerte.**

Y ante esto, cualquiera (inclusive yo mismo) se pudiera plantear la siguiente pregunta: **¿Cómo puede ser posible que eso haya estado ocurriendo en la vida de un cristiano? Pues pasaba porque en su Iglesia nunca hablaban acerca de lo que es el aborto.** Era el típico no preguntes no te digo. Por eso nadie pudo confrontarla para hacerla entrar en razón. Obviamente sí hablaban de otras cosas que no se deben hacer como no fumes, no jures, no te emborraches… pero nunca hablaban acerca de la vida. Por eso Ruth pide que no tengan miedo de hablar porque las personas necesitan escuchar.

Y así siguió durante un buen tiempo hasta que quien era su enamorado se enteró de dónde trabajaba y le mostro un **libro donde se veían fotos de ultrasonidos**, donde ella pudo ver por primera vez lo que estaba ocurriendo en el seno materno, ya que en la clínica abortiva jamás escuchó acerca de esto. **Al ver dicha verdad, su impacto fue tanto, que una semana después ya no pudo más y tomó la decisión de dejar su puesto de recepcionista.**

En el momento de la decisión ella tuvo que confrontar a su madre, y a otras personas del centro abortuorio, **pero valientemente les dijo que ella sabía que ahí mataban niños y que ella no podía ser parte de eso**.   Obviamente su madre no se lo esperaba y la respuesta que recibió de ella no fue nada agradable. Lo mismo pasó con su padre, porque incluso tuvieron un debate entre ella y él, pero Ruth al no tener una formación, y sólo el argumento de que la vida empieza en la concepción, pues ella no sabía que más hacer para convencerlo de que eso estaba muy mal. Sus padres estaban muy enojados con ella, pero al final no la corrieron de su casa porque la amaban demasiado.

Ella también comenta que en ese tiempo (tal y como ocurre en la actualidad) había en los medios de comunicación muchos ataques a los ProVida, diciendo que eran peligrosos, que ellos querían matar abortistas, que les ponían bombas por todas partes. Lo extraño de todo esto es como ella no se daba cuenta que los ProVida no estaban protestando, sino que sólo estaban orando. Estaba como vendada de los ojos, porque las mentiras que escuchaba de lo supuestamente peligrosos que eran los ProVidas estaban tan insertadas en su mente que no alcanzaba a ver la realidad.

Todo eso era muy triste, pero era la vida que ella llevaba, por eso está muy agradecida de que por fin pudo abrir los ojos ante esta realidad, y lo interesante de esto es cómo todo cambio gracias a que ese joven tuvo el valor de confrontar su realidad.

Ruth platica cómo la insensibilidad de su madre era tan fuerte que incluso le confeso que cuando ella estaba embarazada de Ruth había hablado con su doctor acerca de que si ella no venía saludable la iba a abortar. Con lágrimas en los ojos Ruth nos comparte su experiencia. Y pensar que su madre era para ella todo, un ejemplo de vida, pero terminó dándose cuenta de que no lo era.

Siguiendo con su testimonio, ella alerta que, así como Ruth vivía este estilo de vida, también hay gente dentro de la Iglesia que está a favor del aborto, pero que esto se da por el silencio de los líderes.

Por eso ella pide nuevamente que les hablen de esto, que los amen, que los confronten en el amor y que los ayuden a entender que lo que están haciendo los daña a ellos mismos, arruina la vida, arruina la familia y el futuro porque si no hablan son parte del problema. Y eso sí, en esa pequeña Iglesia les pedían obediencia, que leyeran la biblia, pero nunca les pidieron que hicieran algo a favor de la vida, y eso contradecía el mandato que Jesús nos hace, y es amar al más indefenso, al más solitario.

Pero el resto de la historia sucedió muchos años después cuando su madre se enfermó tanto que no podía vivir ya sola. Ella tenía 3 hijos de los cuales los otros dos son ProAborto y ella que era ProVida. Pues de los tres fue ella, su hija ProVida, quien la acogió durante sus últimos años de vida mientras los otros le dieron la espalda, hecho que simplemente es el resultado de no infundir en los hijos el amor a la dignidad humana.

La noche antes de que su mamá muriera, Ruth oró por ella, le puso aceite, y con éste le hizo el signo de la cruz en su frente. En ese momento su madre le dijo que sentía mucha paz, y después ella le dio un beso y le dijo que la quería y después se fue a dormir. A la mañana siguiente su madre había muerto.

Ruth termina su testimonio diciendo: «Por favor no se queden callados, no dejen de estar peleando por la vida…»

Así como el caso de Ruth, otra mujer que fomentó la cultura de la muerte, despertó del error en el que vivía y ahora nos cuenta su testimonio de vida y qué fue lo que la hizo darse cuenta de los daños que estaba ocasionando al fomentar dicha cultura.

Amparo Medina, trabajó en la ONU, promovió el aborto y ahora es ProVida

«La ecuatoriana **Amparo Medina** sorprendió a la prensa local al revelar la **sorprendente historia de su vida**. Ella era funcionaria del Fondo de Población de la ONU (UNFPA) y desde su cargo promovía el aborto como "derecho" de la mujer. Sin embargo, ahora dedica su tiempo a defender la vida y a proclamar que con el aborto la mujer siempre pierde.

En una entrevista concedida al diario paraguayo Última Hora, Medina relató cómo llegó a ser la presidenta de la Red ProVida de Ecuador y trabajar contra del aborto y las leyes de salud sexual y reproductiva que promueven los gobiernos en los países de América Latina para introducir esta práctica.

Medina contó que su cambio radical pasó por etapas. Desde su trabajo en la UNFPA constató que los métodos difundidos por la ONU para combatir problemas como el SIDA no daban resultado.

"De los 49 millones de personas oficialmente enfermas de SIDA, más de la mitad afirmaba haber usado correctamente preservativo. Cuando ves esa realidad y sigues entregando preservativo a los jóvenes y se siguen enfermando te preguntas: '**¿Cuántas víctimas voy a tener bajo mi conciencia?**' Eres atea, pero tienes conciencia humana", sostiene.

Luego, enfrentó "directamente al aborto a través de una amiga mía muy querida que experimenta esa realidad y se derrumba totalmente, terminando con un síndrome postaborto muy fuerte. El tercer momento, me veo enfrentada directamente a una experiencia de Dios, a pesar de ser atea".

Medina aseguró que "en la militancia del aborto **solo ví muerte, jamás ví una mujer feliz** entrar o salir de una clínica de esas. Yo pedía a las mujeres que abortaran porque les decía que era su derecho. Para abortar existen miles de pretextos, la pobreza, tu felicidad, que ya tienes muchos hijos, que eres joven".

"Ninguna mujer que ha abortado sale con un título o con **un cheque para solucionar sus problemas**. Ninguna, después de abortar, puede encontrar un hombre o la felicidad en la puerta del abortuorio. Lo único que puede causar el aborto es empeorar tu situación. Lo más cruel que uno puede decir es que matando a su hijo la mujer puede solucionar sus problemas. Eso es mentira", sostuvo.

También afirmó que "hay mujeres, de 40 o 50 años que han abortado y hoy gritan al cielo un hijo. Tienen llenas sus paredes de títulos, pero no pueden tener niños. Tenemos un batallón de voluntarios en toda América Latina, en las puertas de un abortuorio informando y prestando ayuda a las mujeres. El resultado es que más de 200 mil niños, en estos ocho años de trabajo, han sido salvados del aborto. Solamente en Ecuador, en estos últimos años **hemos salvado a dos mil niños**, solamente estando en las puertas y dándoles una mano".

Según la activista, las organizaciones que buscan imponer el aborto en América Latina impulsan "el control natal. Les permiten el manejo de recursos en América Latina, tanto del agua cómo el oxígeno. Lo segundo, es que una población con chicos que viven la sexualidad como si fueran animalitos, que no tienen control sobre su carácter, es una población fácil de manipular. El tercer punto, el más importante, es el avance del 'million sex' (los millones del sexo). **Es una empresa gigantesca**".

"Al vender sexo te venden pornografía, prostitución, anticoncepción, aborto, y hasta bebés abortados, inclusive por Internet, para sacarles el colágeno con los que elaboran cremas y champú; también para hacer investigaciones en farmacéuticas.

Varios médicos se vuelven millonarios vendiendo y haciendo abortos", denunció Medina.

"El aborto más barato cuesta 60 dólares. En Estados Unidos se realizan más de 1 millón de abortos al año y cuestan 300 dólares cada uno. La pastilla de emergencia la compras a 25 centavos de dólar y la vendes a ocho dólares. Los dispositivos intrauterinos (DIU) los puedes encontrar a dos o tres dólares y te los ponen por 25 a 30 dólares. La International Planned Parenthood Federation (IPPF), la que más vende anticoncepción y aborto en América Latina, en el 2007 ganó 77 millones dólares", explicó.

Para Medina, los gobiernos "deben generar propuestas que **mejoren la calidad educativa** de nuestros países. El nivel educativo está en un promedio de 3 o 4 sobre diez. Las matemáticas y la lectoescritura no están bien impartidas. Entonces, si nuestros niños no aprenden a leer ni a escribir correctamente sería una ignorancia pedir que los mismos maestros, que ni siquiera están bien instruidos, enseñen a los chicos a usar anticonceptivos, que lo único que van a hacer es matarlos".

Además, urgen políticas de salud, "donde se creen más maternidades y espacios donde los chicos sepan lo que son las enfermedades de transmisión sexual. **Que se diga la verdad**, que se les diga que existen 55 tipos de enfermedades de transmisión sexual en el ambiente. Que las enfermedades de transmisión sexual no tienen que ver con el uso de preservativo solamente, porque hay enfermedades que se transmiten piel a piel, como el virus del papiloma humano que causa cáncer de útero".

"Que la clamidia es una enfermedad incurable que te deja estéril para toda tu vida. Eso es lo que le tienen que decir y no: 'Ten sexo libremente'. Finalmente, lo **más importante dentro de las políticas es apoyar a las familias**, es decir, que las familias grandes puedan tener, por ejemplo, rescisión de impuestos, sistemas accesibles de compras de casas, o sea, apoyarlas", concluyó.»[16]

«Para facilitar la difusión del aborto, **se han invertido y se siguen invirtiendo ingentes sumas destinadas a la obtención de productos farmacéuticos**, que hacen posible la muerte del feto en el seno materno, sin necesidad de recurrir a la ayuda del médico» (Evangelio de la vida 13).

Preguntas de retroalimentación

¿Eres libre de pensamiento?, ¿Tus juicios son de acuerdo a la verdad o a la manipulación de otros?, ¿Se puede modificar la forma de pensar y actuar de las personas utilizando imagen, sonido y videos?, ¿Se puede engañar a las personas cambiando las palabras en un mensaje?, ¿Existirá algún plan para sobre erotizar a los niños y niñas?, ¿Hay algún peligro en los medios de comunicación?, ¿Qué puedo hacer para afrontar dichos riesgos en caso de existir?

---

[16] Fuente: https://www.aciprensa.com/noticias/mujer-ecuatoriana-dejo-cargo-abortista-en-la-onu-para-ser-activista-pro-vida/, tomado el 14 de mayo 2015

CAPÍTULO V
EL PABELLÓN DE LOS ARGUMENTOS

Ok, soy libre de hacer lo que quiera con mi cuerpA. Ok, cuando quiera me puedo interrumpir mi embarazo. O sea, que se creen los hombres para hablar de aborto, ni que ellos se pudieran embarazar. Si de todas formas muchos fetos se mueren durante el embarazo entonces porque no hacer leyes para hacer lo que ya pasa. Muchas mujeres están muriendo por abortos clandestinos ¿Qué no ven las cifras? 10000000:O0000:O0000:O. Si la organización de chuchanita la manita dice que está bien acabar cuando es el caso de una violación, cuando el feto viene deforme y cuando la madre corre peligro de morir ¿Por qué son tan inhumanos como para evitar que esas mujeres mueran? O sea, muy agusto, mientras las ricas abortan las pobres tienen que cargar con sus fetos… bla bla bla.

1. Mural del debate con una Pro-Choice

Cualquier medio de comunicación es bueno para difundir el mensaje de vida. Obviamente la respuesta de quienes ven estas publicaciones podría sorprendernos. Y esto fue lo que ocurrió después de publicar en mi cuenta de Facebook el video musical que hicimos llamado **«Una petición de amor»** el cual puedes verlo en nuestro Website.

Por respeto a la privacidad de esta persona evito poner su nombre, pero pongo su plática, la cual fue privada (por inbox) ya que es un típico ejemplo de mujeres que están a favor de que existan abortuorios donde las mujeres ante un embarazo inesperado puedan acabar con la vida de su hijo para salir "del problema". La plática se presenta a continuación:

Ella: ¿Por qué no eres Pro Choice? Que la mujer decida lo que ella quiera hacer.
Yo: ¿Cómo puedes estar a favor de asesinar a un ser humano indefenso? Si tu estuvieras en el vientre de tu madre y ella te quisiera asesinar, ¿Seguirías estando de acuerdo?

Ella: Si todavía.
Yo: pues si llevas a cabo esta práctica mortal, o eres participe de la misma, cuando vengan las consecuencias ya no podrás decir que no sabias.

Ella: La mujer tiene derechos.
Yo: si, tiene derecho a no embarazarse si quiere, no a asesinar a su propio hijo. Ese derecho no existe, es un abuso de la libertad.

Ella: Yo lo hice.
Yo: yo jamás juzgaría a una mujer que haya pasado por un aborto, pero es necesario entender que esa práctica no es un derecho. Este video lo hice pensando en aquellas personas que han pasado por esta situación (video musical de la canción «Una petición de amor»).

Ella: En los Estados Unidos si es derecho.

Yo: en Alemania era un derecho acabar con la vida de los judíos. Antes tener a los hermanos afro americanos también era un derecho porque la ley lo permitía. No todo lo que es legal es bueno. Hay que usar el razonamiento para comprender lo que está bien y lo que no. Si estás viva, es porque Dios te está dando la oportunidad de que te reconcilies con Él y puedas ser una mujer nueva.

Ella: No me vas a convencer. Aquí muchos piensan así. La mujer tiene razón.

Yo: no tengo intensiones de convencerte si tú quieres seguir en tu error. Es tu decisión vivir en la verdad o en la mentira. La misma naturaleza tarde o temprano nos muestra la verdad. Mi objetivo como Generación por la Vida es difundir el mensaje de justicia social. Derechos para todos los seres humanos, y no el abuso de poder de personas que se sienten superiores a otros como para tomar la decisión de acabar con sus inocentes vidas.

Ella: Si yo soporto (apoyo) los derechos de la mujer. Y porque eres hombre no sabes cómo se siente.

Yo: como hombre que soy defiendo la dignidad de toda mujer y no las utilizo como objeto de placer. También busco protegerlas para que no pasen por las consecuencias del síndrome post aborto, y así como tampoco quiero que salgan dañadas físicamente, o que incluso mueran. Pareciera que lo que pongo no lo quisieras ver, sino solamente aferrarte a esa idea que no es verdad. Como te dije: no existe ningún derecho a acabar con la vida humana.

Ella: Es parte de la mujer y ella tiene el derecho. Ya sé que trabajas mucho en eso, pero, qué bueno que estás tratando de pasar mensaje. Tú piensas que tienes la verdad, y los que piensan como yo también piensan que tienen la verdad. No hay ganadores.

Yo: si lo dices por el pequeñito que muere mutilado pues si no hay ganadores. Dentro de ti sabes dónde está la verdad, aunque quieras ocultarla con esa frase de: "la mujer tiene derechos".

Ella: Siempre voy a pensar así.

Yo: pues es tu decisión, como te dije, cada quien sabe cómo quiere vivir la vida y cargar con las consecuencias. Ahorita es muy fácil mantener esta postura porque estás joven, y eres hermosísima, pero no siempre va a ser así. Tú decides como vivir tu vida, lo bueno es que ya tienes la información para decidir libremente. Habrá personas que inocentemente creen que el aborto es un derecho porque no han tenido acceso a lo que hay detrás del aborto, pero por lo menos en tu caso, ya tienes toda la información a tu alcance.

Ella: Yo no vivo con consecuencias mi Dios no quisiera ser malo conmigo. Mi Dios me quiere ver sonreír todos los días.

Yo: Dios no es malo, somos nosotros quienes lo desobedecemos cuando ignoramos su mandamiento: «no mataras». Como te dije: si estás viva da gracias a Dios que no moriste durante ese procedimiento quirúrgico. Pero no juegues con Dios porque eso tiene consecuencias.

Ella: Yo no sigo religión. Pero creo en un Dios que hizo este mundo y todo el universo.

Yo: eso se llama Relativismo. Y es forman un Dios a tu medida. Un Dios fácil de manipular. En todo caso, eso no es creer en Dios, sino creerte Dios. O sea, tú como dios decide que está bien y que está mal. Aun cuando la naturaleza habla por sí misma. Y la misma ciencia ha demostrado como la vida HUMANA inicia en la concepción. Y a partir de ahí hay un ser humano vulnerable e inocente que requiere ser protegido. Decirle a Dios: «creo en ti, pero decido acabar con esos pequeñitos» no tiene nada de razonamiento ni de amor.

Ella: Es tu opinión.

Yo: No, es ciencia.

Ella: ¿Qué es ciencia Dios?

Yo: Cuando te decía que es ciencia me refería a que la vida humana inicia en la concepción. Y en referencia a Dios no puedes decir que crees en Dios e ignorar al ser humano más indefenso del mundo.

Ella: Ok pues me convenciste no creo en Dios.
Yo: No es que te quiera convencer, la verdad habla por sí misma.

Ella: Tú verdad no es mi verdad.
Yo: Para eso está la ciencia, la razón y la lógica. Antes rechazaban la fe (los grupos pro-aborto), ahora rechazan la ciencia. En fin, tú decides como vivir tu vida. Sólo quiero que sepas, que independientemente de si piensas de esa forma, quiero que sepas que si el día de mañana me necesitas ahí estaré. ¿Cuantas semanas tenía tu hijo cuando falleció?, los tendré en mis humildes oraciones a ti y a quienes participaron en esto.

Ella: Está con mi *** (un ser querido), no necesitas orar.
Yo: No me refería a él o a ella, sino a quienes participaron en este acto. No te estoy juzgando, sólo quiero que estés bien y que te reconcilies con él y con Dios. Puede que ahorita no lo veas, pero lo que hiciste estuvo muy mal. Aprende de esto que paso para que no vuelva a ocurrir. Dios te da una oportunidad para que retomes el camino. Mira, te invito a ver este video (enlace a Youtube del testimonio de Patricia Sandoval publicado por Acriprensa).

Después es este comentario, este último mensaje apareció en visto, pero ya no volvió a decirme nada. Evidentemente ella sabe que lo que hizo estuvo muy mal, y tal y como me lo han comentado personas que han estado involucradas directamente con grupos de sanación post aborto, es común que las personas que han pasado por un aborto busquen promoverlo para evadir sentir responsabilidad por lo que han hecho, de manera en que a su conciencia la empujen a guardar silencio, convirtiéndose esto en una olla de presión que tarde o temprano termina reventando.

Por eso es importante concientizar a las personas las consecuencias de estas prácticas mortales porque después se vuelve como un círculo vicioso, en el que entre más exigen derechos ficticios, más se hunden al repetir estas prácticas y también al darse cuenta como no solamente fueron cómplices del asesinato de sus hijos, sino como también participaron en la muerte de otros pequeñitos que tarde o temprano terminaron lastimando a las madres. Aquí el común denominador siempre tiene que ser «SANAR».

2. Mural de las mentiras

«He encontrado a muchos que querían engañar, pero ninguno que quisiera dejarse engañar» (San Agustín).

Personas en contra del amor verdadero, y la defensa de la vida, presentan argumentos sin fundamentos y ellos creen que uno tiene miedo a enfrentar sus posturas. A continuación, se presentan las 20 mentiras más populares Anti-Vida, a las cuales les damos respuesta directamente en este proyecto:

«1ª Mentira: Es inhumano no legalizar el "aborto terapéutico" para los casos en los que el embarazo pone a la mujer en peligro de muerte o de mal grave y permanente.
2ª Mentira: Es brutal e inhumano permitir que una mujer tenga el hijo resultado de una violación, y, por ello, para estos casos, debería legalizarse el "aborto sentimental".
3ª Mentira: Hay que eliminar a los niños con deficiencias porque ellos y sus padres sufrirán mucho y ocasionarán muchos gastos.
4ª Mentira: El aborto debe ser legal porque todo niño debe ser deseado.
5ª Mentira: El aborto debe ser legal porque la mujer tiene derecho a decidir sobre su propio cuerpo.
6ª Mentira: Con la legalización del aborto se terminarían los abortos clandestinos.

7ª Mentira: El aborto es una operación tan sencilla como extraerse una muela o las amígdalas. Casi no tiene efectos colaterales.

8ª Mentira: La mujer descansa del problema una vez que ha abortado a su hijo.

9ª Mentira: Decir "Es mi cuerpo, yo decido por él".

10ª Mentira: Decir "Es solamente un feto".

11ª Mentira: Si el aborto es legal, ¿significa que es correcto y ético?

12ª Mentira: Libertad de elección: La mujer tiene derecho a decidir.

13ª Mentira: El Gobierno debe intervenir respecto al aborto.

14ª Mentira: Las mujeres pobres necesitan fondos públicos (el dinero de tus impuestos) para pagar abortos, para no ser discriminadas.

15ª Mentira: Yo personalmente me opongo al aborto, pero no quiero imponer mi moralidad a otros…

16ª Mentira: En 1973 el Tribunal Supremo de EE.UU. declaró que las mujeres tienen "derechos constitucionales" a la "privacidad" respecto al aborto.

17ª Mentira: Si se prohíben los abortos, las mujeres recurrirán a los peligrosos abortos clandestinos.

18ª Mentira: El aborto debería ser legal para poner fin a un embarazo debido a un incesto o a una violación.

19ª Mentira: El aborto es un asunto de la mujer y el hombre no tiene nada que decir.

20ª Mentira: El preservativo es solución contra el SIDA.» (100 preguntas…, Pág. 25-38).

¿Quieres creer esas mentiras? Si así lo deseas puedes creerlas y vivir con las consecuencias… ¿Quieres conocer la verdad? Excelente… en este **«Museo por la Vida»,** como lo has visto hasta este momento, te presentamos una verdad que te llevará a la **«LIBERTAD Y A LA FELICIDAD PLENA».**

3. Mural de las mujeres valientes

Beethoven

Una madre tiene tuberculosis y cuatro hijos. Su esposo es asmático. De sus hijos, el primero es ciego, el segundo es sordo, el tercero está muerto y el cuarto tiene tuberculosis. La madre está embarazada nuevamente y decidió por la vida, y nació: Beethoven

Ethel Walters

Un hombre viola a una niña de 13 años y queda embarazada. La niña no aborta, y nace Ethel Walters, una cantante muy famosa.

San Juan Pablo II

Una señora está embarazada; ya tiene muchos hijos, dos de ellos han muerto. Su esposo está en la guerra y a ella le queda poco tiempo de vida. Ella decide por la vida, y su hijo nació, y llego a ser… San Juan Pablo II

Susan Boyle

A una señora los médicos le recomendaron abortar, por tener otros ocho hijos. La señora decidió por la vida y nació…
Los doctores al verla supusieron que tendría un problema cerebral, y dijeron a su madre: «Lo mejor es que usted acepte que la niña no alcanzará mucho en la vida».

Susan Boyle nació y se convirtió en la cantante escocesa que ganó el corazón de millones en abril de 2009 en el concurso «Britain's got talent» y alcanzo celebridad mundial a través de Internet.

Andrea Bocelli

Una valiente esposa y joven madre, quién fue hospitalizada por una apendicitis, los médicos sugirieron a la madre que abortara porque el niño podía nacer con una discapacidad. Decidió no abortar y el chico nació. Su nombre es: Andrea Bocelli

Miriam Fernández

Una beba iba a ser abortada, por malformaciones y parálisis cerebral por culpa de una burbuja de aire en el cerebro. Gracias a sus padres (biológicos) la dieron en adopción y ha conseguido salir adelante…

«Soy campeona nacional de natación, he ganado un concurso de televisión como cantante y ahora estoy estudiando una carrera. Creo que **la adopción** es una de las vías más importantes a la hora de pensar en el aborto» (Miriam Fernández).

Roberto Gómez Bolaños «Chespirito», uno de los cómicos más famosos de Latinoamérica, creador e intérprete de personajes como «El Chavo del Ocho» o «El Chapulín Colorado».

Una mujer embarazada, sufrió un accidente que la puse al borde de la muerte. El médico le dijo: «Tendrás que abortar» y ella respondió: «¿abortar yo? Jamás».

«Gracias a que mi madre defendió mi vida estoy aquí» (Roberto Gómez Bolaños, «Chespirito»)

Monseñor Galeone y su madre

En plena crisis mundial en 1935, una mujer de familia de inmigrantes en situación precaria, con tres hijos, embarazada de su cuarto bebé, fue a ver a una trabajadora social, que le propuso abortar (aunque era ilegal).

«Moriría yo primero», dijo ella. La trabajadora le recordó que tener el hijo sería un fallo porque «su marido apenas puede mantenerlos, y es una irresponsabilidad que lo tenga», le reprochó.

Pero ella seguía negándose a abortar. La trabajadora social, ante la negativa de la madre a abortar, la amenazó con que el Gobierno le retiraría las tarjetas de ayuda que las familias cobraban.

«Muy bien, déjalos y devuelves las tarjetas, Dios sabrá recompensarnos». Le dijo su marido cuando lo supo. Su hijo nació y llego a ser:

Monseñor Galeone. Misionero muy querido en Perú, y después obispo en San Agustín de la Florida, en EEUU. Defensor del derecho a nacer.

Wolfgang Amadeus Mozart

Una mujer embarazada, por séptima vez, vivía apenas con lo justo. Su esposo le recordó con brutalidad que cinco de los seis hijos anteriores habían muerto a los pocos meses de nacer y le propuso evitarlo: lo mejor, le dijo, era abortar. La mujer se negó y siguió adelante con el embarazo. En enero de 1756 dio a luz un varón a quien nombro: Wolfgang Amadeus Mozart, un niño prodigio y uno de los mayores músicos de la Historia.

Jack Nicholson

Una mujer quedó embarazada cuando era una adolescente, se enfrentó a la decisión de abortar y optó por tener a su hijo.

Jack Nicholson. «Estoy en contra del aborto. No tengo el derecho a tener cualquier otro punto de vista. Mi única emoción es la gratitud, literalmente, por mi vida».

¿Acaso el aborto en caso de violación va a sanar a la madre, o habría otra alternativa a favor de la vida?

Liana Rebolledo y su hija Jeannette

«A los 12 años fui violada por 2 personas y el resultado fue un embarazo. Los médicos me aconsejaron abortar, que no tenia que vivir con las consecuencias. Mi bebé no merecía la pena de muerte por el delito de otras personas. Mi hija significa todo lo que tengo en la vida y lo único que tengo es el amor más grande que he conocido y jamás cambiaría por nada en el mundo lo que ella me ha dado.» (**Liana Rebolledo**).

Cuando algún médico te ofrezca el aborto por violación, como una solución ante tal caso, pregúntale si esta práctica te va a sanar. En caso de que te responda que sí, pidele que te lo ponga por escrito, a ver si se atreve a comprometerse a ayudarte ante los múltiples riesgos físicos y psicologicos en que muchas mujeres han caído, y después pagando las consecuencias sin recibir ninguna ayuda.

Por otra parte, hay casos como «**Lauran Bunting**» quien fue violada por alguien en quien ella confiaba, pero se negó el aborto y ella tomó la decisión de criar a su propia hija.

Lauran Bunting y su hija Isabella.

«Esta es la bendición más difícil que he tenido que pasar, " dice Lauran: "Yo no lo cambiaría por nada".»[17]

Pero, ¿Podría «El aborto por violación» encubrir crímenes sexuales a mujeres, incluyendo a niñas y adolescentes?

Para dar una de las muchas respuestas que podría haber, el sitio Web «**Child Predators**», el cual forma parte del proyecto «**Life Dinamics**» que expone tragedias como la mencionada anteriormente de Marla Cardamone, presenta casos donde debido a que está permitido el aborto por violación (el cual incluso en la práctica se presenta sin restricciones mínimas de edad), en países como los Estados Unidos ocurren situaciones como la que se menciona a continuación:

«En el año 2003, Martin Castillo comenzó a abusar sexualmente de la hija de su novia, quien contaba con sólo 14 años. Los documentos judiciales indican que dicha persona le advirtió a "Maddie" (la niña violada) que, si le contaba a alguien lo que estaba haciendo, él la mataría a ella y a su madre. Finalmente, el abuso creció hasta el punto de que él estaba teniendo relaciones sexuales con ella de tres a cuatro veces a la semana. Poco después de cumplir los 16 años, "Maddie" estaba embarazada, y Castillo la obligó a tener un aborto. Seis meses más tarde, él nuevamente la forzó a tener un segundo aborto, y un año después él la obligó a tener un tercer aborto.

---

[17]   Fuente: http://liveactionnews.org/raped-by-someone-she-trusted-she-refused-abortion-and-is-raising-her-daughter-on-her-own/, tomada el 2 de marzo del 2015

Cabe mencionar que no hubo ningún informe presentado por cualquiera de las clínicas de aborto involucradas durante el tiempo en que Castillo obligó a "Maddie" a abortar. Las agresiones sexuales no terminaron hasta que, en septiembre de 2006, "Maddie" le dijo a su madre, y su tía, acerca de lo que estaba pasando, y se notificó a las autoridades. Un tribunal de California condenó a Castillo por 17 cargos de actos lascivos contra un infante y le dio 31 años y ocho meses de prisión. [Court of Appeals of California, Second District, Division One, case # B211209 and case # B219262, 1-25-2011]. »[18]

Nota. En éste, y en los demás casos, por respeto a la identidad de las víctimas, se tomó la decisión de cambiar su nombre, pero en dicho sitio web se definen los expedientes de cada caso como se aprecia anteriormente.

Depredadores de niños

Si deseas conocer más situaciones de este tipo, visita: http://www.childpredators.com/cases/

«El Peor enemigo de la paz. "El aborto mata la paz del mundo… Es el peor enemigo de la paz, porque si una madre es capaz de destruír a su propio hijo, ¿qué me impide matarme? ¿Qué te impide matarme? Ya no queda ningún impedimento» (Madre Teresa de Calcuta)

---

[18] Fuente: http://www.childpredators.com/cases/, tomado el 3 de marzo del 2015

4. Mural de los sobrevivientes del aborto

Ana Rosa Rodríguez
Fue abortada a las 32 semanas

Ximena Renearts
Sobrevivió aborto a los 6 meses

Nik Hoot , Joven luchador

Nick es un sobreviviente de un aborto a las 24 semanas en Siberia Rusia. Fue adoptado por una familia en Estados Unidos

Ryan Scott, co fundador de The Radiance Foundation

«Soy uno de esos niños no deseados. Yo soy de aquellos que el movimiento abortista predica que nunca tendré una vida feliz. De acuerdo a la ideología de los abortistas, soy un error y debí ser abortado» (Ryan Scott).

Laura Tedders (hija adoptada, concebida en una violación)

«Mi madre biológica fue violada saliendo de un bar…así que decidió que bebería mezclas de químicos por nueve meses. Ella bebió limpiador de desagüe, anticongelante, bebió todo lo que pudo para abortarme.

Nací con cáncer y a los dos días mi madre me dejó en la casa de su hermano y su esposa y como no tenían hijos decidieron adoptarme. Y cuando tenía dos años descubrieron que tenía cáncer y tuvieron que quitarme el ojo derecho. Por lo cual buena parte de mi vida fue de hospital. Fue el plan de Dios, lo seguí y nunca me molestó… Yo valoro mi vida todos los días como un buen día.

Todos los días cuando me levanto doy gracias al Señor por el don de la vida que me ha dado, es mi vida, la amo. Miren a la familia que tengo, mi esposo por 45 años, mi hijo, tres nietos. Si hubiese sido abortada y no estuviese aquí, ellos tampoco estarían. Todo es el plan de Dios. Dios tiene un plan, sólo sigue su camino.» (Laura Tedders, hija adoptada).

En el aborto salino se le inyecta a la madre una solución salina, el bebé traga la solución, la cual le quema por dentro y por fuera, entonces la MADRE da a luz un bebé muerto las siguientes 24 horas, pero para sorpresa de todos GIANNA JESSEN NACIÓ VIVA el 6 de abril de 1977 en un abortuorio en el estado de Los Angeles, California, EUA.

Gianna Jessen (Sobreviviente al aborto salino)

«He investigado sobre el hombre que practicó mi aborto, y sus clínicas, y son la cadena de clínicas abortistas más grande de los Estados Unidos y tienen ingresos brutos de 70

MILLONES DE DOLARES al año» (Gianna Jessen, sobreviviente y activista ProVida).

5. Mural de las sobrevivientes a una violación

Shauna Prewitt (sobreviviente a una violación)

«Cuando estaba en mi último año de la universidad fui violada, y un mes después me di cuenta de que estaba embarazada como resultado de esa violación. Fue muy difícil al comienzo, cuando fui violada. Pase por lo que creo que muchas mujeres pasan, y sólo quería pretender que nunca había pasado realmente. No fue muy exitoso al comienzo, pero después darme cuenta de que estaba embarazada hizo que la realidad me pegara todavía más fuerte. Esto está pasando, esto había pasado.

Consideré el aborto en un comienzo. Cuando me enteré de que estaba embarazada pedí ayuda de algunos consejeros en el Campus, y los tres me dijeron que para las mujeres que habían sido violadas, simplemente era muy traumático tener un hijo de los violadores. Así que pregunté a las consejeras mujeres si habían pasado por esta situación antes, y me dijeron: "No, pero es algo sabido por todos".

Desafortunadamente, por un tiempo, creí que lo que mis consejeros me decían quizás era cierto, que la mejor opción para mi hijo era no ser traído a este mundo bajo esas circunstancias.

Estoy feliz de decir que nunca me hice mucho a la idea de ir realmente a una clínica y hacerme un aborto. Recuerdo perfectamente el día en que decidí que tendría a mi hijo, y creo que fue la primera vez que sonreí en tres meses. Fue un alivio tan grande y sentí una alegría absoluta en saber que mi hijo iba a nacer, y pensé: "Vamos a superarlo, vamos a superarlo juntos".

Después de dar a luz a mi hija, enfrenté muchos obstáculos difíciles que muchas mujeres que conciben al ser violadas y deciden criar a sus hijos. Hay muy pocas protecciones legales que las resguarden de sus violadores. Sólo 17 estados en EE. UU. tienen leyes que restringen los derechos paternos de los violadores. Como resultado de eso, los violadores tienen permitidas las custodias y privilegios de visita para con los niños que concibieron gracias a sus crímenes. Y creo que, a pesar de haber sido capaz de proteger a mi hija, perdí muchos de los derechos que debía haber tenido, pero tuve que padecerlos porque la ley no estaba ahí para mí. Así que lo que decidí hacer fue comenzar en la facultad de derecho, y la empecé. Y decidí que nunca más sería víctima de la Ley.

Creo que el problema está en el modo en que nosotros como sociedad, y eso es en toda cultura popular, nuestros políticos, hablamos de la mujer violada embarazada, y hablamos de ella y asumimos que es una víctima de su embarazo no sólo una víctima de su violación.

Ha habido sólo dos estudios en Estados Unidos que miran a los sentimientos que las mujeres embarazadas por violación tienen hacia sus hijos. Y estudios posteriores descartan la idea de que la mayoría de las mujeres tienen pensamientos negativos.

Mi hija es absolutamente el regalo más grande para mí. Creo que el problema más grande para recuperarme después de la violación es que por mucho tiempo quería volver atrás y ser la persona que era antes de la violación. Y lo que mi hija me enseñó es que hay que valorar en mí en ser la que me convertí después de la violación y el valor es ser una madre para ella, aprendiendo a amar incondicionalmente. Empezar a ver la inocencia y la belleza en la vida otra vez.

Ella me ha enseñado todo esto. No tengo ni la más mínima duda de que mi hija es un don de Dios, para ayudarme a superar y sobrevivir a esta experiencia. Y ella siempre sabrá que cambió la vida de su madre para ser mejor.» (Shauna Prewitt)

Liz Carl (sobreviviente a una violación)

«Cuando estaba en la secundaria fui a una fiesta de Halloween en una universidad cerca de mi casa, y adentrada la noche fui drogada y violada. Unas semanas después me di cuenta de que estaba embarazada como resultado de la violación. Crecí como católica, así que sabía mucho sobre el movimiento ProVida y sobre lo que el aborto significaba. Pero cuando miré mi propia situación, sentí que no tenía otra elección.

Tenía muchas amigas que me apoyaban en mi elección de abortar, me ofrecían ayudarme a pagarlo y llevarme hasta allí, pero también tenía amigas que se oponían a eso. La noche anterior al aborto que ya tenía programado, finalmente confié en mi prima Erin, que era una de mis mejores amigas, me miró directamente a la cara con lágrimas en su rostro, y me dijo: "Liz, tú te conoces, sabes que eres inteligente, sabes que es un bebé,… y no puedes matar a un bebé". Pero en ese punto, era como que no tenía elección, no podía dejar de hacerme un aborto.

Y puse mi alarma para despertarme a la mañana siguiente, para asesinar a mi propio hijo, pero mi alarma nunca se encendió, así que nunca me levanté, y nunca fui a mi turno.

Decidí ir a dar a mi hijo en adopción abierta. Está donde necesita estar. Tenía 17 años, era joven, todavía estaba a cargo de mis padres, mi mamá todavía me preparaba las viandas para ir al colegio todos los días, no estaba en ninguna posición de ser madre. Parecía encajar todo, y cuando conocí a Brian y a Jen, estaba bien. Y en ese momento de mi vida cuando había tantas cosas tan mal, era bueno tener una bien.

Brayden me salvó. A veces pienso que Dios me envío a este pequeño ángel para que se quede conmigo por nueves meses mientras yo me curaba de la violación, y no podría estar más agradecida por eso.

Lo amo muchísimo, me ha dado más de lo que pudiese imaginar.» (Liz Carl)

Ashley Boyer (sobreviviente a una violación)

«Fui violada por alguien que conocía hace muy poco tiempo. Fui al hospital, y me dijeron que era infértil, que yo nunca tendría hijos. Así que seguí con mi vida, pero a los cuatro meses, me di cuenta de que, de hecho, estaba embarazada.

Inmediatamente después de saber que estaba embarazada, me enteré en el hospital, y el aborto fue un pensamiento. Por mi cabeza pasaba: "Ah, no puede ser, no puedo hacerlo, ahora esta persona, ¿por qué me está pasando a mí?". Pero sólo me tomó una hora en darme cuenta de que estaba embarazada por una razón, y que esa criatura debía ser mía, y después de eso el aborto no era más una idea o una opción.

Mi hijo significa todo para mí, como dicen la mayoría de los sobrevivientes les da una razón para continuar en la vida y vivir. Y él ha hecho eso conmigo, me ha motivado más que a nadie en este mundo.» (Ashley Boyer)

Toda vida tiene un valor y merece protección, incluso en casos de violación.

Las víctimas de violación necesitan ayuda real, no un aborto. Si fuiste concebido por violación o quedaste embarazada por violación, visita www.rebeccakiessling.com

6. Mural de los concebidos por violación

Rebecca Kiessling (hija adoptada, concebida en una violación)

«Mi madre biológica (al contactarla) me dijo que había ido a dos abortistas clandestinos y que, si el aborto hubiera sido legal, ella me hubiera abortado. Ella no eligió la vida para mí, eligió el aborto. Pero los defensores de la vida en Michigan eligieron la vida para mí y se aseguraron de que el aborto sea ilegal incluso en los casos de violación. Son mis héroes y les debo mi vida a ellos.» (Rebecca Kiessling, hija adoptada).

Pam Stenzel (hija adoptada, concebida en una violación)

«Nunca conocí a mi madre, espero hacerlo algún día. Y cuando nos conozcamos algún día voy a abrazarla y voy a decirle que la amo. Porque ella me amó, me amó lo suficiente para darme mi vida. Y además creo que me amó lo suficiente como para darme el siguiente regalo más especial que alguna vez me fue dado, y eso es mi familia.» (Pam Stenzel, hija adoptada).

Kristi Hofferber (hija adoptada, concebida en una violación)

«Descubrí las circunstancias de mi existencia. Fue un proceso muy largo, pero últimamente me di cuenta de que no importa quién es mi padre biológico, Dios es mi Padre y eso no es diferencia para mí. Sé la verdad, y estoy contenta con quien yo soy. Tengo una maravillosa familia. Y ahora he encontrado a mi madre biológica y tengo una familia adicional.» (Kristi Hofferber, hija adoptada).

Jim Sable (hijo adoptado, concebido en una violación)

«Cuando acepté mi historia como verdadera, sentí una energía crecer dentro de mí. Sentí que esta era una historia muy poderosa y única. Sentí la necesidad de devolver algo al sistema que me protegió cuando era niño.» (Jim Sable, hijo adoptado).

Carole Roy (hija adoptada, concebida en una violación)

«De ninguna manera me traumé por eso (saber la forma en que fui concebida). Siempre supe, en lo profundo que Dios me quería aquí, y eso me confirmó más a través de los años que había una razón por la que yo estaba aquí.» (Carole Roy, hija adoptada).

Shawn Spry (hija adopada, concebida en una violación)

«Estaba realmente desconcertada (cuando supe como fui concebida) pero tampoco importaba, sabía que había sido elegida. No sólo fui adoptada en la familia de Dios, sino que también en la familia que tuve por una razón y sé que todo se desarrolla por una razón.» (Shawn Spry, hija adoptada).

Tony Kiessling (hijo adoptado, concebido en una violación)

«No podía ver cómo eso podía entrar en el plan de Dios para mi vida. Y francamente me rebelé. Esa rebelión, a veces me refiero a ella como "mis cinco años oscuros" pero hice muchas cosas en ese tiempo... Y en los años que pasaron desde entonces llegué a saber algunos pasajes "claves" en las Escrituras que realmente me ayudaron mucho. Era la promesa de Dios de ser un padre para los huérfanos de padre y defensor de las viudas y llegue a poseer ese versículo al punto de sentir como si Dios me estuviera hablando a mí.» (Tony Kiessling, hijo adoptado).

Mark Taylor (hijo adoptado, concebido en una violación)

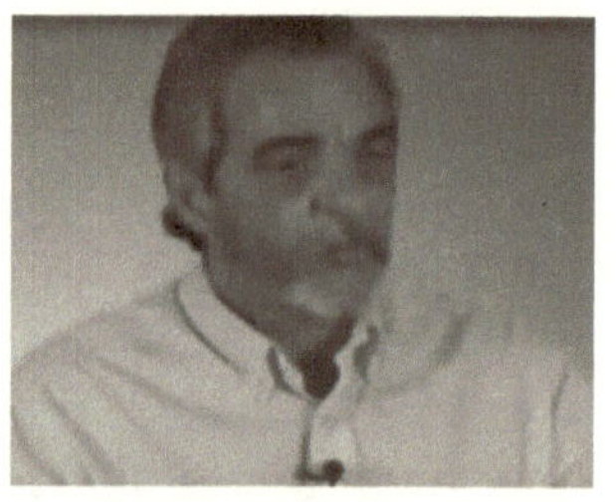

«A pesar de todo tengo suerte de estar vivo, porque ella no me abortó por alguna razón.» (Mark Taylor, hijo adoptado).

El siguiente testimonio fue redactado por la organización civil «**Hazte Oír**», la cual a través de su plataforma «**Derecho a vivir**» nos orientan acerca de cómo amar y defender la vida humana.

Monica Kesley (hija adoptada, concebida en una violación)

Mónica nació en 1972, un año antes de que el aborto por violación fuera aprobado en los Estados Unidos de América, si no ella hubiera sido asesinada tal y como ocurre diariamente en muchas partes del mundo.

«La madre biológica de Mónica decidió abortar tras quedar embarazada a los 17 años por una brutal violación, pero se arrepintió. Mónica, que ha crecido feliz sabiéndose adoptada, no entiende que tenga que demostrar cada día que no es un "error" para la sociedad.

REDACCIÓN HO.- Mónica Kelsey siempre supo que era adoptada, pero hasta los 37 años no se enteró de las circunstancias de su concepción. Su madre biológica, teniendo 17 años, fue brutalmente violada y quedó embarazada. A pesar de que el aborto era ilegal en 1972, decidió abortar para tratar de "rehacer su vida de nuevo". Pero tras ser llevada a un abortuorio clandestino, la madre biológica de Mónica cambió de opinión.

"Después de descubrir la tragedia que rodea a tu concepción ¿cómo te ves en tu vida?**¿Quieres guardar tu secreto, no revelarlo nunca, con la esperanza de que nadie descubra que eres 'un error', una persona que se suponía que no tenía derecho a vivir y que mejor estaría muerta?"** Con estos planteamientos conocemos el testimonio, a través de *LifeNews,* de la propia Mónica: **"Yo soy como este niño. Para mí, ésta es la realidad y la verdad de mi vida"**.

Este es su relato: Después de enterarme de la verdad de mi concepción y de la posibilidad de haber sido abortada, empecé a mirar mi vida como una mentira. En lugar de ser la hija amada y querida de mis padres adoptivos, yo era una niña no deseada. Cuestioné mi vida, mi propia existencia, en un mundo que alguna vez tuvo tanto significado. **¿Estaba viva por un simple golpe de suerte, o por la gracia de Dios?**

Empecé a mirar mi vida desde la distancia, como a través de un telescopio, con sólo un punto de luz visible en la parte final. **¿Cómo se supone que debo levantarme y seguir viviendo ahora mi vida, considerada como un error desde el principio?**

Creciendo como una niña adoptada, mi vida no era tan diferente de la vida de mis amigos y compañeros de clase. Mis padres eran grandes creyentes de las consecuencias que conlleva un comportamiento negativo, pero nunca estuve obligada a demostrarles mi valía. A menudo por mis notas, o por lo que decía, me metía en problemas, pero podía salir por mi misma. Una vez que he corregido el error, tengo mi libertad. Aprendí rápidamente que las acciones tienen consecuencias, y estas experiencias dieron lugar a una mayor comprensión de la importancia de la redención, el perdón y la confianza. **Nunca en todo este proceso me he sentido indigna del amor y del respeto que me han dado mis padres**. Yo sabía que mi vida tenía valor, simplemente porque yo existía.

La idea de negar el valor que tiene toda vida es propia del movimiento proaborto, pero es posible que se sorprenda al saber que se trata de una actitud compartida también por algunos que se dicen defensores de la vida. Como niña concebida por una violación, estos me recuerdan constantemente también que soy prescindible, una **excepción**. Como resultado de ello, **me veo personalmente obligada a demostrar mi valía** profesional **cada día de mi vida,** como si no fuera un miembro de menor valor en la sociedad debido a la naturaleza de mi concepción.»[19]

«Las circunstancias de la concepción de un niño son irrelevantes cuando se trata del derecho a la vida. Si empezamos a decidir qué bebés son dignos de vivir y cuáles deben ser sacrificados, no seremos mejores que aquellos que apoyan el aborto en general» (Monica Kesley, hija adoptada).

---

[19] Fuente: http://www.hazteoir.org/noticia/62012-salvada-un-aborto-violacion-que-voy-valer-menos-circunstancias-mi-concepcion, tomado el 15 de junio del 2014.

Las víctimas de violación necesitan ayuda real, no un aborto, y el acompañamiento durante el embarazo y después del parto es REALMENTE AYUDARLAS.

7. Mural de los hijos especiales

Javiera Icaza

«Tuve la oportunidad de viajar a Europa donde el tema del aborto es ultra aceptado y viví una de las situaciones más difíciles que me han tocado vivir en los últimos tiempos, donde yo llegué a Paris y te juro que nunca me había sentido tan observada en una ciudad, parecía animal de circo.

La gente del metro me miraba, la gente de la calle me miraba, y por la única razón de que el aborto en Europa es muy aceptado y una guagua que viene con una malformación es abortada porque no viene perfecta y por lo tanto no existe gente con discapacidad a menos que sean veteranos de guerra o que tuvieron algún problema con un accidente. Pero yo te puedo decir que de las cuatro ciudades que fui por lo menos en Paris yo no vi nunca a alguien que tuviera algún tipo de discapacidad, estaba vacía, o sea y eso para mí fue como WOOW que orgullo que en MI PAÍS esta cuestión sea algo del día a día y creo que nos hace como sociedad UNA SOCIEDAD MUCHO MÁS HUMANA Y MUCHO MÁS CARIÑOSA…

Yo entiendo que una niña con algún tipo de malformación resulta algo complicado, y muchas mamás yo creo que cuando ven nacer a un hijo discapacitado lo único que piensan es que voy a hacer con él, como se las va a arreglar en el futuro, y probablemente mis papás pensaron lo mismo, pero yo creo que si no damos esa opción a ver cómo esa persona se va a desarrollar como que le estamos cortando las alas desde un principio y no das pie para que se desarrolle gente increíble.

Acá estoy yo, que no considero que mi vida puede ser más normal pero sí me ha pasado que en el minuto en que desfilé en El Ropero (un programa de televisión) me han llegado una gran cantidad de mensajes de gente que se sintió motivada por mi historia, que me da las gracias, incluso por haberla contado y yo pienso que si aceptamos este tipo de abortos ya no va a existir gente como yo.» (Javiera Icaza)

Nick Vuijic disfrutando la vida

Nick dando una de sus muchas conferencias

Nick y su esposa e hijo

Nick definitivamente es otro ejemplo de cómo la felicidad no tiene que ver del todo con el estado físico de nuestro cuerpo, ya que él nació sin piernas y sin brazos y ahora es un joven empresario exitoso, conferencista alrededor del mundo, escritor de varios libros BEST SELLERS, casado, tiene un hijo y dirige varias fundaciones que ayudan a niños y demás personas necesitadas; por eso, no somos nadie para decir que bebes no nacidos deben vivir o morir, simplemente hay que ayudarlos a que salgan adelante con sus triunfos y fracasos tal y como pasa contigo y conmigo.

8. Mural del debate

Argumentos ABORTISTAS	Respuestas POR LA VIDA
La mujer tiene «derecho a decidir»… Yo paro, yo decido, mi cuerpo es mío.	- Abortar no te permite elegir si deseas ser madre. Sólo te convierte en la madre de un niño muerto. - Si el feto es parte de la madre ¿Cómo es que tienen distintos genes?
No es un ser humano… Es sólo un conjunto de células. El aborto no mata a nadie.	- Si el feto no es un ser humano ¿Acaso una mujer concibe seres no humanos? - ¿Un conjunto de células? En el DF es legal matarle hasta las 12 semanas
La ley no obliga a nadie	- Al niño abortado lo obligan a morir
Es por defender a las mujeres	- ¿También a las miles de niñas que matan en el aborto? - ¿Defender es someterlas a consecuencias físicas y psicológicas?
Será deficiente… nacerá enfermo, con taras…seguramente no será capaz de vivir o lo hará sufriendo mucho.	- Enfermos y discapacitados son seres humanos igual de dignos que los demás. Antes y después de nacer. - Abortar no es la solución a la discapacidad. Sólo sirve para eliminar cruelmente a los discapacitados.

La información mostrada en la tabla anterior fue proporcionada directamente por la Organización Civil Española «Hazte Oír».

Ante la postura abortista que lanza comúnmente el siguiente mensaje:

"El aborto es un derecho de la mujer… ¿Por qué no dejarla decidir libremente si quiere tener el hijo? ¿No es su decisión, no es su cuerpo, no es su futuro…?

Y la respuesta que le dan los ProVida:
"¿Quién dice que es un derecho? El aborto no es un derecho, NO es su cuerpo, No tiene derecho a tomar esa decisión, No es sólo su futuro…

Cuando una mujer queda embarazada ya es madre, y puede serlo de un hijo que nazca, o de un hijo muerto de una forma cruel y violenta.

«Ante todo derecho hay un deber; por lo tanto, no se pueden suprimir los derechos de los demás para hacer válido el derecho propio»

Por otra parte, es común escuchar, e incluso suponer partiendo de las emociones que: "Como está dentro de la mujer, ella puede decidir abortarlo". Pero ¿acaso el valor de la vida humana, y el derecho a vivir, dependen de nuestra posición geográfica? Entonces piensa: ¿Si tú estuvieras dentro de mi casa, ¿tendría derecho a matarte sólo porque tu presencia me es incomoda?

Otro de los argumentos comunes es: "Si de todas formas lo va a hacer, ¿Por qué no facilitarlo para que salga lo menos dañada posible? De inicio el que sale totalmente dañado es el hijo a quien se le cosifica y se le quita sus derechos. Por otra parte, el facilitarle el medio para que lo haga no la ayuda, sino la condena directamente a las posibles consecuencias físicas y psicológicas presentadas anteriormente.

Además, el hecho de que ocurran abortos clandestinos no significa que se tenga que legalizar. Lamentablemente hay hombres que golpean a sus esposas y no por eso hay que legalizar este acto terrible sólo para que el hombre no vaya a la cárcel y para que los golpes que le de sean de cierta manera. O también tristemente existe el robo, el secuestro, el narcotráfico y muchas practicas que van contra la misma sociedad, y no porque se lleven a cabo se deben legalizar para que haya gente que no tenga que ir a la cárcel.

Lo que está mal, esta mal, independientemente de quien o quienes lo hagan. El mal se debe atacar, no legalizar.

Por otra parte, también hay que considerar que la mujer durante este proceso tiene muchos cambios internos, como los hormonales, por ejemplo, y el no apoyarla a que comprenda su realidad, seguramente va a hacer que el día de mañana se dé cuenta de que fue cómplice del asesinato de su hijo y esto la dañe fuertemente de por vida. Piensa, si tu hijo(a) te dice que se va a ahorcar, aunque tú no lo quieras ¿le darías tú mismo(a) la cuerda para que lo haga? ¿Le darías un cuchillo a tu hija para que mate a su hijo (a)? ¿Te haría cómplice de este asesinato? ¿Podrías vivir con los remordimientos de haber formado parte de esta tragedia?

Podrá sanar el síndrome post aborto, pero siendo realista **¿SE PUEDE ELIMINAR DE LA MEMORIA QUE HAYA OCURRIDO ESTE EVENTO TAN DAÑINO PARA AMBOS (el hijo y sus padres)?**

Hombres y mujeres que se han levantado después de un largo sufrimiento depresivo, por el síndrome post aborto, toman fuerza de Dios y gritan a los cuatro vientos todo lo que han tenido que luchar para salir de esto, y aun cuando han recuperado su capacidad de amar, ellas asumen que ahí está la cicatriz, porque es más fácil sacar a un hijo del vientre que de la mente y el corazón.

Por eso, después de analizar cuidadosamente los argumentos de quienes defienden, promueven o aceptan el aborto en cualquiera de los casos, he llegado a la conclusión de que hay tres tipos de personas:

- Los que no usan el razonamiento, y se dejan manipular por las emociones bajo los mensajes de los ProAbortistas.
- Los que defienden a como dé lugar el aborto, ignorando incluso a la misma ciencia, porque están o van a recibir algún beneficio, ya sea económico o de cualquier otra índole.

- Los que sienten que no les queda otra opción, al ser presionados por otras personas o grupos de poder que se van a beneficiar, lo que los obliga a acceder incluso en contra de su voluntad.

Además de quienes están a favor del aborto, también se ha logrado identificar a otras personas que prefieren quedarse calladas ante esta injusticia. Entre ellos están:

- Aquellos que no tienen la menor idea de lo que es un aborto provocado porque nadie les ha hablado del tema.
- Los que sí tienen nociones, pero no aman su propia vida lo suficiente como para preocuparse por la de los demás.
- Los que prefieren callar por si acaso el día de mañana estuvieran involucrados, y el no saber qué es esto, adormece la conciencia y aparentemente minimiza la culpa y las consecuencias.
- Los que conocen el tema, pero para evitar involucrarse prefieren alejarse para no generar compromisos con nadie.
- Los que conocen la cruel realidad del aborto provocado, y prefieren voltear hacia otro lado, aunque alguien pague las consecuencias de esta acción.
- Los que conocen el problema, pero su área de confort y sus compromisos personales, les hacen sentir que están excluidos de la defensa de la vida.

¿Te identificas con alguno de los perfiles anteriores? Si así fuera, ¿Te quedarías en ese estado de indiferencia?

Por otra parte, cuando se habla acerca de que lo mejor es el promover estas ideologías abortivas para tener un mejor **control de la población** ¿Qué se podría pensar? Ante esto, Neydy Casillas nos da su opinión:

Neydy Casillas en la Marcha por la Vida, Washington 2015

«Uno de nuestros aliados principales en las Naciones Unidas es Rusia. Uno de los países que tiene un gran problema de población porque ya no tiene la suficiente población para asegurar la siguiente generación, y ellos que ya pasaron por este problema, y que ya vieron ahora si en carne propia por su experiencia propia, ahora están queriendo revertir esto porque ya saben lo que esto significa.

Y hoy en día, Rusia es uno de los principales países que está abogando por las cuestiones ProVida que defiende al no nacido, que defiende realmente a la familia, que promueve ahora porque está sufriendo las consecuencias de haber aplicado todos estas políticas anti-natales… les platico que en México, que es un país tan grande y con tantos jóvenes sobre todo ahorita en 30 años, está pronosticado que van a empezar también los índices poblacionales a irse hacia abajo porque también la tasa de natalidad está hoy en día por debajo de la tasa de reemplazo generacional» (Neydy Casillas, abogada, experta en monitoreo de organizaciones internacionales en temas de vida, libertad religiosa y familia).

«Es el aborto eugenésico, cuya legitimación en la opinión pública procede de una mentalidad que acoge la vida sólo en determinadas condiciones, rechazando la limitación, la minusvalidez, la enfermedad» (Evangelio de la vida 14).

«El aborto es lo último para abusar ilegítimamente de la mujer, el aborto es violarte hasta las entrañas» (Alice Paul, activista americana por el derecho al voto femenino).

«LO QUE LA LEGALIZACIÓN DEL ABORTO PUEDE OCASIONAR:

- **Aumentar desproporcionadamente el número de abortos**, clandestinos y «legales». (En USA los abortos aumentaron 1500% cuando fue legalizado).
- **Aumentar la promiscuidad en la sociedad.** Los jóvenes confían en que las leyes son buenas y ante esta nueva opción confundirán sus valores y verán al aborto como la salida de emergencia para un desliz amoroso. ¿Podrán pensar que el aborto es un anticonceptivo?
- **Aumento de divorcios.** Las estadísticas hablan de que cuando hay aborto, las probabilidades de divorcio en un matrimonio aumenta considerablemente...
- **Aumento en la pérdida de bienestar.** Las estadísticas hablan de que aquellas personas que han incurrido en aborto no vuelven a ser las mismas, caen en situaciones depresivas muy fuertes...
- **El presupuesto que debería gastarse en salud se gasta en muerte.** Es decir, los servicios gubernamentales darán presupuesto para matar, mientras, no habrá gasas, penicilina u otras medicinas para enfermos o accidentados.» (Z. LÓPEZ DE LLAMAS, *Con ganas de vivir,* Pág. 146-147).

«**Toda la sociedad es responsable**, por activa o por pasiva, **de mantener abierta una trampa mortal para mujeres angustiadas y sus hijos inocentes**. Por ello debemos, al menos, rescatar a las que han caído en ella y así evitar que otras caigan también» (Pilar Gutierrez, presidenta de nomassilencio.org)

Durante un debate televisivo, la Doctora Gádor Joya le responde a una ProAbortista, acerca de si está bien que la mujer tenga como derecho abortar al no nacido, obviamente bajo las afirmaciones comunes respecto a si es o no el cuerpo de la mujer lo que se aborta.

Médico pediatra Gádor Joya
Portavoz de «Derecho a vivir» en España

«… hoy en día, negar que lo que hay ahí dentro, llámalo como quieras: "cigoto, huevo, mórula, blástula, que esos genes no viven, que ese ser no es un ser vivo biológico y que no es humano dime que concibe entonces la mujer, ¿seres no humanos?,… podemos ir a debatir si vosotros estáis a favor de acabar con la vida de ese ser humano. ME PARECE MÁS HONESTO, PERO HAY QUE PARTIR DE UNA VERDAD CIENTIFICA y de una honestidad intelectual…» (Dra. Gádor Joya)

Al final del programa, el conductor le pregunta a ambas panelistas ¿Qué tipo de ley buscas que se promueva en España?, y mientras la ProAborto pidió «aborto libre sin ninguna restricción», la Doctora Gádor respondió lo siguiente:

«Una ley que por supuesto contemple y proteja el derecho a la vida que es el primer derecho sin el cual ninguno de los demás tiene sentido, que proteja a las mujeres, a ese 97 % de mujeres que aborta por problemas de tipo social, que las ayude a ser madres en libertad, que las proteja de verdad, que no las deje puestas en manos de esos centros abortistas que lo único que pretenden es lucrar a su costa, y desde luego una ley que proteja el derecho a la vida».

Dra. Gádor Joya, y el equipo de derecho a vivir, promoviendo el respeto a la vida entre los políticos de España.

¿Y cuándo se afirma que el aborto debe ser promovido por el argumento de poner en riesgo la salud de la Madre?

«El Simposio Internacional sobre Salud Materna de Dublín aprobó que **"La prohibición del aborto no afecta, de ninguna manera, la disponibilidad de un cuidado óptimo de la mujer embarazada"**. La Ciencia se une también en el #Manifiesto2014 Científicos por el Derecho a Vivir.

El movimiento pro vida internacional se une en apoyo de esta iniciativa, **la Declaración de Dublín**, aprobada tras el Simposio Internacional sobre Salud Materna celebrado en septiembre de 2012 en la capital irlandesa. **Sus firmantes** (700 en la actualidad) **son ginecólogos, médicos, enfermeras, matronas, pediatras y estudiantes de Medicina.**

La Declaración establece que el aborto directo nunca es necesario para salvar la vida de la madre, una realidad fundamental que no obstante ocultan y niegan quienes tratan de imponer el aborto en las legislaciones, argumentando falazmente que legalizar el aborto es imprescindible para salvaguardar la salud de la madre.»[20]

Durante el panel del Coloquio de Mujeres por la vida, a la Doctora Ana Martín Ancel, se le hicieron las siguientes preguntas: **¿Cómo se toma el concepto de Incompatibilidad con la vida respecto al**

---

[20] Fuente: http://www.conparticipacion.mx/noticias/item/1189-manifiesto-en-dublin-a-favor-de-la-vida-humana, tomada el 2 de marzo de 2015

aborto eugenésico? Y ¿Qué realidad se aprecia en donde usted labora?

Dra. Ana Martín Ancel. Doctora en Medicina, neonatóloga, promotora de la Unidad Neonatal del Hospital Sant Joan de Déu, España

«Puede ser que su vida esté muy limitada, puede ser que vaya a durar unas horas o unos días… Incompatible con la vida podría existir si pusiéramos el adjetivo *"con la vida extrauterina"*… pero es que falta este adjetivo porque si no a este feto que está VIVO le privamos de algo que es evidentemente una FALSEDAD documentable hoy en día por la medicina y quitándole esta evidencia elemental (derecho a la vida) le quitamos también su dignidad, le decimos "tú no estás vivo es como si no existieras". Sin embargo, estos fetos con enfermedades a veces leves… pero a veces muy graves… son fetos que hoy en día nuestra sociedad tiende a despreciar o tiene tal temor tal incapacidad de afrontar el sufrimiento que prefiere no mirar y quitárselos de encima lo antes posible.

Hoy en día son excepcionales las parejas que teniendo un bebé así quieren acompañarlo durante toda su vida, son excepcionales, esto hay que decirlo y al mismo tiempo son EXPERIENCIAS ÚNICAS… son inolvidables porque ELLOS ENTIENDEN LA NOVEDAD QUE TRAE A LA VIDA UN BEBÉ ASÍ y con todo el dolor, al mismo tiempo, acogen la grandeza de lo que es **AMAR A TU HIJO POR LO QUE ES, HASTA EL FINAL…**

Una compañera médica también, a la que le habían hecho una consulta por una gestante de la que sabía que le faltaba la cabeza al feto, posiblemente sería una anencefalia, no sé muy bien cuál sería el diagnostico, y hablaban con ella porque tenían muchísima prisa por abortarlo lo antes posible para evitarse el trauma de seguir con un feto que tiene una enfermedad así. Y esta colega sabía que yo trabajo con bebés en estas circunstancias, y me llamaba para

191

pedirme información y me dice que he hablado luego con la persona que me ha referido esta familia y le he explicado esta posibilidad, que uno puede acompañar, hacer cuidados paliativos con un feto como los hacemos con un niño o con un anciano.

Y la persona que tenía al otro lado, médico se ha quedado parada como diciendo: "¿pero esto puede ser?" La única alternativa que se afronta en este momento es la alternativa de quitarme este problema. Y por esto es muy importante también narrar las EXPERIENCIAS DE BIEN que ocurren con estas familias, porque luego cuando tú los ves, en verdad con un dolor grandísimo, pero **AL MISMO TIEMPO HAY UN BIEN TAN FUERTE, HAY UNA NOVEDAD TAN GRANDE LA QUE INTRODUCE UN NIÑO DE ESTE CALIBRE EN LA VIDA Y DE LOS QUE LA RODEAN QUE LA VERDAD ES UNA PENA PERDERLO.**

Es cierto que estamos hablando de niños que fallecen muy pronto, también habrá niños que tendrán vidas prolongadas y que en ocasiones será muy difícil, y en ese sentido es necesario una acogida mucho mayor que la que estamos prestando hoy en día porque hay necesidades grandísimas y aunque hoy en día la medicina permite en gran medida paliar el dolor también es verdad que hacen falta unos recursos muy grandes para el dolor, para las necesidades ortopédicas, para el traslado al hospital, para muchísimas necesidades y esto todavía está muy deficiente entre nosotros. » (Dra. Ana Martín Ancel).

¿Aciertan siempre los médicos en su diagnóstico para recomendar el aborto?

A una señora italiana, Marisa Ferrante, al cuarto mes de embarazo, el ginecólogo le recomendó que abortase pues iba a dar a luz una niña con malformaciones: un auténtico monstruo. Ella no quiso abortar, y cuando su "monstruo" cumplió veinte años, fue elegida «Miss Italia, 1995». (100 preguntas sobre el aborto, Pág. 24)

Entonces habiendo necesidades económicas en nuestros hospitales ¿Por qué hay gobiernos que destinan parte de su presupuesto a clínicas y a fomentar y legislar a favor del aborto?

Si lo evidente es más que obvio ¿de qué forma se beneficiarán los que promueven y practican el aborto en cualquier parte del mundo?... saca tus propias conclusiones.

Entonces, ¿qué pasa con la libertad cuando no se entiende como **«ELEGIR BIEN»**?

«La libertad reniega de sí misma, se autodestruye y se dispone a la eliminación del otro cuando no reconoce ni respeta su *vínculo constitutivo con la verdad.* Cada vez que la libertad, queriendo emanciparse de cualquier tradición y autoridad, se cierra a las evidencias primarias de una verdad objetiva y común, fundamento de la vida personal y social, la persona acaba por asumir como única e indiscutible referencia para sus propias decisiones no ya la verdad sobre el bien o el mal, sino sólo su opinión subjetiva y mudable o, incluso, su interés egoísta y su capricho». (Evangelio de la vida 19).

«Con esta concepción de la libertad, *la convivencia social se deteriora profundamente...* Entonces *todo es pactable, todo es negociable:* incluso el primero de los derechos fundamentales, el de la vida.» (Evangelio de la vida 20).

«El aborto es un tipo de política internacional cuyo objetivo es simplemente reducir la población, hay intereses económicos súper poderosos... y se han expedido una gran cantidad de leyes como la eutanasia, los matrimonios entre personas del mismo sexo, la legalización de las drogas, etc... porque al final lo que les importa es reducir la población sin importar los medios. Porque matrimonios del mismo sexo no pueden procrear, la eutanasia mata a personas ancianas o enfermas en situaciones complicadas y la legalización de las drogas va destruyendo a la persona y a su familia... todas estas leyes son destrucción de la población que equivale a la "Cultura de la Muerte"» Marcela Palos.

«Sólo por la historia nos libramos de la historia» (Rickert).

9. Mural del dinero ensangrentado

En el negocio de la muerte ¿quién gana?

«Las personas a menudo se preguntan ¿Por qué los jóvenes cada vez tienen relaciones sexuales más tempranamente? Bueno, no es tan difícil de averiguarlo. Tenemos los centros de Planificación Familiar (que son centros abortivos) en el centro de sus universidades, no muy lejos de su escuela secundaria y los jóvenes caminando de un lado a otro, pueden entrar ahí y obtener anticonceptivos gratis o muy baratos y condones gratuitos, y cuando los condones no funcionan y los anticonceptivos fallan pueden ir directamente a abortar» (Dra. Alveda King, sobrina de Martin Luther King, documental Dinero de Sangre).

«Planned Parenhood es uno de los mayores distribuidores de anticonceptivos pero estos métodos de planificación de la natalidad fallan 2,000,000 de veces al año en los Estados Unidos, así que lo que vemos según el Instituto Alan Guttmacher, que es una filiar de investigación de Planned Parenthood, es que casi 2 de cada 3 mujeres que abortan estaban utilizando anticonceptivos cuando quedaron embarazadas pero se auto convencen maravillosamente. Venden un producto que falla y a continuación le ofrecen a la gente el aborto para cubrir el fracaso de los productos vendidos por ellos mismos» (Documental Dinero de Sangre).

Carol Everett, ex-abortista arrepentida ahora Provida

«Teníamos un plan para vender aborto que llamábamos **PLAN DE EDUCACIÓN SEXUAL** consistía en vencer su timidez, separarlos de sus padres y sus valores y convertirnos en sus asesores expertos en relaciones sexuales de manera que cuando recurrían a nosotros, **les dábamos píldoras anticonceptivas de baja dosis o condones defectuosos para que pudieran quedar embarazadas**. Nuestra meta era conseguir de 3 a 5 abortos en niñas de entre 13 y 18 años» (Carol Everett, Documental Dinero de Sangre).

«Les dábamos una píldora de dosis muy baja que sólo es efectiva si se toma a la misma hora todos los días. Las chicas no se las tomaban con precisión, y si te olvidabas perdías la protección. Su actividad sexual iba desde 1 vez a la semana a 5 o 7 veces por semana. Si ella no tomaba la píldora correctamente quedaba embarazada y ¿Qué hacía cuando estaba embarazada? Nos llamaba. Nosotros éramos los expertos. Se utilizó un protocolo diseñado para superar todas las objeciones, en eso consistía la venta, superadas las objeciones, conseguíamos su autorización, en este caso el aborto.

Cuando nos llamaban lo primero era tranquilizarlas y cuando el asesor, realmente un tele vendedor, reconocía que podría estar embarazada, le decía lo que tenía que hacer. Les decíamos que nosotros podríamos ayudarles con su problema. Nadie tenía porque enterarse y entonces venía la primera pregunta ¿Cuándo tuviste tu último periodo? La chica le da la fecha a la llamada consejera y ella le dice: "estas embarazada de 8 semanas".

No le dice podrías estar sino ESTAS EMBARAZADA, así han plantado la semilla en este largo proceso comercial y lo triste es que en la mente de esta chica ella es la experta en embarazo y la

195

siguiente pregunta es: ¿es una buena o una mala noticia? Evidentemente es una mala noticia porque si el embarazo fuera una buena noticia no estaría llamando a un centro de aborto. La chica responde: "son malas noticias" y entonces la consejera avanza más para saber cuál es su miedo y reafirmarle en la decisión del aborto. Si ella dice: "Tal vez necesito pensarlo", le dice: "tus padres te matarán o tendrás que dejar tu equipo de entrenamiento". **Con esto el aborto está vendido.**» (Documental Dinero de Sangre).

Testimonio documental Dinero de Sangre

«Cuando atienden a los jóvenes los hacen sexualmente activos, afirman que, si convencen a una chica de 16 años para que aborte, ella tendrá de 3 a 4 abortos más. Porque seguirá siendo sexualmente activa y le darán anticonceptivos de baja dosis. Eligen la marca más barata que hay en el mercado y la venden como ayuda y nos tienen engañados a todos» (Documental Dinero de Sangre).

«Esta conspiración contra la vida requiere anualmente toneladas de células y órganos y la cantidad de dinero que circula es impresionante. La industria farmacéutica internacional, las corporaciones, los laboratorios y todas esas falsas clínicas "para el rejuvenecimiento", exigen una gran cantidad de tejidos embrionarios y fetales» (Dr. Bernard Nathanson, de abortista a ProVida).

El Ser Humano usado como un simple objeto vulgar de consumo: te venden o regalan el anticonceptivo, y cuando este falla, te ofrecen el aborto y así consecutivamente se repite el ciclo… y mientras se enriquecen, te despedazan a ti y a tu bebé, considerando las recientes investigaciones de «The Center for Medical Progress» en donde aparecen los videos infraganti mostrando como altos funcionarios de la compañía abortista «Planned Parenthood» y sus afiliares, negocian con la compra venta de partes de bebes abortados, demostrando una vez más que a los abortistas no les interesan sus clientes sino sólo enriquecer sus cuentas bancarias.

Tal situación se ejemplifica a continuación:

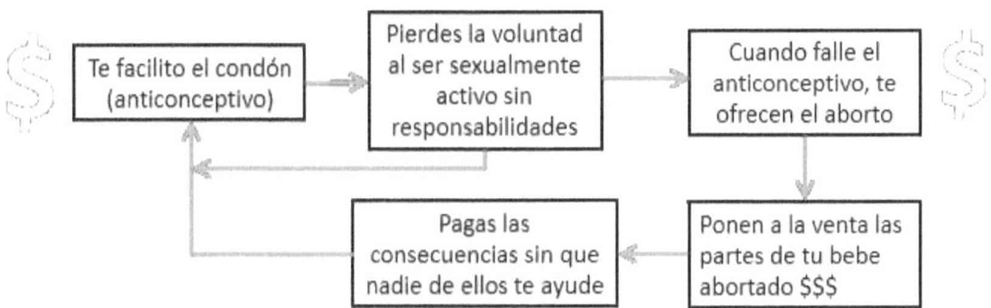

Diagrama de flujo del ciclo repetitivo del negocio de la industria abortista

Algo muy similar a lo anterior, en lo referente al negocio de la cultura de la muerte, lo expresa Amparo Medina al exponer la estrategia de quienes buscan legalizar el aborto, al intentar aplicarlas para generar ingresos a costa de la dignidad del ser humano:

«Yo te enseño a ti usar anticonceptivos, como sé que los anticonceptivos van a fallar, entonces vengo con la siguiente etapa que es la prevención de enfermedades de transmisión sexual como la vacuna del virus del papiloma humano que ya deja miles de muertes de mujeres a nivel de continente y de Europa, y la otra opción es que te embaraces y como no estabas preparada para embarazarte entonces te doy el aborto y no conforme con eso venden a los bebés abortados, la parte del colágeno para hacer cremas antienvejecimiento, para hacer champús...» (Amparo Medina, entrevista a Aciprensa durante un debate ante la despenalización del aborto por Violación en Perú).

Por otra parte, se afirma por quienes promueven el aborto que las mujeres tienen derecho a recibir el aborto además de seguro, también "gratis"... pero ¿Para quién podría ser gratis si alguien tiene

197

que pagar por llevar a cabo esta práctica?, Siguiendo con la anterior entrevista, la Sra. Amparo Medina nos informa que:

«En el caso del aborto, se ha comprobado que en general tiene un costo de 300 dólares en Estados Unidos o en América Latina porque tienes que pagar médicos, equipamiento, hospitalización, medicamentos y este costo de 300 dólares está dado específicamente por tus impuestos o por mis impuestos porque **no hay aborto gratuito**.

A lo mejor tu no lo pagas, pero **lo estas pagando en tus impuestos** y desde el momento en que yo **vendo mis equipos, o vendo mis medicamentos, vendo toda la implementación y la capacitación a los médicos,** te lo estoy vendiendo como país, yo saco un beneficio. Entonces este cambio de cultura, esta colonización como lo dice el Papa Francisco, viene dada sobre todo por un marco de comportamiento que genera una aberración contra el mismo ser humano y un daño contra la misma dignidad del ser humano.» (Amparo Medina, entrevista a Aciprensa durante un debate ante la despenalización del aborto por Violación en Perú).

Aun cuando toda esta conspiración contra la vida y la familia que vemos es parte de un plan maligno que va dañando a nuestra comunidad, esto no debe asustarnos sino todo lo contrario, motivarnos a seguir trabajando convencidos de que estamos haciendo algo que va a beneficiar a quienes decidan recibir el mensaje.

Jóvenes ProVida expresando su amor a la vida

10. Mural de la ayuda

Jóvenes presentando su postura a favor de la vida

¿Quieres ayudar a otros a salvar vidas? Si alguien te dice que está pasando por un embarazo inesperado a continuación tienes algunas recomendaciones para ayudarla:

- «Bueno, lo primero que hay que hacer es **ganarte su confianza**, ofrécele tu ayuda sincera, vela por sus necesidades.
- Escúchala sin juzgarla, deja que se desahogue en ti. Entiende su situación, está desesperada, **ayúdala a sanar su corazón**.
- **No la llenes de sermones**, lo menos que necesita es un sermón o un regaño.
- Con prudencia sin tratar de manejar su vida, **dale los consejos oportunos y necesarios**, si no estás en posibilidades de aconsejarla pídele a alguien que la oriente.
- Pregúntale qué necesita para ella o para su bebé y si puedes hacerlo, **ayúdala.**
- **Dale tranquilidad**, dile que no es el fin del mundo, que las cosas van a ir mejor.
- **Motívala a hablar** con sus padres, con su novio. Motívala a enfrentar esta nueva situación con responsabilidad». (Z. LÓPEZ DE LLAMAS, *Con ganas de vivir).*

También algo muy importante que puedes hacer es:
- «Puedes hacer una **adopción espiritual**. Rezar por nueve meses consecutivos por un bebé en peligro para que no sea abortado.

- **Ayudar.** Acogiendo y ayudando, también económicamente, a quienes, por razón de maternidad, se encuentran en situaciones difíciles.
- **Aceptar con alegría.** Por difícil que sea recibido el nuevo hijo enfermo o deficiente que llegue a la familia, recibirlo como una bendición de Dios. Es ejemplar el testimonio de numerosísimos padres cristianos en este sentido.
- **Votar con conciencia.** Evaluando las opciones y evitando dar el voto a quienes apoyen leyes contra la vida.
- **Hablar en favor de la vida.**
- **Puedes unirte a una asociación de ayuda a mujeres embarazadas.**
- **Busca a los diputados de tu localidad y manifiesta la verdad sobre el aborto.**
- **Pide que tus impuestos no se utilicen para abortos.»** (Z. LÓPEZ DE LLAMAS, *Con ganas de vivir).*

Hermana no te quedes esperando. Si ya tienes a un ser humano dentro de ti, busca ayuda, y sigue aprendiendo como amar y defender la vida:

- Voces Unidas por la vida: www.vocesporlavida.org
- Embarazo inesperado: www.embarazoinesperado.com
- Vida y Familia: www.vifac.org
- Vida humana internacional: www.vidahumana.org
- ProVida México: www.comiteprovida.org
- Retiros de sanación: www.elvinedoderaquel.org
- Síndrome post aborto: www.irma.org.mx

Nosotros no te vamos a dar una opción de muerte, sino una de VIDA. Porque aun cuando los ProAborto afirman que los ProVida no damos elección, bien sabemos que sí la damos mostrando la verdad sobre el infinito valor de la vida y la dignidad de la persona y la triste realidad personal, familiar y social de quitar intencionalmente la vida.

Por eso antes de que llegue el embarazo inesperado te invito a que abras tus ojos y te des cuenta de que:

Las personas **NO necesitamos condones** sino una verdadera **<u>EDUCACIÓN SEXUAL basada en las virtudes como la «Castidad»</u>**, así como apoyo para solucionar problemas emocionales los cuales en muchos casos orillan a los jóvenes a llevar una vida sexual desordenada debido a las necesidades afectivas que tienen ocasionada por la ausencia de amor y comprensión en sus familias, así como problemas psicológicos que también vienen cargando a consecuencia de otros eventos desagradables que ocurrieron durante la infancia.

Y esto anterior no es exclusivo del gobierno, o de otras instituciones, sino que incluso dentro de la familia se llega a pensar que los anticonceptivos son la solución ante la creciente incidencia de embarazos inesperados y enfermedades de trasmisión sexual.

Por ejemplo, cuando el padre o la madre le dan a sus hijos condones, ellos creen estarles diciendo: "Hijos, como los amamos queremos que estén protegidos y no sufran", pero si nos vamos a la realidad de la filosofía **«DILO BIEN»**, lo que le están diciendo es: **«hijos, como no tuve la capacidad ni el interés de darte una buena educación sexual en valores, y como sé que eres como un animalito que no se puede controlar, pues te doy el condón para que en tu juego de la ruleta rusa tus probabilidades de que salgas dañado sean menores. »**

Aclarando que no se juzga a los padres, pero es importante afirmar que sus propias derrotas sexuales, no deben condenar a sus hijos a repetir las mismas historias.

11. Mural de las políticas públicas

«… existe una campaña a nivel internacional de varias ONGs entre las que está el fondo de población de las Naciones Unidas, para impulsar el aborto en nuestro continente. El mismo marco legal y la misma estructura legal que tú vas a encontrar en el proyecto de ley del Perú, es el mismo marco legal que encuentras en Bolivia, en Colombia, en Ecuador, en Argentina, en Uruguay, en Paraguay, es decir, ni siquiera en muchos de los escritos ves que cambiaron una coma. Entonces te das cuenta de que es una estrategia internacional marcada por estos organismos que sólo tienen intereses económicos.» (Amparo Medina, entrevista a Aciprensa durante un debate ante la despenalización del aborto por Violación en Perú).

«En la cultura democrática de nuestro tiempo se ha difundido ampliamente la opinión de que el ordenamiento jurídico de una sociedad debería limitarse a percibir y asumir las convicciones de la mayoría y, por tanto, basarse sólo sobre lo que la mayoría misma reconoce y vive como moral». (Evangelio de la vida 69).

«"Relativismo ético". Cuando una mayoría parlamentaria o social decreta la legitimidad de la eliminación de la vida humana aún no nacida» (Evangelio de la vida 69).

«La democracia… es a menudo ilusoria… la regulación de los intereses se produce con frecuencia en beneficio de los más fuertes, que tienen mayor capacidad para maniobrar no sólo las palancas del poder, sino incluso la formación del consenso» (Evangelio de la vida 70).

«Descubrir de nuevo la existencia de valores humanos y morales esenciales y originarios, que derivan de la verdad misma del ser humano y expresan y tutelan la dignidad de la persona. Son valores, por tanto, que ningún individuo, ninguna mayoría y ningún Estado nunca pueden crear, modificar o destruir, sino que deben sólo reconocer, respetar y promover.» (Evangelio de la vida 71).

«No sólo tenemos la obligación legal de obedecer las leyes justas, sino también una obligación moral; pero de igual manera, tenemos la responsabilidad moral de desobedecer las leyes injustas» (Martín Luther King)

Y esto es comparable a la dictadura de Hitler: se asesinaron muchos hermanos judíos ante una ley de gobierno aprobada, situación que se repite en aquellos lugares donde está despenalizado el aborto.

¿Y si el gobierno autoriza una ley de aborto permitido?
«Entonces todo es pactable, todo es negociable: incluso el primero de los derechos fundamentales, el de la vida… el "derecho" deja de ser tal porque no está ya fundamentado sólidamente en la inviolable dignidad de la persona, sino que queda sometido a la voluntad del más fuerte… El Estado deja de ser la "casa común" donde todos pueden vivir según los principios de igualdad fundamental, y se transforma en Estado tirano… que no es otra cosa, en realidad, que el interés de algunos» (Evangelio de la vida 20).

Bien lo diría el Padre Loring, SJ: «Y las leyes humanas no pueden cambiar la naturaleza. Aunque el gobierno haga una ley dando permiso a los burros para que vuelen, no por eso a los burros les van a salir alas". Es decir, lo que está mal simplemente está mal, aunque haya leyes y ciertos grupos de personas digan lo contrario.»

Y ante eso, no nos es lícito permanecer pasivos, sino todo lo contrario, llevar a cabo con mayor intensidad nuestras 3 líneas ProVida: Oración, Formación y Acción.

Marcha por la Vida, Estados Unidos.

Y esto incluye ir creando la cultura por la Vida en nuestras nuevas generaciones para que ellos aprendan a amar y defender la vida desde que son pequeñitos.

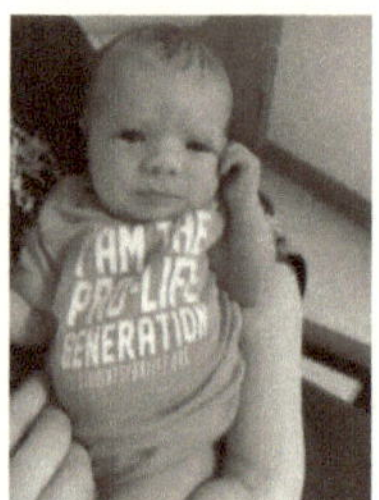

Bebé ProVida

«Los principios morales no dependen del voto de las mayorías. Lo que está mal, está mal, aunque todos estén errados. Lo que es correcto es correcto, aun cuando nadie este del lado correcto» (Obispo Fulton John Sheen)

«Toda ley puesta por los hombres tiene razón de ley en cuanto deriva de la ley natural. Por el contrario, si contradice en cualquier cosa a la ley natural, entonces no será ley sino corrupción de la ley» (Evangelio de la vida 72).

«A los responsables de la vida pública. Llamados a servir al hombre y al bien común, tienen el deber de tomar decisiones valientes en favor de la vida, especialmente en el campo de las disposiciones legislativas…Hay que eliminar las causas que favorecen los atentados contra la vida, asegurando sobre todo el apoyo debido a la familia y a la maternidad: la política familiar debe ser eje y motor de todas las políticas sociales… es necesario replantear las políticas laborales, urbanísticas, de vivienda y de servicios para que se puedan conciliar entre sí los horarios de trabajo y los de la familia, y sea efectivamente posible la atención a los niños y a los ancianos.» (Evangelio de la vida 90).

Hay que luchar por la vida de cualquier persona

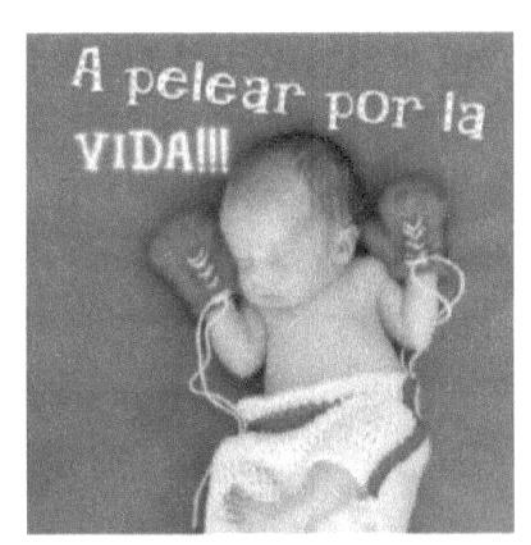

Qué diferente sería si él **bebe no nacido pudiera hablar y decirle a su madre**:

«Estoy aquí dentro de ti, existo ya. Te quiero conocer. **En tu interior divino amor diseño celestial**. Esta es mi vida y mi ser. **Tu latir es mi canción, va al compás de mi corazón…**

Soy lo que soy, amor de amor, caricia celestial, sangre de ti. Yo estoy aquí, no hay marcha atrás, por favor, por favor, se valiente y ten fe, se valiente y te fe, **ENFRENTEMOS JUNTOS EL MUNDO…**» (Josué Bravo, canción "Amor de Amor").

«La defensa y la promoción de la vida no son monopolio de nadie, sino deber y responsabilidad de todos» (Evangelio de la vida 91).

«En efecto, no puede haber verdadera democracia, si no se reconoce la dignidad de cada persona y no se respetan sus derechos» (Evangelio de la vida 101).

Y ¿qué pasa cuando los países se resisten a aplicar estas leyes injustas?

«Lo que le está pasando a Paraguay, incluso dentro de la OEA, el presidente ha dicho que Paraguay es un país ProVida por toda la guerra de los tres países que hubo en donde prácticamente la mujer tuvo que afrontar el país porque los hombres fueron exterminados luego de la guerra que hubo con Argentina y Brasil, entonces Paraguay tiene una historia de saber lo que significa quedarse con una población disminuida, quedarse sin un crecimiento poblacional adecuado, la pobreza que eso implica, entonces cuando Paraguay apela a esa historia de su país y dice: "yo no quiero políticas a favor del aborto ni políticas anticonceptivistas" porque Paraguay es un país que necesita crecer como resultado de un ataque brutal que ellos tuvieron que prácticamente fue genocida, la respuesta que las Naciones Unidas fue: "primero le regalaron un puesto que nunca había tenido en la Comisión Inter Americana de Derechos Humanos", luego le empezaron a ajustar económicamente en los préstamos de desarrollo social y comunitario, la misma Naciones Unidas a Paraguay, y luego el mismo representante de las Naciones Unidas fue a Paraguay en persona a decirle lo que implica el que no quiera aplicar sus políticas en temas de salud sexual reproductiva y género.

Entonces tú te das cuenta de que simplemente no hay un punto de querer trabajar en el tema de derechos. Hay muchos miles de intereses. Han invertido muchísimo en nuestro continente para legalizar el aborto y gracias a Dios; porque hay que reconocer la grandeza del amor de Dios, que gracias al amor de Dios que ha sido tan generoso y misericordioso con nuestros pueblos, no se ha podido legalizar, ha habido un pueblo cristiano, creyente, comprometido que se ha parado frente a estas leyes.

Ellos querían tener en 2015 todos nuestros países con el aborto legalizado. Eso lo dice claramente el plan en contra de la pobreza, y a favor de la mujer, de la misma CEDAW que aborto legal y libre en todo América Latina, y han sido los cristianos del continente latinoamericano que lo han impedido, los que han trabajado y los que han hecho que la vida todavía sea respetada en nuestro continente, y es a lo que apelamos, a que se respete la vida de mujeres, no solamente las que ya nacieron sino también aquellas que están por nacer. » (Amparo Medina, entrevista a Aciprensa durante un debate ante la despenalización del aborto por Violación en Perú).

Preguntas de retroalimentación

¿A favor o en contra? ¿Por qué sí o por qué no? ¿Hay testimonios o son sólo ideologías? ¿ProVida ó ProElección = (ProAborto)? ¿Debería morir un concebido en una violación? ¿La vida humana vale dependiendo de la cultura? ¿Quién gana $$$ cuando las mujeres se practican aborto? ¿Los hijos con características especiales valen menos como para ser abortados? ¿El aborto es un derecho? ¿Podría una mujer abortar y seguir su vida como si nunca hubiera ocurrido?

CAPÍTULO VI
EL PABELLÓN DEL
AMOR VERDADERO

Tomar una idea no es lo mismo que experimentarla. Si tanto nos amamos, para que esperar. Sólo las monjas no viven la revolución SEXUAL. Si quieres sexo seguro ponte condón. Si de todas formas lo van a hacer, mejor que hay que concientizarlo de cómo prevenirse. No quieran imponernos su moralidad. El sexo es una necesidad básica así que hay que hacerlo para no ir a dar al hospital. Entre más chiquitos les hablemos de preservativos mejor, así los cuidamos desde la primaria… bla bla bla bla bla bla

1. Mural del amor

«La tuberculosis y el cáncer no son las enfermedades más graves. Yo creo que no ser querido y amado es una enfermedad más grave aún» (Madre Teresa de Calcuta)

«Hay hambre del pan común, pero también hay hambre de amor, bondad y de respeto recíproco; y ésta es la gran pobreza que sufren los hombres de hoy» (Madre Teresa de Calcuta)

Jason y Crystalina Evert, chastityproject.com

«Esto es amor: Cuando ningún placer terrenal podría ser más deseable que estar con una mujer por toda la eternidad» (Jason Evert)

«Si alguien se burla de tí, porque quieres vivir el amor verdadero, piensa que cuando estés con tu esposo en el altar, ninguno de ellos estará ahí riéndose de ti. Darían lo que fuera por estar en tú lugar» (Crystalina Evert)

«No importa quién seas ni dónde estés ni lo que hayas hecho, lo que importa ahora es a dónde vas» (Crystalina Evert)

Una manera muy interesante de comprender el valor de nuestra sexualidad es a través de la **«Teología del Cuerpo».** Por cuestión de espacio en esta edición no se profundizará como tal, pero te invito a que investigues todo lo maravilloso que tu cuerpo refleja al estar abierto al amor verdadero inspirado por nuestro Creador.

«¿Qué es el amor?
El amor es la entrega libre del corazón.
Estar lleno de amor quiere decir que algo gusta tanto que uno sale de sí mismo y se entrega a ello. Un músico puede entregarse a una obra maestra. Una educadora de jardín de infancia puede estar con

todo su corazón a disposición de sus pupilos. En toda amistad hay amor. Una forma de amor particularmente hermosa es, sin embargo, el amor entre el varón y la mujer, en el que dos personas se entregan mutuamente para siempre. Todo amor humano es una imagen del amor divino, en el que todo amor se encuentra.

El amor es el interior más íntimo del Dios trino. En Dios hay intercambio constante y entrega perpetua. Por el desbordamiento del amor divino los hombres participamos en el amor eterno de Dios. Cuanto más ama el hombre tanto más se hace semejante a Dios. El amor debe caracterizar toda la vida de la persona, pero debe realizarse de un modo especialmente hondo y significativo allí donde el varón y la mujer se aman en el matrimonio y se hacen "una sola carne" (Gen 2,24).» (YOUCAT 402).

«¿Existe una primacía de un sexo sobre el otro?
No. Dios ha concedido a hombres y mujeres la misma dignidad como personas.

Los hombres y las mujeres son personas creadas a imagen de Dios e hijos de Dios redimidos por Jesucristo. Es tan poco cristiano como poco humano el discriminar o postergar a alguien por ser varón o mujer. La igualdad en dignidad y en derechos no significa sin embargo uniformidad. Un falso igualitarismo, que ignore la peculiaridad propia del varón y de la mujer, es contrario a la idea creadora de Dios.» (YOUCAT 401)

«No se puede vivir solamente a prueba, no se puede probar a morir. No se puede amar a prueba, acoger sólo a prueba y por un tiempo a una persona» (San Juan Pablo II).

«El dominio del momento es el dominio sobre la vida» (MARIE VON EBNER-ESCHENBACH).

«Ésta es la voluntad de Dios: vuestra santificación, que os apartéis de la impureza, que cada uno de vosotros trate a su cuerpo con santidad y respeto, no dominado por la pasión, como hacen los gentiles que no conocen a Dios» (1Tes 4,3-5).

Hay quienes aseguran que el sexo es una necesidad básica, pero te has preguntado: **¿Acaso alguien ha muerto, o su salud se ha visto deteriorada por falta de relaciones sexuales?** Porque yo no conozco a nadie. Las necesidades básicas son comer, dormir, ir al baño, respirar, descansar, dar y recibir amor.

No permitas que te engañen para que te utilicen como un simple y vulgar objeto de consumo, y egoístamente echen a perder tu vida la cual debe estar enfocada en el VERDADERO AMOR, porque **una persona erotizada es un cliente potencial "$$$" para quienes comercializan en la industria del sexo** (pornografía, condones, etc.).

«San Agustín, después de llevar una vida bastante libertina decía: "El deseo sexual o la lujuria consentida lleva al hábito, y el hábito no combatido lleva a la necesidad; es decir, efectivamente se crea una necesidad en el hombre, o en la mujer también, cuando consiente sus deseos sexuales.

Le da rienda suelta y dice: "Ah siento esta pasión, entonces debo hacerlo", o todo el mundo me dice: "que magnífico es esto, debo experimentarlo" y cuando uno empieza a experimentarlo, y tener esas sensaciones, entonces como son agradables, y eso es fisiológico, te generan placer, te generan quizás un relajo, sentirse relajado, relajada, etc. entonces quieres más, y cuando quieres más lo haces más, más veces y quizás más intenso, o buscas otras maneras nuevas y se crea el hábito o el vicio (si quieren llamarlo así), y cuando eso no se combate, no se resiste, eso dice San Agustín, lleva a la necesidad, entonces digo: **"lo necesito" y no porque sea una necesidad en sí misma sino porque me he creado esa necesidad y ahora tengo que justificarlo porque no me puedo dominar, tengo que decir es una necesidad y entonces me siento libre y tranquilo de poder hacerlo cuando**

quiera, como quiera, con quien quiera…» (P. Jurgen Dawn, programa "¿El sexo es una necesidad básica?" en La Opción V en TV)

2. Mural de la castidad

Una loca idea llamada «CASTIDAD» Un estilo de vida para gente valiente y exitosa.

Eduardo Verástegui. Exitoso Actor, Productor y director de Cine

«La castidad no es una cuestión fácil. Vas contracorriente todos los días. Aristóteles decía: "No hay conquista más grande que la conquista de uno mismo". Es una libertad, la libertad de hacer lo correcto… La castidad es un entrenamiento. Le estoy siendo fiel a mi esposa antes de conocerla.» (Eduardo Verástegui).

«En la castidad encontré una libertad» (Eduardo Verástegui).

Entonces **«¿Qué es la castidad?**
Es la virtud por la que un hombre capacitado para la pasión, reserva su deseo erótico de forma consciente y decidida para el amor y resiste la tentación de excitarse con instrumentos o de utilizar a otros como medio de su propia satisfacción.» (YOUCAT, Pág. 220).

«La castidad es la virtud que nos ayuda a purificar nuestros corazones del egoísmo. La castidad no es una limitación del amor, no es una represión del amor, sino que es una liberación y purificación del corazón para que podamos amar más» (P. Jurgen Dawn).

«La castidad no es sólo no tener relaciones sexuales… es toda una actitud ante la vida, es un estilo de la vida, en donde yo miro al otro como persona, como ser humano en todo momento, nunca como objeto. Lo conozca o no lo conozca, sea mi amigo íntimo o no lo sea, es mirar al otro como Cristo me mira a mí. Y además es mirar a Cristo en el otro» (Marcela Palos).

«¿Cómo se puede vivir un amor casto? ¿Qué nos ayuda a ello? *Vive castamente quien es libre para amar y no es esclavo de sus instintos y pasiones. Todo aquello que ayuda por tanto a convertirse en un ser humano más rico en relaciones, más maduro, más libre y más lleno de amor, ayuda también a amar castamente.*

Uno se hace libre para amar mediante el dominio de sí, que hay que alcanzar, ejercitar y mantener en todas las edades de la vida. A eso ayuda permanecer, en toda circunstancia, fiel a los mandamientos de Dios, evitar las tentaciones, alejarse de cualquier forma de doble vida o DOBLE MORAL, y pedir a Dios que me proteja de las tentaciones y me fortalezca en el amor. En definitiva, poder vivir un amor puro e indiviso es una gracia y un don maravilloso de Dios.» (YOUCAT 405).

¿Cuáles son los beneficios de vivir la castidad?
- La castidad es el gran éxito de los jóvenes antes del matrimonio. Es, además, la mejor forma de comprender y, sobre todo, de **valorar** el amor.
- No es una negación de la sexualidad, sino la mejor de las **preparaciones** para la vida conyugal.
- Porque es un **entrenamiento** en la generosidad, en el deber y en el dominio de sí mismo, cualidades tan importantes para el ejercicio de la sexualidad humana.
- En los jóvenes, la castidad entrena y forma la **personalidad**.
- Supone un esfuerzo que va dotando a la persona de **solidez** en la voluntad y de una sensación de posesión y dominio de sí mismo, que, a su vez, es fuente de **profunda paz y alegría**.

- Los jóvenes castos, normalmente, son más **constantes** en el trabajo y en el estudio, tienen más ilusiones, son más idealistas.

¿Acaso La castidad está peleada con el sexo? *Por supuesto que no, sino todo lo contrario, lo protege para que siga siendo un regalo que Dios nos dio para expresar el amor puro entre dos personas que se aman y se protegen para dar vida a un nuevo ser.*

Es importante comprender que el placer no puede ser satanizado ya que es un regalo de Dios, pero hay que asegurarse que éste nos lleve a algo bueno y no a consecuencias que generan una futura esclavitud, porque un vicio lleva a otro vicio.

«El tesoro de la castidad proviene de la abundancia de amor» (Rabindranath Tagore)

Entonces, podemos afirmar que **la CASTIDAD** requiere que aprendamos a dominarnos a nosotros mismos, a tomar las riendas de nuestro propio cuerpo, de nuestros afectos, de nuestra voluntad. **Aprender a dominarnos libremente**. Ser amos y señores de nuestra persona.

¿Es el condón y demás anticonceptivos validos en la castidad (amor verdadero)?
No, porque su promoción lleva a una vida desordenada donde el resultado es el uso de otra persona sin importar sus sentimientos ni otros daños que le puedes ocasionar.

¿Por qué hay personas que dicen que no es posible vivir la castidad?
- Llevan una vida desordenada (promiscua) y no tienen el deseo de dejarla.
- Temen al compromiso y prefieren una vida sin responsabilidades.
- Prefieren utilizar a las otras personas como objetos de placer en lugar de respetarlos.

-       Es una forma de adormecer más su conciencia para evitar tener remordimientos por los errores cometidos.

-       Porque le temen al verdadero amor, y su mente y corazón, están tan oscuros que menosprecian esta virtud que lleva a nuestra sociedad a una vida familiar libre de infidelidades, deshumanización, etc.

Por eso, como ellos no pueden conseguirlo debido a que son esclavos de sus impulsos sexuales, los cuales los dominan, pues prefieren justificar su derrota y terminan menospreciándola.

«Quienes tratan a otros como objetos pueden experimentar algo de placer pasajero, PERO NO SERÁN FELICES» (Robert W. Finn)

«La alternativa es clara: o el hombre controla sus pasiones y obtiene la paz, o se deja dominar por ellas y se hace desgraciado» (CIC, 2339)

«Sólo los castos son capaces de amar» (Robert W. Finn)

«No somos nuestra historia, no somos nuestro pasado, no somos nuestros errores, sino que podemos cambiar porque somos libres, porque podemos hacerlo, porque somos valientes, porque somos fuertes» (Ginette Oviedo, La Opción V)

«La tentación es como un perro rabioso encadenado, si no quieres que el perro te muerda, no debes luchar contra el perro, tienes que alejarte del perro» (Santo Tomas de Aquino). Por eso es importante mantenerte alejado de aquellos contenidos y personas quienes te estén motivando a llevar una vida de promiscuidad.

Entonces **¿Por qué es importante esperar a tener relaciones sexuales hasta el matrimonio?**

- Le demuestras a tu pareja que realmente le amas al buscar una relación para toda la vida.
- Invitas a Dios a formar parte de tu vida, y de tu futura familia.
- Evitas embarazos no planeados, lo que puede implicar un riesgo de abortos como tristemente ocurre en muchas partes en donde asesinan a sus hijos por egoísmo, despreciando irresponsablemente el valor de la vida humana.
- Cero riesgos de enfermedades de transmisión sexual.
- Se acaban las malas experiencias de corazones rotos.
- La comunicación se fortalece al haber esa confianza que es fuente de amor, y no utilización del cuerpo del otro.
- Incrementas el éxito de tu familia al educarse en la fidelidad y el dominio de sí, y con esto se reduce la probabilidad de divorcio, evitando tener hijos alejados de sus padres.
- Tendrás más herramientas para educar en la fe a tus hijos a través del respeto entre sus padres.
- Incrementas la probabilidad de fidelidad en tu matrimonio debido a que te estás educando para respetar al amor de tu vida aun cuando no esté presente.
- Tus padres estarán muy felices de haber criado a un(a) hijo(a) en valores.

«Nuestra sexualidad es más que nuestro género… Nos da la capacidad de conectarnos y darnos en amor a otra persona. Nuestra sexualidad humana es un medio importante por el cual compartimos el amor y la creatividad de Dios.» (Robert W. Finn).

«La fidelidad conyugal y la continencia fuera del matrimonio son los mejores medios para evitar la infección y la propagación del virus. De hecho, los valores que brotan de la verdadera comprensión del matrimonio y de la vida familiar constituyen el único fundamento seguro de una sociedad estable» (Benedicto XVI)

«La pureza prepara al alma para amar, y el amor reafirma el alma en la pureza» (Card. J. H. Newman).

¿Quieres CONSEJOS para vivir la castidad?
- Evita ver pornografía, tanto en video como en imágenes, la cual contamina tu mente con mensajes eróticos, principalmente aquellas cuyos contenidos muestran aparentemente escenas de amor, pero terminan siendo sexo explícito camuflajeado.
- Selecciona la música que escuchas omitiendo aquellos contenidos eróticos y de anti valores que se puedan grabar en tu mente debido a su constante repetición.
- Aprende a decir no cuando es no, siendo fiel a tu conciencia.
- Si tus amigos no quieren vivir sanamente evítalos, siempre hay personas que tienen deseos de crecer.
- Busca madurar tu afectividad para evitar caer en actos eróticos como la masturbación, etc.
- Evita pláticas obscenas.
- Acércate a Dios a través de la oración y sus sacramentos y verás como Él te va a fortalecer.

Si te equivocaste en el pasado, encuentra la forma de levantarte buscando la Misericordia de Dios, ya que Él te da una vez más una oportunidad de crecer y vivir una vida plena, llena de amor, paz y tranquilidad.

Por eso, no dejes que un momento de pasión eche a perder tu vida, y la de quienes te rodean, sino todo lo contrario, encuentra el valor del AMOR VERDADERO el cual te llevará a la FELICIDAD PLENA.

Y si te presionan, da respuestas sabias para comentarios necios
- Te dice: «*No te preocupes. Voy a usar protección*».
Podrías responderle: «*Protección vas a necesitar si no me dejas tranquila*».

- Te dice: «Yo me detengo cuando tú digas».
Podrías responderle: «Pues hazlo ahora mismo».

- Te dice: «*Yo te amo*».
Podrías responderle: «*Entonces pruébalo respetando mis valores*».

- Te dice: «*¿Acaso no te gusto?*»
Podrías responderle: «*Sí. Me gustas mucho. Por esto precisamente no quiero arruinar nuestra relación haciéndola demasiado física*».

«Si después de todo él sigue a tu lado significa que entendió tu mensaje de vivir un amor verdadero, si no, deja que se vaya porque le está quitando el lugar a alguien quien sí te va a amar como tú lo mereces».

Los comentarios anteriores fueron compartidos por la Organización Civil **«Voces Unidas por la Vida»** con quienes, como se expresó anteriormente, compartimos este mismo deseo de difundir la **Cultura de la Vida**.

Juan Pablo II a los jóvenes: «Los que os hablan de un amor espontáneo y fácil os engañan. El amor según Cristo es un camino difícil y exigente. El ser lo que Dios quiere, exige un paciente esfuerzo, una lucha contra nosotros mismos. Hay que llamar por su nombre al bien y al mal». (Lourdes el 15 de agosto de 1983)

3. Mural de la verdad

Todo hombre abierto sinceramente a la verdad y al bien, aun entre dificultades e incertidumbres, con la luz de la razón y no sin el influjo secreto de la gracia, puede llegar a descubrir en la ley natural escrita en su corazón (cf. *Rm* 2, 14-15) el valor sagrado de la vida humana desde su inicio hasta su término, y afirmar el derecho de cada ser humano a ver respetado totalmente este bien primario suyo.

4. Mural de la adopción de amor

«Una expresión particularmente significativa de solidaridad entre las familias es la disponibilidad a la *adopción* o a la *acogida temporal* de niños abandonados por sus padres o en situaciones de grave dificultad. El verdadero amor paterno y materno va más allá de los vínculos de carne y sangre acogiendo incluso a niños de otras familias, ofreciéndoles todo lo necesario para su vida y pleno desarrollo. Entre las formas de adopción, merece ser considerada también la *adopción a distancia,* preferible en los casos en los que el abandono tiene como único motivo las condiciones de grave pobreza de una familia.» (Evangelio de la vida 93).

«Jesús dijo: "El que recibe a un niño como éste en mi nombre, a mí me recibe". Al adoptar un niño, esas parejas reciben a Jesús; por el contrario, al abortar, rechazan a Jesús» (Madre Teresa de Calcuta)

Te invito a continuación a que conozcas estos hermosísimos testimonios de padres, quienes, si tuvieran la oportunidad, le dirían a su madre biológica:

Padres adoptivos

«A su madre (biológica) yo le diría "Gracias" en primer lugar por decidir preservar la vida de la niña… Es como un proyecto de vida recuperado, yo les aconsejaría que cuando inicien una familia que su proyecto de vida sea la familia» (Padres adoptivos)

Madre adoptiva

«A su madre biológica le daré las gracias por haberme dado el mejor regalo, le dijo sí a la vida de mi pequeño» (Madre adoptiva)

Madre adoptiva

«A su madre biológica le daré las gracias primero porque no lo abortó, y segundo porque tuvo el valor de haberlo querido dar en adopción… Es otra forma de hacer una familia, no tiene que ser que tu tengas la panza 9 meses, es otra forma igual de hermosa» (Madre adoptiva).

Madre Adoptiva

«Estoy muy agradecida con su mamá, me gustaría algún día conocerla, y si algún día quiere conocer a Miguelito yo seré la primera en decir "VA"» (Madre adoptiva).

Fuente de los testimonios anteriores: Documental CEDA (Centro de Estudios de Adopción A.C.), el cual lo puedes ver en Youtube.

5. Mural de la donación

«La donación de órganos, realizada según criterios éticamente aceptables, para ofrecer una posibilidad de curación e incluso de vida, a enfermos tal vez sin esperanzas» (Evangelio de la vida 86).

«¿Por qué son importantes las donaciones de órganos?
Las donaciones de órganos pueden prolongar la vida o aumentar la calidad de vida. Por ello son un verdadero acto de caridad con el prójimo, siempre y cuando las personas no sean obligadas a ello.

Debe garantizarse que el donante expresó en vida su consentimiento libre y consciente y que no se le mata con el fin de extraerle sus órganos. Existen donantes vivos, por ejemplo, en el trasplante de médula ósea o en la donación de un riñón. La donación de órganos de un cadáver requiere la certificación segura de la muerte y el consentimiento en vida del donante o de su representante» (YOUCAT 391).

«Y cuando donas sangre o plaquetas, recuerda que el principal beneficiado por dicho acto de amor eres tú, porque te humanizas al compartir parte de lo que Dios te ha dado para que compartas tu vida con quien tanto lo necesita».

6. Mural de la planificación familiar

Y cuando el matrimonio ha llegado, están para ti y tu esposo (a) los «Métodos Naturales de Planificación Familiar (PFN / RNF)»

«Se usa en general para los métodos de regulación de la fertilidad que utilizan los signos de la fecundidad cíclica de la mujer y los conocimientos de una fecundidad conjunta de varón y mujer, con la finalidad de lograr o evitar el embarazo» (YOUCAT, Pág. 229).

Algunos de sus beneficios son:
- Mejoran la comunicación de la pareja.
- Autodominio
- Respeto Mutuo.
- Entusiasmo continuo en la pareja.
- Tienen un alto porcentaje de éxito para lograr o posponer el embarazo.
- SON GRATIS, razón por la cual no se promueven ya que las compañías no te pueden sacar ni un centavo si los utilizas.

www.familiadelasamericas.org

Algunos países europeos, por sus malas decisiones en el excesivo control poblacional, pagan y seguirán pagando el costo de dichas decisiones con la invasión silenciosa de otros grupos o naciones que no sólo toman sus recursos naturales, sino que les están generando la pérdida constante de su propia cultura e identidad.

7. Mural de la humanización vs deshumanización

«Debíamos sentirnos orgullosos de todo lo que las máquinas pueden hacer, pero que ninguna puede sentir. Ninguna le brindó el cariño de las personas de la firma que lo acompañan. En suma, pueden maravillar la rapidez y complejidad de las operaciones que resuelven, pero jamás poseen el alma humana capaz de pensar, sentir y amar.

Una sola persona, por pequeña o insignificante que parezca, vale más que todas las aves del cielo, las bestias que pueblan la tierra y los peces que viven en el mar. Su dignidad proviene del lugar que el Creador le reservó, los atributos que le concedió y el destino trascendente al que le destina. Por eso, todo adelanto de cualquier origen y especie debe estar orientado al servicio de la persona.» (Poder oculto, Pág. 23).

Pero ¿qué pasa cuando se rompen los límites de la bioética y cada quien empieza a hacer lo que por conveniencia afirma que es lo correcto? La respuesta evidente: es que su persona y su comunidad terminan cayendo en una total DESHUMANIZACIÓN, la cual termina afectando a todos, ya sea de forma directa o indirecta.

8. Mural de La Opción V

La Opción V en la Marcha a Favor de la vida en Lima Perú 2015. Porque el Amor Verdadero y el respeto a la vida son 100% compatibles.

«La Opción V» es el lugar de encuentro para aquellos que quieren vivir la virtud de la castidad.

¿Quiénes somos?

Somos un grupo de jóvenes que creemos que el amor verdadero sí existe, y estamos convencidos de que la virtud de la castidad es el camino para conquistarlo.

Sabemos que no es fácil, pues la sociedad nos empuja en una sola dirección: el erotismo y el sexo sin límites, sin compromiso. Todo está permitido, con tal de que «te cuides». La presión y el bombardeo es incesante, y se nos hace creer que lo normal es «tener sexo si nos amamos». Esperar es anormal. La virginidad es un estigma.

Nosotros queremos ir CONTRACORRIENTE y decirles a otros jóvenes que en medio de una sociedad que no nos da ninguna opción hay una Opción, y esa es **La Opción de esperar, de dominarse, de vivir la Virtud de la castidad para conquistar el Verdadero amor. ¡La Opción V es la verdadera revolución del amor!**

Si eres un o una joven que quiere ir contracorriente y asumir la castidad como un reto, como una aventura y como un estilo de vida para encontrar el amor puro y verdadero en tu vida, ¡ya eres parte de LA OPCIÓN V!

Desde nuestra página queremos decirte: ¡NO ESTAS SOLA! ¡NO ESTAS SOLO! ¡Cuenta con nosotros en tu lucha!

223

El Padre Jurgen Dawn acompañado de parte del equipo de «La Opción V»

«Una forma de vida que te da libertad, respeto, paz, alegría y hasta romance, sin reproches, sin temores ni angustias. La castidad libera a las parejas de la actitud egoísta de usarse uno al otro como objetos, dejándolos libres para tener y gozar de un amor verdadero. Vivir la virtud de la castidad, de una forma positiva, va purificando tu corazón en todos los ámbitos, fortalece tu voluntad y tu relación íntima con el Señor» (P. Jurgen Daum, Director de la Opción V).

«El amor no es solo un sentimiento, sino es una entrega hacia la otra persona protegiéndola para que no salga dañada sino todo lo contrario para que sea muy feliz» (La Opción V).

«¿Cómo se logra la «pureza de corazón»?

La pureza del corazón, necesaria para el amor, se consigue en primer lugar mediante la unión con Dios en la oración. Donde nos toca la gracia de Dios, surge un camino para un amor humano indiviso. Una persona casta puede amar con un corazón sincero e indiviso.

Si nos dirigimos a Dios con intención sincera, Él transforma nuestro corazón. Nos da la fuerza para corresponder a su voluntad y para rechazar pensamientos, fantasías y deseos impuros.» (YOUCAT 463).

«La banalización de la sexualidad es uno de los factores principales que están en la raíz del desprecio por la vida naciente: sólo un amor verdadero sabe custodiar la vida. Por tanto, no se nos puede eximir de ofrecer sobre todo a los adolescentes y a los jóvenes la auténtica educación de la sexualidad y del amor, una educación que implica la formación de la castidad, como virtud que favorece la madurez de la persona y la capacita para respetar el significado "esponsal" del cuerpo» (Evangelio de la vida 95).

«La anticoncepción se opone a la virtud de la castidad matrimonial, el aborto se opone a la virtud de la justicia y viola directamente el precepto divino "no matarás"…estas prácticas tienen sus raíces en una mentalidad hedonista e irresponsable respecto a la sexualidad y presuponen un concepto egoísta de libertad que ve en la procreación un obstáculo al desarrollo de la propia personalidad» (Evangelio de la vida 13).

«Por tanto, en la procreación, al comunicar los padres la vida al hijo, se transmite la imagen y la semejanza de Dios mismo, por la creación del alma inmortal… Así, el hombre y la mujer unidos en matrimonio son asociados a una obra divina: mediante el acto de la procreación, se acoge el don de Dios y se abre al futuro una nueva vida» (Evangelio de la vida 43)

Preguntas de retroalimentación
¿Qué es el amor?, ¿Qué es la castidad?, ¿Es posible alcanzar el Amor Verdadero? ¿Vives el Amor Verdadero o una versión light del uso y des-uso humano? ¿Es el sexo una necesidad básica? ¿Se puede ser feliz viviendo sin compromisos ni responsabilidades?, ¿Por qué hay personas que dicen que no es posible vivir la castidad?, ¿Se puede aprender a vivir el amor verdadero? ¿Cuáles son las consecuencias en la persona, y en su comunidad, cuándo no se respetan los derechos de las personas más débiles?

CAPÍTULO VII
EL PABELLÓN DE DIOS

Si Dios existiera entonces porque permite que ocurran todas las injusticias del mundo. Si Dios me quiere que venga y me lo diga. Dios es creado por la imaginación del hombre. Yo creo en un Dios creador del universo y seguro que él está a favor de lo que yo digo, porque soy ProChoice. Bing bang… bla bla bla bla bla

1. Mural de la fe hecha obras

Buscando la manera de conocer cómo un grupo de personas, que luchan por el derecho a vivir, han logrado permanecer durante varios años, de una manera tan constante y apasionada, se me ocurrió entrevistar a la persona que coordina un ministerio ProVida y lo que me expresó fue lo siguiente:

«Hola, yo soy Mayte Melgarejo y pertenezco al Ministerio Santa Mónica de la Parroquia de San Agustín en la ciudad de Phoenix Arizona en Estados Unidos.

El ministerio Santa Mónica surgió aproximadamente hace 5 años, cuando el párroco de esta Iglesia me lo propuso así nada más, saliendo de misa un día me pregunta si quisiera yo formar un ministerio Provida. Entonces pues yo dije que sí, sin saber que significaba realmente Provida o que era el aborto, no sabía yo nada. Nomás dije que sí porque me dio vergüenza decir que no (risas :D).

Entonces pues ya diciendo que sí, sintiendo el compromiso, pues ya platique un poquito con el padre. Me sugirió rezar el rosario una vez por semana, para empezar a juntar señoras que se reunieran conmigo, y fue lo que hicimos. Empezamos a rezar el rosario. Vino muy poquita gente, dos o tres personas, y pasaron muchas cosas en medio, pero poco a poco Dios nos fue formando porque realmente yo no forme ningún ministerio.

Había muy poca participación de la comunidad, no les interesaba rezar el rosario por la vida. Entonces, una forma en como nosotros llamamos la atención fue la idea de hacer una obra de teatro, y la primera que hicimos fue una obra que se llamó «san Agustín, su vida y conversión». Ahí el mensaje principal era el valor como ser humano, la fe. Como sin importar cuanto pecaste, o que tan malo fuiste en tu vida, de cualquier manera, Dios está ahí siempre, y siempre estará para recibirte.

No fue una obra en contra del aborto, no tenía nada que ver con Provida, pero por ahí empezamos para agarrar personas que se sumaran a este ministerio. Ya después de que paso ese proyecto, se les explico que el ministerio se trataba de la defensa de la vida. A algunos les intereso, a otros no, y los que se quedaron hasta la fecha ahí están con nosotros, fieles al ministerio y de ahí ya se formó un poquito mejor por así decirlo. Se crearon las bases del ministerio.

Aparte del rosario, nosotros ayunamos el día que rezamos el rosario, que es cada lunes que es cuando tenemos nuestras reuniones semanales. También nos ponemos de acuerdo para ir a rezar enfrente de los abortuorios de planned parenthood, que nunca debemos llamarlos clínicas, lo cual hacemos cada tercer domingo del mes. Y aparte de eso realizamos ya obras de teatro que ahora sí están 100% enfocadas a lo que es concientizar acerca del valor de la vida. Hay una que se llama «El tren de la vida» y esa habla de una niñita que fue abortada. La historia está muy bonita, pero habla específicamente de lo que son las consecuencias del aborto.

Ahorita en el ministerio se cuenta como con 15 personas activas, y pues siempre estamos en formación, actualizándonos, y es un ministerio muy bonito. Yo invito a todas aquellas personas que quieran hacerlo, que se quieran unir, pues que hablen con su párroco, si lo quieren formar dentro de  su parroquia. Y pues primero ponerse en oración para que esté en manos de Dios, y ya Él es quien los va guiando, porque yo jamás pensé hacer una obra de teatro y ahí estoy. Por obra y gracia de Dios, porque yo no sé actuar (risas :D).

Pero ahí estoy, y las obras de teatro nos han abierto las puertas de muchos lugares y aunque a veces llevamos una obra de teatro que no tiene nada que ver con Provida, o que hable del aborto o de todo eso, al final damos un pequeño mensaje. Decimos somos el Ministerio Provida Santa Mónica, esto es lo que hacemos y damos un mensaje Provida. De cualquier manera, siempre tratamos de sembrar la semilla. Esas obras son como el ganchito, como el tocar la puerta y es con lo que nos han abierto esas puertas.

Nos llamamos Ministerio Santa Mónica porque mi párroco, pues siendo la parroquia San Agustín, el decidió porque ella es la mamá de San Agustín, y de cierta forma ELLA ES LA PATRONA DE LOS IMPOSIBLES, porque ella siendo una madre fiel a la oración, y que nunca decayó su fe, pues para que Dios convirtiera a su hijo es un ejemplo para seguir adelante. Porque uno piensa, o al menos en este movimiento, uno piensa que, si hay que luchar, pero nunca se va a acabar. Es lo que piensa mucha gente, pero nosotros tenemos fe en Cristo en que sí terminará. Que cada vida de cualquier manera es una lucha ganada, y que vale la pena luchar, aunque sea una sola vida, pero vale la pena luchar.

En referencia a los frutos, Dios nos ha concedido ver algunos, pero yo creo que más que esperar frutos es el ir sembrando esa semillita en cualquier lugar donde se nos invita o donde tenemos la oportunidad de llevar el mensaje. Nosotros no estamos esperando ver frutos, y es lo que siempre les aliento a los muchachos cuando vamos a hacer, o a dar un tema, o a dar una obra de teatro yo les digo: «no esperen ver frutos, porque los frutos son de Dios, no son de nosotros». Pero Dios nos ha concedido ver que dos personitas decidieron no abortar a sus bebes. Fuimos a hablar con ellas y gracias a Dios ahorita ya tienen 2 o 3 años. Y pues todo lo que se ha visto a nivel político, vemos como uniéndonos podemos hacer la diferencia.

Yo creo que los niños quienes nos acompañan a orar enfrente de los abortuorios fungen como testimonios de esperanza, de amor. Las personas cuando vamos a rezar estamos ahí pacíficamente, tratando de guardar el mayor respeto posible; en cambio, las otras personas (proaborto), que contra protestan, de cierta forma tratan de atacarnos, de agredirnos, pero a los niños no. De cierta forma hemos visto que a ellos les guardan un respeto. Yo creo que, si más familias estuvieran ahí con sus niños, no solamente marcarían esta línea de respeto, sino que también marcaríamos la diferencia y tocaríamos más el corazón de estas personas (que trabajan o apoyan a los abortuorios). Entre más niños, sería mejor. Es muy importante su participación en esta lucha por la vida.

A las personas que desconocen el tema del aborto, o que por miedo no quieren involucrarse, yo les diría que yo empecé en este ministerio así de ignorante e indiferente. Cuando dije que Sí, pues dije porque no me queda de otra, y al ponerme a investigar, y al ver las consecuencias de este problema, las dimensiones tan grandes, creo que fue Dios quien me fue abriendo el corazón, y me fue guiando y aquí estoy.

Yo creo que a estas alturas ya todo mundo sabe lo que es un aborto, todo mundo sabe que es matar una vida. Simplemente que estas personas que no se atreven a defenderla pues yo los invito a que lo piensen dos veces. Que busquen en los libros. Si lo quieren buscar de manera medicamente, psicológicamente, espiritualmente, que busquen, que busquen, y ellos solitos se van a dar cuenta de la gravedad del problema.

Definitivamente detrás del aborto provocado hay satanismo. Esta es una guerra espiritual. No puedes decir que esto es algo aprobado por Dios, no puedes decir que es como matar un animal porque estamos hablando de un ser humano, entonces es una lucha entre la vida y la muerte, es definitivamente el mal que se está apoderándose de este problema y él es el que está al mando.»

Al terminar esta breve entrevista, mi amiga me dijo: «Quiero comentarte algo más». En ese momento pensé que me iba a decir algo referente al ministerio Santa Mónica, pero al escucharla fue como decir dentro de mí: «Ahora entiendo porque ella sigue adelante en esta misión, de esta manera tan apasionante». Lo que me expreso fue lo siguiente:

«Hace como 5 años, cuando estaba apenas de iniciar el ministerio, me paso algo a mí personalmente. Yo me embaracé y a los 5 meses perdí a mi niño. Pues como Dios, estoy segura de que cada ser humano viene con una misión así sea a largo o a corto plazo.

Pues al darse cuenta qué había fallecido me lo tuvieron que sacar. Yo lo vi, era un varoncito y era un niño de 5 meses de gestación que murió en mi vientre. Nunca supimos porque, pero al verlo, y ver su carita tenía todo formado. Tenía sus uñas, tenía vellitos, ya era un ser formado completamente y **yo creo que ese bebe vino a darme ese mensaje de sigue adelante**. Necesitaba yo verlo quizás. No es lo mismo ver una fotografía que tú sabes que es un bebé, a cuando ves a un ser humano que es tuyo, y que lo tienes en tus manos, que sientes su peso, su calorcito todavía. Para mi él tuvo su misión de vida.

De decir: «no somos una foto, no somos un problema social, no somos un problema aislado, somos seres humanos». Yo no lo puedo explicar, pero él vino a cumplir su proyecto de vida. Él vino a reforzar esa misión que a lo mejor Dios pidió para mí. De estar

en esta lucha de muerte. No sé cómo explicarlo, pero quizás fue como si este pequeñito hubiera venido a decirme que me involucrara más en esta lucha, porque él era un testimonio vivo para mí. Esa parte de mi fue como un así somos.» (Mayte Melgarejo)

Entre lágrimas que reflejaban como una madre nunca se podrá olvidar del momento en que ella se despide de su hijo, le agradecí por abrir su vida, y su corazón, a esta situación la cual a casi un año de conocerla yo desconocía. Pero una vez más me recordó como estos pequeñitos, aun cuando vivan muy poco en nuestro mundo, vienen con una misión muy específica para hacernos más humanos. **Es como si fuera la chispa que detona un gran proyecto que nuestro Creador quiere que se lleve a cabo, y como sin intervenir directamente, Él sigue presente en nuestra comunidad a través de ESTOS SERES HUMANOS TAN PEQUEÑOS QUE, SIN DECIR ALGO, LO DICEN TODO.**

Me pongo a reflexionar y veo que si hay mujeres que sufren por haber tenido un aborto espontaneo (no provocado) no puede alcanzar a visualizar los que sufren aquellas que lo buscaron y ahora pagan las consecuencias de esa decisión. Tengamos caridad con ellas y acerquémosle a un Dios misericordioso que, así como a nosotros nos ha perdonado nuestras faltas así a ellos también les ofrece su perdón.

2. Mural de la misericordia

Porque no se goza Dios en el sufrimiento del hombre, sino que se convierta y viva (cf Ez. 18,23)

El siguiente testimonio es de Patricia Sandoval, quien aborto tres veces y trabajó en la transnacional abortista Planned Parenthood, siendo éste el lugar donde abrió los ojos a esta cruda realidad. Gracias a la fe cambió de vida y hoy tiene una nueva misión. Conozcamos su testimonio:

Patricia Sandoval, mujer valiente y activista ProVida

«Yo le hice una promesa a Dios, no importando que la gente me conozca como la mujer que aborto 3 hijos. Desafortunadamente mucha gente en mi familia no apoya lo que hago, he perdido familia. La gente me ha humillado. Pero para mí Dios es más importante y la vida es más importante. Entonces Dios para mí es mi TODO.

Y la lucha que yo hago es por el amor que le tengo. Yo sé que el corazón de Dios sufre por lo que nosotros le estamos haciendo, matando a los inocentes, a los que no tienen voz. Entonces yo le prometí a Dios que yo iba a ser esa voz de todos esos niños que no pueden gritar, que no pueden hablar y de todas esas mujeres y hombres que están sufriendo el síndrome post aborto y están en silencio.

Patricia Sandoval, habla de su experiencia

En la clínica donde yo trabajé. La encargada me decía: "Patricia si tú miras que una joven tiene mucho miedo de abortar y se quiere arrepentir tú vas a hacer todo lo que esté en tu poder para que esta mujer no falte a su cita. Tú le vas a decir que tuviste tres abortos y que tú estás muy bien y que ella va a estar muy bien. Ellas no pueden faltar a su cita". En los Estados Unidos, más o menos se cobra por aborto de 500 a 1000 dólares.

Hay partes en los Estados Unidos, hay ciertas clínicas, en diferentes estados, donde hoy en día se practican 30 abortos por hora. Entonces podemos ver que es totalmente un negocio, incluso después del aborto no termina el negocio ahí. Hoy en día hay cremas, productos cosméticos que son hechos de bebés. De partes humanas, entonces el negocio sigue.

Puedo tomar a Colombia como ejemplo (en referente a las consecuencias de aquellos lugares donde se ha aprobado el aborto). Gracias a Dios el año pasado fui 3 veces a Colombia. Desafortunadamente Colombia es el país donde hay más niñas que salen embarazadas, entonces yo conocí casos personales de jovencitas de 10 años y 11 años que ya se habían practicado un aborto.

Y después de conocer a tantas niñas tan jóvenes, que hayan abortado, entonces yo les decía: ¿En dónde consiguen el dinero? ¿Dónde van a practicar esos abortos? ¿Qué es lo que dicen? ¿Qué es lo que hacen? ¿A dónde van? Yo les empecé a sacar esa información y las niñas me decían: "Es muy fácil Patricia, es que aquí en Colombia aprobaron el aborto por una violación, se puede abortar, entonces nosotras vamos y decimos que nos violaron y el gobierno nos paga los abortos". Entonces muchas de esas niñas abusan de la ley y lo usan para abortar.

Yo me imagino que Chile no quiere una generación con jóvenes de 10 años, 11 años abortando aquí porque si la ley del aborto se aprueba en Chile les espera una cultura de la muerte. En los Estados Unidos, el 51% de las mujeres que abortan una vez terminan abortando, dos, tres, cuatro, cinco veces. Entonces es muy normal que una mujer aborte más de una vez. Entonces no queremos que aquí reine la muerte, que reine la vida» (Patricia Sandoval).

Patricia Sandoval exponiendo el valor de la Vida Humana

Patricia es el ejemplo de cómo una mujer, quien por cualquier circunstancia que haya sido abortó, ha encontrado en Dios la fuerza para salir adelante. Hoy ella viaja por todo el mundo dando su testimonio, ayudando a mujeres y denunciando el negocio que hay detrás del aborto. Testimonio difundido por Aciprensa.

« ¿Qué pasará, según ustedes, si un hombre tiene cien ovejas y una de ellas se extravía? ¿No dejará las noventa y nueve en los cerros para ir a buscar a la extraviada? Y si logra encontrarla, yo les digo que ésta le dará más alegría que las noventa y nueve que no se extraviaron. Pasa lo mismo donde el Padre de ustedes, el Padre del Cielo: allá no quieren que se pierda ni tan sólo uno de estos pequeñitos» (Mt 18, 12-14).

«Os rociaré con agua pura y quedaréis purificados; de todas vuestras impurezas y de todas vuestras basuras, os purificaré. Y os daré un corazón nuevo, infundiré en vosotros un espíritu nuevo» (Ez 36, 25-26; cf. Jr 31, 31-34).

«No necesitan médico los que están sanos, sino los que están mal. No he venido a llamar a conversión a justos, sino a pecadores» (Lc 5,31-32).

San Agustín: «Nos hiciste, Señor, para ti y nuestro corazón está inquieto hasta que descanse en ti».

«*Ni siquiera el homicida pierde su dignidad personal* y Dios mismo se hace su garante. Es justamente aquí donde se manifiesta el *misterio paradójico de la justicia misericordiosa de Dios*» (Evangelio de la vida 9).

«*…mujeres que habéis recurrido al aborto…*no os dejéis vencer por el desánimo y no abandonéis la esperanza. Antes bien, comprended lo ocurrido e interpretadlo en su verdad. Si aún no lo habéis hecho, abríos con humildad y confianza al arrepentimiento: el Padre de toda misericordia os espera para ofreceros su perdón y su paz en el sacramento de la Reconciliación» (Evangelio de la vida 99).

Y si cometiste este error recuerda que Dios te da su perdón y amor, tal y como lo dice en su palabra cuando nos recuerda siempre que «Toda persona que está en Cristo es una creación nueva. Lo antiguo ha pasado, lo nuevo ha llegado» (2Cor5, 17).

« ¿Cómo sabemos que Dios es misericordioso?
En muchos pasajes de la Sagrada Escritura Dios se muestra como el misericordioso, especialmente en la parábola del hijo pródigo (Lc 15), en la que el padre sale al encuentro del hijo perdido y lo acoge sin condiciones, para celebrar con él la fiesta del reencuentro y de la reconciliación.

Ya en el →ANTIGUO TESTAMENTO dice Dios por medio del profeta Ezequiel: "Yo no me complazco en la muerte del malvado, sino en que el malvado se convierta de su conducta y viva" (Ez 33,11). Jesús ha sido enviado "a las ovejas descarriadas de Israel" (Mt 15,24). Y sabe que "no tienen necesidad de médico los sanos, sino los enfermos" (Mt 9,12).

Por eso come con publicanos y pecadores, antes de, al final de su vida terrena, interpretar incluso su muerte como iniciativa del amor misericordioso de Dios: "Ésta es mi sangre de la alianza, que es derramada por muchos para el perdón de los pecados" (Mt 26,28)» (YOUCAT 314).

«Algunos dicen: "He hecho demasiadas obras malas, Dios no puede perdonarme". Esto es una vulgar blasfemia. Significa poner un límite a la misericordia de Dios. Pero ésta no los tiene: es ilimitada. Nada ofende tanto al buen Dios como dudar de su misericordia» (San Juan María Vianney, cura de Ars).

«Si en la Iglesia no existiera el perdón de los pecados, no tendríamos ninguna esperanza en la vida eterna ni en la liberación eterna. ¡Demos gracias a Dios que ha regalado tal don a su Iglesia!» (San Agustín).

3. Mural del principal defensor de la vida

«El hombre no encuentra la verdad, sino que debe dejar que ésta lo encuentre. Porque la verdad es una persona, es JESUCRISTO el Hijo de Dios» San Ambrosio.

¿Qué dice Jesucristo respecto a la protección de los seres humanos más indefensos como los bebés no nacidos?

Imagen de un ser humano en su etapa inicial de vida

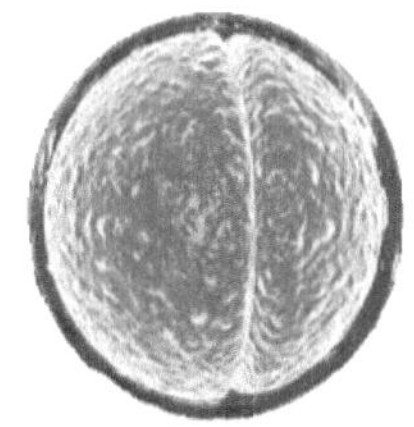

Jesucristo dijo: «El que recibiere en mi nombre a un niño como éste, a mí me recibe; y el que a mí me recibe, no me recibe a mí, sino al que me envió» (Mc 9,37).

Por lo tanto, ningún cristiano puede estar a favor de ninguna acción o forma de pensar que dañe al ser humano en ninguna de sus etapas de vida, ya que sólo en Cristo es posible conocer la plenitud de la verdad que nos salva (cf. Hch 4,12; 1Tim 2,4-6).

4. Mural de la Sagrada Familia

La Sagrada Familia

«Si la familia está bien, el Estado estará bien; si el Estado está bien, la gran comunidad de los hombres vivirá en paz» (LÜ BU WE, ca. 300-236 a.C., filósofo chino).

«La familia es un bien necesario para los pueblos; un fundamento irrenunciable para la sociedad y un gran tesoro para los cónyuges a lo largo de su vida. Es un bien insustituible para los hijos, que deben ser el fruto del amor y de la total entrega generosa de los padres» (Benedicto XVI, 08.07.2006).

«La vida de los padres es el libro que leen los hijos» (San Agustín).

«Honra a tu padre y a tu madre, para que se prolonguen tus días en la tierra que el Señor, tu Dios, te va a dar» (Éx. 20,12).

«Dos cosas deben recibir los niños de sus padres: raíces y alas». (JOHANN WOLFGANG VON GOETHE, 1749-1832, poeta alemán).

«Los niños en la familia aprenden a amar, porque ellos mismos son amados gratuitamente; aprenden a respetar a todas las personas, porque ellos mismos son respetados; aprenden a conocer el rostro de Dios, porque reciben su primera revelación de un padre y de una madre que les otorgan todo su cariño» (Carta "sobre la colaboración del hombre y la mujer", de la Congregación para la Doctrina de la Fe, 31.05.2004).

«La familia es verdaderamente "el *santuario de la vida...,* el ámbito donde la vida, don de Dios, puede ser acogida y protegida de manera adecuada contra los múltiples ataques a que está expuesta, y puede desarrollarse según las exigencias de un auténtico crecimiento humano ". Por esto, el papel de la familia en la edificación de la cultura de la vida es *determinante e insustituible...*

Mediante *la educación de los hijos es* como la familia cumple su misión de anunciar el *Evangelio de la vida.* Con la palabra y el ejemplo, en las relaciones y decisiones cotidianas.» (Evangelio de la vida 92).

« ¿Por qué son insustituibles las familias?
Todo hijo proviene de un padre y una madre y necesita el calor y la seguridad de una familia para crecer protegido y feliz.

La familia es la célula original de la sociedad humana. Los valores y principios que se viven en el pequeño ámbito familiar hacen posible la vida social solidaria en un ámbito mayor». (YOUCAT 369).

«¿Por qué debe el Estado proteger y potenciar a las familias?
El bienestar y el futuro de un Estado dependen de que la unidad más pequeña que existe dentro de él, la familia, pueda vivir y desarrollarse.

- Ningún Estado tiene derecho a inmiscuirse en la célula originaria de la sociedad, la familia, y negarle el derecho a la existencia.
- Ningún Estado tiene derecho a definir la familia de forma diferente a la que corresponde a su misión creatural.
- Ningún Estado tiene derecho a privar a la familia de sus derechos fundamentales, especialmente en el ámbito de la educación.

Por el contrario, el Estado tiene la obligación de apoyar de manera eficaz a las familias y protegerlas en lo tocante a sus necesidades materiales.» (YOUCAT 370).

Por eso es importante tener siempre en mente que la familia debe ser protegida no redefinida. Esto anterior, porque cuando se quiere modificar la manera en como la institución del matrimonio ha sido conferida viene una serie de efectos secundarios, los cuales los vemos en lugares donde ya se han aprobado estas leyes que van en contra de la familia y el matrimonio entre un hombre y una mujer, quienes son los únicos que pueden generar vida. Algunas de estas consecuencias se mencionan a continuación:

1. Se pierde la concepción original de lo que es el matrimonio abierto a la vida.
2. Relativismo en cualquier tipo de unión.
3. Modifica la educación sexual inicia en las etapas iniciales de los niños.
4. Los padres pueden perder el derecho natural de decidir el tipo de educación que quieren para sus hijos.
5. Hay más personas confundidas en su identidad humana por el tipo de educación basado en la ideología de género, las cuales debido a su confusión son sometidos a procesos hormonales, cirugías de "cambio de sexo" donde se mutilan órganos sanos.
6. Se abre la puerta a la adopción evitando que un hijo tenga un padre y una madre.
7. Se incrementan las opciones de métodos artificiales para la procreación (fecundación in vitro, vientres de alquiler...).
8. Los gobiernos los usan como cortina de humo para encubrir problemas más urgentes (educación, pobreza, fuentes de trabajo, alimentación, violencia intra-familia, seguridad, narcotráfico, contaminación...).
9. Negativo impacto económico en recursos públicos utilizados para implementarlas (debido a que se invierte tiempo, dinero, personal, promoción).
10. Estos Lobbies LGTB... que buscan influir en la comunidad son muy eróticos y violentos, y aun cuando insultan los medios de comunicación los defienden.
11. Se bloquean derechos de otros por querer hacer cumplir los deseos de este grupo de personas (baños de mujeres usados por supuestos transgéneros, negocios afectados como los que se niegan a ofrecerle servicios al lobby gay).
12. Favoritismo hacia estos grupos sin opciones para otras personas que también sufren el BULLYING.

13. Se obstaculiza el avance científico para buscar causas y soluciones que generan deseos como la atracción hacia el mismo Sexo.

14. Hay personas que desearían no tener estos tipos de atracciones, pero restringe su derecho a este recurso.

15. Influye en la continua destrucción del lenguaje en sí (palabras absurdas como homofóbicos, transfobicos, niñ#s...).

16. Puede caerse en una censura ante quienes piensen diferente, afectando la libertad de expresión.

17. Como es legal, el mensaje que trasmite a la sociedad poco educada es que es bueno y por lo tanto se debe promover y llevar a cabo.

18. Hay un impacto en la manera ordenada en la sociedad se desenvuelve (deporte, negocios, centros de readaptación social...).

19. Se ignoran las peticiones ciudadanas ante un gobierno que prometió "democracia".

20. Se da un rompimiento con la propia naturaleza, ya que se e rechazan los fundamentos biológicos, genéticos, antropológicos, psicológicos.

21. Se da un rompimiento con el proyecto del Creador.

Por eso, en base a lo anterior, así como otras situaciones especificas es necesario afirmar que:

- Las leyes deben basarse en realidades y no en sentimientos.
- Estas deben asegurar la protección del más vulnerable.
- Antes de aplicarse hay que evaluar si es una prioridad en base a las urgencias de la población.
- Deben solucionar problemas y no generar otros efectos secundarios.
- No debe atentar contra la democracia principalmente cuando haya peticiones formales por organismos ciudadanos.

«¿Cómo debe una familia vivir la fe en común?
Una familia cristiana debe ser una Iglesia en pequeño. Todos los miembros cristianos de una familia están invitados a fortalecerse

mutuamente en la fe y a aventajarse unos a otros en el celo por Dios. Deben rezar unos por otros y conjuntamente y realizar en común obras de amor al prójimo.

Los padres responden con su fe por sus hijos, los llevan a bautizar y les sirven como modelos en la fe. Esto significa que los padres deben hacer todo lo posible para que los hijos experimenten que vivir en la presencia y cercanía de Dios es valiosa y benéfica.

Ciertamente, en algún momento, los padres aprenderán de la fe de sus hijos y escucharán cómo Dios habla por medio de ellos, porque con frecuencia la fe de las personas jóvenes se caracteriza por una mayor entrega y "porque muchas veces el Señor revela al más joven lo que es mejor" (san Benito, *Regula*, cap. 3,3).» (YOUCAT 373).

5. Mural de los amigos

«Si has encontrado un amigo, comienza por ponerlo a prueba, no le otorgues demasiado pronto tu confianza. Hay amigos que sólo lo son cuando les conviene, pero que no lo serán en las dificultades. Hay amigos que se transforman en enemigos y que dan a conocer a todo el mundo su desavenencia contigo para avergonzarte...

Un amigo fiel es un refugio seguro; el que lo halla ha encontrado un tesoro... Un amigo fiel es como un remedio que te salva; los que temen al Señor lo hallarán. El que teme al Señor encontrará al amigo verdadero, pues, así como es él, así será su amigo» (Sir 6, 7-17)

6. Mural de la principal defensora de la vida

Una mujer está embarazada; no está casada y el hombre con el que está comprometida no es el padre del hijo que espera. Seguramente en esta época muchos le hubieren aconsejado abortar... Ella pronunció su FIAT (hágase tu voluntad) y nació: JESUCRISTO.

La Virgen de Guadalupe mostrando la importancia del cuidado de los No Nacidos al mostrarse embarazada.

«Una gran señal apareció en el cielo: una Mujer vestida del sol» (Ap 12, 1): la maternidad de María y de la Iglesia.

«Quien acogió "la Vida" en nombre de todos y para bien de todos fue María, la Virgen Madre, la cual tiene por tanto una relación personal estrechísima con el Evangelio de la vida...

Al contemplar la maternidad de María, la Iglesia descubre el sentido de su propia maternidad y el modo con que está llamada a manifestarla. Al mismo tiempo, la experiencia maternal de la Iglesia muestra la perspectiva más profunda para comprender la experiencia de María como modelo incomparable de acogida y cuidado de la vida» (Evangelio de la vida 102)

María tuvo que vivir su maternidad bajo el signo del sufrimiento: «Éste está puesto... para ser señal de contradicción —¡y a tí misma una espada te atravesará el alma!, a fin de que queden al descubierto las intenciones de muchos corazones» (Lc 2, 34-35).

«El Dragón se detuvo delante de la Mujer... para devorar a su Hijo en cuanto lo diera a luz» (Ap 12, 4): la vida amenazada por las fuerzas del mal.

«El valor de la persona desde su concepción es celebrado más vivamente aún en el encuentro entre la Virgen María e Isabel, y entre los dos niños que llevan en su seno… Isabel sintió la proximidad de María, Juan la del Señor; la mujer oyó la salutación de la mujer, el hijo sintió la presencia del Hijo» (Evangelio de la vida 45).

7. Mural de la libertad

«No sigan las corrientes del mundo en que vivimos, sino más bien transfórmense a partir de una renovación interior. Así sabrán distinguir cuál es la voluntad de Dios, lo que es bueno, lo que le agrada, lo que es perfecto» (Rm 12, 2)

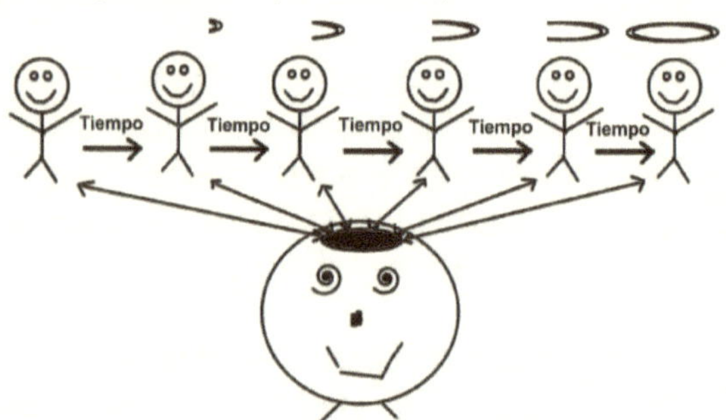

Programando nuestro cerebro hacia el buen camino

«¿Qué es la libertad y para qué sirve?
La libertad es el poder que Dios nos ha regalado para actuar por nosotros mismos; quien es libre ya no actúa determinado por otro.

Dios nos ha creado como seres libres y quiere nuestra libertad para que podamos optar de corazón por el bien, también por el supremo "bien", es decir, Dios. Cuanto más hacemos el bien tanto más libre nos volvemos» (YOUCAT 286).

«¿Es responsable el hombre de todo lo que hace?
El hombre es responsable de todo lo que hace conscientemente y por propia voluntad.

No se puede hacer a nadie (plenamente) responsable de algo que ha hecho a la fuerza, por miedo, ignorancia, bajo la influencia de drogas o por la fuerza de malas costumbres. Cuanto más sabe un hombre del bien y más se entrena en la práctica del mismo, tanto más se aleja de la esclavitud del pecado (Rm 6,17; 1 Cor 7,22). Dios sueña con este tipo de personas libres, que pueden asumir la responsabilidad de sí mismos, de su entorno y de toda la tierra. Pero el amor misericordioso de Dios también pertenece a quienes no son libres; todos los días les brinda la posibilidad de dejarse liberar para ser libres.» (YOUCAT 288).

«¿Hay que dejar al hombre actuar según su voluntad aunque se decida por el mal?
El ejercicio de la libertad es un derecho original de la dignidad humana; la libertad del individuo sólo puede ser limitada por las leyes civiles cuando mediante el ejercicio de su libertad lesione la dignidad y la libertad de los demás.

La libertad no sería tal libertad si no incluyera la libertad de elegir también lo equivocado. Se atentaría contra la dignidad de una persona si no se respetara su libertad. Una de las tareas centrales del Estado es proteger los derechos de libertad de todos sus ciudadanos (libertad de religión, de reunión y asociación, de opinión, de ejercicio profesional, etc.). La libertad de cada uno es el límite para la libertad del otro.» (YOUCAT 289).

«¿Cómo nos ayuda Dios a llegar a ser hombres libres?
Cristo quiere que nosotros, "liberados para la libertad" (Gál 5,1), seamos capaces de amar fraternalmente. Por eso nos da el Espíritu Santo, que nos hace libres e independientes de los poderes de este mundo, y nos fortalece para una vida de amor y de responsabilidad.

Cuanto más pecamos, tanto más pensamos sólo en nosotros mismos, tanto peor podemos desarrollarnos libremente. En el pecado nos volvemos además inútiles para hacer el bien y vivir el amor. El Espíritu Santo, que ha sido derramado en nuestros corazones, nos concede un corazón lleno de amor a Dios y a los hombres. Percibimos al Espíritu Santo como el poder que nos conduce a la libertad interior, que nos abre al amor y que nos hace instrumentos cada vez mejores para el bien y el amor» (YOUCAT 290).

«¿Cómo puede un hombre distinguir si sus actos son buenos o son malos?
El hombre está en condiciones de distinguir las acciones buenas de las malas ejercitando su inteligencia y siguiendo la voz de su conciencia.

Para poder distinguir mejor las acciones buenas de las malas existen las siguientes directrices:
1. Lo *que hago* debe ser bueno; no es suficiente con una buena intención. Atracar un banco es siempre malo, aunque se cometa el atraco con la buena intención de dar el dinero a gente pobre.
2. Aunque la acción sea realmente buena, *la mala intención* con la que *llevó* a cabo el bien convierte en mala toda la acción. Si acompaño a una señora mayor y la ayudo a entrar en su casa, lo que hago es una buena acción. Pero si lo hago únicamente para preparar un futuro robo, toda la acción se convierte en un acto malo.
3. Las circunstancias bajo las que actúa una persona pueden disminuir la responsabilidad, pero no cambian nada.» (YOUCAT 291).

«¿Se puede hacer algo malo para que de ello se derive algo bueno?
No, nunca se puede hacer algo malo o aceptar el mal para que de ello resulte algo bueno. A veces no nos queda más remedio que aceptar el mal menor para evitar un mal mayor.

El fin no justifica los medios. Es erróneo utilizar embriones para la investigación con células madre, incluso si con ello se pudieran alcanzar logros radicales en la medicina. Es erróneo pretender "ayudar" a la *víctima* de una violación con el aborto del niño.»(YOUCAT 292).

«Han sido comprados a un precio. Por lo tanto, glorifiquen a Dios con su cuerpo» (1Cor 6,20).

Uno de los frutos de la libertad es la PAZ, pero ¿te has preguntado lo qué es la Paz?

«La paz es la consecuencia de la justicia y la señal del amor hecho realidad. Donde hay paz, allí "toda criatura puede alcanzar la tranquilidad en un orden bueno" (santo Tomás de Aquino). La paz terrena es imagen de la paz de Cristo, que ha reconciliado el cielo y la tierra.

La paz es más que la ausencia de guerra, más también que un equilibrio de fuerzas cuidadosamente sopesado ("el equilibrio del miedo"). En estado de paz los hombres pueden vivir seguros con su propiedad justamente adquirida y cultivar el libre intercambio entre sí. En la paz se respeta la dignidad y el derecho de autodeterminación tanto del individuo como de los pueblos. En la paz la vida en común de los hombres se caracteriza por la solidaridad fraterna.» (YOUCAT 395).

«Dichoso aquel que no se deja guiar por mundanos criterios, que no anda en malos pasos ni se burla del bueno, que ama la ley de Dios y se goza en cumplir sus mandamientos... es como un árbol plantado junto al río, que da fruto a su tiempo y nunca se marchita. En todo tendrá éxito» (Sal 1)

«Semejante cultura de muerte, en su conjunto, manifiesta una visión de la libertad muy individualista, que acaba por ser la libertad de los «más fuertes» contra los débiles destinados a sucumbir» (Evangelio de la vida 19).

8. Mural de la palabra

«Sed fecundos y multiplicaos, y henchid la tierra y sometedla» (Gn 1, 28): responsabilidades del hombre ante la vida.

«¿Soy acaso yo el guarda de mi hermano?» (Gn 4,9): una idea perversa de libertad.

«¿Qué has hecho? Se oye la sangre de tu hermano clamar a mí desde el suelo. Pues bien: maldito seas, lejos de este suelo que abrió su boca para recibir de tu mano la sangre de tu hermano» (Gn 4,10-11).

«Yo pongo hoy ante ti vida y felicidad, muerte y desgracia. Si escuchas los mandamientos del Señor tu Dios que yo te prescribo hoy, si amas al Señor tu Dios, si sigues sus caminos y guardas sus mandamientos, preceptos y normas, vivirás y te multiplicarás; el Señor tu Dios te bendecirá en la tierra a la que vas a entrar para tomarla en posesión... Te pongo delante vida o muerte, bendición o maldición. Escoge la vida, para que vivas, tú y tu descendencia» (Dt 30,15-16.19).

«Amarás a tu prójimo como a ti mismo» (Lv 19,18).

Sólo delante del Señor el hombre puede reconocer su pecado y percibir toda su gravedad. Esta es la experiencia de David, que... exclama: «Mi delito yo lo reconozco, mi pecado sin cesar está ante mí; contra tí, contra tí sólo he pecado, lo malo a tus ojos cometí» (Sal 51 50,5-6).

«No mates» (Ex 20,13).

«Maldito quien acepte soborno para quitar la vida a un inocente. Y todo el pueblo dirá: Amén» (Dt 27,25).

«Yo no sé cómo aparecisteis en mis entrañas, ni fui yo quien os regaló el espíritu y la vida, ni tampoco organicé yo los elementos de cada uno. Pues así el Creador del mundo, el que modeló al hombre en su nacimiento y proyectó el origen de todas las cosas, os devolverá el espíritu y la vida con misericordia, porque ahora no miráis por vosotros mismos a causa de sus leyes» (*2 M* 7,22-23).

«Mi pueblo perece por falta de conocimiento» (Oseas 4,6).

«¡Ay, los que llaman al mal bien, y al bien mal!; que dan oscuridad por luz, y luz por oscuridad» (Is 5,20).

«Antes de formarte en el seno de tu madre, ya te conocía; antes de que tú nacieras te consagré, y te destiné a ser profeta de las naciones» (Jr 1,5).

«Doble mal ha hecho mi pueblo: a mí me dejaron, Manantial de aguas vivas, para hacerse cisternas, cisternas agrietadas, que el agua no retienen» (Jr 2,13).

«Han llenado este lugar de sangre de inocentes» (Jr 19,4).

«Pisan contra el polvo de la tierra la cabeza de los débiles» (Am 2,7);

Sólo escuchando la palabra del Señor el hombre puede vivir con dignidad y justicia; observando la Ley de Dios el hombre puede dar frutos de vida y felicidad: «todos los que la guardan alcanzarán la vida, más los que la abandonan morirán»
(*Ba* 4,1).

«No fue Dios quien hizo la muerte ni se recrea en la destrucción de los vivientes; él todo lo creó para que subsistiera… Porque Dios creó al hombre para la incorruptibilidad, le hizo imagen de su misma naturaleza; más por envidia del diablo, entró la muerte en el mundo, y la experimentaron los que le pertenecen» (Sb1,13-14; 2,23-24).

«Hay seis cosas que detesta el Señor, y hasta siete que le causan horror: la mirada despreciativa, la lengua mentirosa, las manos que derraman sangre inocente, el corazón que medita intenciones culpables, los pies que corren impacientes a hacer el mal»
(Pr 6,16-17).

«La herencia del Señor son los hijos, recompensa el fruto de las entrañas» (Sal 126, 3): la familia «santuario de la vida».

«Porque tú mis vísceras has formado» (Sal 138,13): la dignidad del niño aún no nacido.

«Mi embrión tus ojos lo veían» (Sal 138,16): el delito abominable del aborto.

«Tú Señor, me has tejido en el vientre de mi madre; te doy gracias por tan grandes maravillas; prodigios de tus obras» (Sal 139,14).

«Quien quiera salvar su vida, la perderá; pero quien pierda su vida por mí y por el Evangelio, la salvará» (Mc 8,35).

«El que recibiere en mi nombre a un niño como éste, a mí me recibe; y el que a mí me recibe, no me recibe a mí, sino al que me envió» (Mc 9,37).

«Jesús mismo nos ha mostrado con su ejemplo que la oración y el ayuno son las armas principales y más eficaces contra las fuerzas del mal» (cf. *Mt* 4,1-11)

«Habéis oído que se dijo a los antepasados: No matarás; y aquel que mate será reo ante el tribunal. Pues yo os digo: Todo aquel que se encolerice contra su hermano, será reo ante el tribunal» (Mt 5,21-22).

«El que reciba a un niño como éste en mi nombre, a mí me recibe» (Mt 18,5);

«Maestro, ¿qué he de hacer de bueno para conseguir vida eterna?», responde: «Si quieres entrar en la vida, guarda los mandamientos» (Mt 19,16-17). Y cita, como primero, el «no matarás» (v. 18)

«En verdad os digo que cuanto hicisteis a uno de estos hermanos míos más pequeños, a mí me lo hicisteis»
(Mt 25,40).

«A todos los que lo recibieron les dio poder de hacerse hijos de Dios, a los que creen en su nombre; el cual no nació de sangre, ni de deseo de carne, ni de deseo de hombre, sino que nació de Dios» (Jn 1,12-13).

«El que me siga... tendrá la luz de la vida» (Jn 8,12).

«En verdad, en verdad os digo: todo el que comete pecado es un esclavo» (Jn 8,34).

«Yo he venido para que tengan vida y la tengan en abundancia» (Jn 10,10).

«Llamados... a reproducir la imagen de su Hijo» (Rm 8,28-29): la gloria de Dios resplandece en el rostro del hombre

«Pero cuando agradó a Dios, que me apartó desde el vientre de mi madre, y me llamó por su gracia, revelar a su Hijo en mí, para que yo le predicase entre los gentiles...» (Ga 1,15-16).

« Si quieres entrar en la vida, guarda los mandamientos » (Mt 19,17).

« Jesús dijo: "No matarás, no cometerás adulterio, no robarás..." » (Mt 19,18).

« ¿De qué sirve, hermanos míos, que alguien diga: "Tengo fe", si no tiene obras? » (St 2,14): servir el Evangelio de la vida

« Lo que hemos visto y oído, os lo anunciamos » (1 Jn 1,3): anunciar el Evangelio de la vida

9. Mural de la denuncia

«Hay que obedecer a Dios antes que a los hombres» (Hch 5, 29): ley civil y ley moral

P. Víctor Salomón, de sacerdotes por la vida, levantando la voz por quienes no lo pueden hacer

¿Cuándo debe levantar la voz la Iglesia?, «cuando otra categoría de personas está oprimida en su derecho fundamental a la vida, la Iglesia siente el deber de dar voz, con la misma valentía, a quien no tiene voz»[21]

«¿Por qué no es aceptable el aborto en ninguna fase del desarrollo del embrión?
La vida donada por Dios es propiedad directa de Dios; es sagrada desde el primer momento y escapa a toda intervención humana. "Antes de formarte en el vientre, te elegí; antes de que salieses del seno materno, te consagré" (Jer 1,5).

«Sólo Dios es señor de la vida y de la muerte. Ni siquiera 'mi' vida me pertenece en exclusiva. Todo niño tiene derecho a la vida desde su concepción. Desde el principio el ser humano que va a nacer es una persona independiente, cuyo ámbito de derechos no puede ser invadido por nadie externo a él, ni el Estado, ni un médico, ni siquiera su madre. La claridad de la Iglesia en este punto no es ausencia de misericordia; más bien quiere señalar el daño irreparable que se causa al niño inocente a quien se da muerte, a sus padres y a toda la sociedad. Proteger la vida humana inocente es uno de los deberes más nobles del Estado. Si el Estado se sustrae a esta obligación, socava él mismo los cimientos del Estado de derecho".»
(YOUCAT 383).

---

[21] Fuente: JUAN PABLO II, Carta Encíclica EV sobre el valor y el carácter inviolable de la Vida Humana (25 de marzo de 1995), 10.

«La minusvalía previsible de un niño no puede ser un motivo para interrumpir el embarazo […] porque también la vida con minusvalías es igualmente valiosa y afirmada por Dios y porque en esta tierra nunca nadie tiene garantía de una vida sin limitaciones corporales, espirituales o intelectuales». (Benedicto XVI, 28.09.2006).

Los responsables por los daños que se han cometido y que se seguirán realizando si no buscamos el derecho a vivir son:

- «… además de la madre… puede ser culpable el padre del niño, no sólo cuando induce expresamente a la mujer al aborto, sino también cuando favorece de modo indirecto esta decisión suya al dejarla sola ante los problemas del embarazo: de esta forma se hiere mortalmente a la familia y se profana su naturaleza de comunidad de amor y su vocación de ser "santuario de la vida".
- Son responsables los médicos y el personal sanitario cuando ponen al servicio de la muerte la competencia adquirida para promover la vida.
- Los legisladores que han promovido y aprobado leyes que amparan el aborto.
- Los que han favorecido la difusión de una mentalidad de permisivismo sexual y de menosprecio de la maternidad, como a quienes debieron haber asegurado —y no lo han hecho— políticas familiares y sociales válidas en apoyo de las familias.
- Instituciones internacionales, fundaciones y asociaciones que luchan sistemáticamente por la legalización y la difusión del aborto en el mundo» (Evangelio de la vida 59).

«Después del delito, *Dios interviene para vengar al asesinado.* Caín, frente a Dios, que le pregunta sobre el paradero de Abel, lejos de sentirse avergonzado y excusarse, elude la pregunta con arrogancia: "No sé. ¿Soy yo acaso el guarda de mi hermano?" (*Gn* 4,9). "*No sé*". Con la mentira Caín trata de ocultar su delito. Así ha sucedido con frecuencia y sigue sucediendo cuando las ideologías más diversas sirven para justificar y encubrir los atentados más atroces contra la persona… cuyos síntomas son, entre otros, la falta de solidaridad con los miembros más débiles de la sociedad» (Evangelio de la vida 8).

«Defender y promover, respetar y amar la vida es una tarea que Dios confía a cada hombre» (Evangelio de la vida 42).

«Nada ni nadie puede autorizar la muerte de un ser humano inocente, sea feto o embrión, niño o adulto, anciano, enfermo incurable o agonizante. Nadie además puede pedir este gesto homicida para sí mismo o para otros confiados a su responsabilidad ni puede consentirlo explícita o implícitamente. Ninguna autoridad puede legítimamente imponerlo ni permitirlo».
(Evangelio de la vida 57).

«Ninguna circunstancia, ninguna finalidad, ninguna ley del mundo podrá jamás hacer lícito un acto que es intrínsecamente ilícito, por ser contrario a la Ley de Dios, escrita en el corazón de cada hombre, reconocible por la misma razón, y proclamada por la Iglesia.»
(Evangelio de la vida 62).

«La eutanasia es una grave violación de la Ley de Dios, en cuanto eliminación deliberada y moralmente inaceptable de una persona humana» (Evangelio de la vida 65).

«La opción de la eutanasia es más grave cuando se configura como un *homicidio* que otros practican en una persona que no la pidió de ningún modo y que nunca dio su consentimiento. Se llega además al colmo del arbitrio y de la injusticia cuando algunos, médicos o legisladores, se arrogan el poder de decidir sobre quién debe vivir o morir. Así, se presenta de nuevo la tentación del Edén: ser como Dios "conocedores del bien y del mal" (*Gn* 3, 5).»
(Evangelio de la vida 66)

«El cambio cultural deseado aquí exige a todos el valor de *asumir un nuevo estilo de vida* que se manifieste en poner como fundamento… la justa escala de valores: *la primacía del ser sobre el tener, de la persona sobre las cosas...* implica también pasar *de la indiferencia al interés por el otro* y *del rechazo a su acogida»* (Evangelio de la vida *98).*

10. Mural del rechazo a Dios

«Hombre que… se cree señor de la vida y de la muerte porque decide sobre ellas, cuando en realidad es derrotado y aplastado por una muerte cerrada irremediablemente a toda perspectiva de sentido y esperanza» (Evangelio de la vida 15).

«Perdiendo el sentido de Dios, se tiende a perder también el sentido del hombre, de su dignidad y de su vida» (Evangelio de la vida 21).

«Cuando se pierde el sentido de Dios, también el sentido del hombre queda amenazado y contaminado, como afirma lapidariamente el Concilio Vaticano II: "La criatura sin el Creador desaparece... Más aún, por el olvido de Dios la propia criatura queda oscurecida".» (Evangelio de la vida 22).

«El eclipse del sentido de Dios y del hombre conduce inevitablemente al *materialismo práctico,* en el que proliferan el individualismo, el utilitarismo y el hedonismo»
(Evangelio de la vida 23).

«En la perspectiva materialista expuesta hasta aquí, *las relaciones interpersonales experimentan un grave empobrecimiento.* Los primeros que sufren sus consecuencias negativas son la mujer, el niño, el enfermo o el que sufre y el anciano… Se aprecia al otro no por lo que "es", sino por lo que "tiene, hace o produce". Es la supremacía del más fuerte sobre el más débil".»
(Evangelio de la vida 23).

«Cuando no se reconoce a *Dios como Dios,* se traiciona el sentido profundo del hombre y se perjudica la comunión entre los hombres» (Evangelio de la vida 36).

«Cuando se niega a Dios y se vive como si no existiera, o no se toman en cuenta sus mandamientos, se acaba fácilmente por negar o comprometer también la dignidad de la persona humana y el carácter inviolable de su vida» (Evangelio de la vida 96).

«Nuestras ciudades corren el riesgo de pasar de ser sociedades de "con-vivientes" a sociedades de excluidos, marginados, rechazados y eliminados» (Evangelio de la vida 18).

11. Mural de la imagen y semejanza

«"la sangre es la vida" (*Dt* 12, 23) y la vida, especialmente la humana, pertenece sólo a Dios: por eso *quien atenta contra la vida del hombre, de alguna manera atenta contra Dios mismo.»* (Evangelio de la vida 9).

«Su dignidad no sólo está ligada a sus orígenes, a su procedencia divina, sino también a su fin, a su destino de comunión con Dios en su conocimiento y amor. A la luz de esta verdad San Ireneo precisa y completa su exaltación del hombre: "el hombre que vive" es "gloria de Dios", pero "la vida del hombre consiste en la visión de Dios".» (Evangelio de la vida 38)

«La vida del hombre proviene de Dios, es su don, su imagen e impronta, participación de su soplo vital. Por tanto, *Dios es el único señor de esta vida:* el hombre no puede disponer de ella» (Evangelio de la vida 39).

«De la sacralidad de la vida deriva su *carácter inviolable, inscrito desde el principio en el corazón del hombre,* en su conciencia. La pregunta "¿Qué has hecho?" (*Gn* 4,10),... presenta la experiencia de cada hombre: en lo profundo de su conciencia siempre es llamado a respetar el carácter inviolable de la vida.» (Evangelio de la vida 40).

«Antes de haberte formado yo en el seno materno, te conocía, y antes que nacieses, te tenía consagrado» (*Jr* 1,5): *la existencia de cada individuo, desde su origen, está en el designio divino.*

«La vida humana es sagrada porque desde su inicio comporta "la acción creadora de Dios" y permanece siempre en una especial relación con el Creador, su único fin. Sólo Dios es Señor de la vida desde su comienzo hasta su término: nadie, en ninguna circunstancia, puede atribuirse el derecho de matar de modo directo a un ser humano inocente» (Evangelio de la vida 53).

«El Creador ha confiado la vida del hombre a su cuidado responsable... para que la custodie con sabiduría y la administre con amorosa fidelidad» (Evangelio de la vida 76).

«Cada hombre es "guarda de su hermano", porque Dios confía el hombre al hombre. Y es también en vista de este encargo que Dios da a cada hombre la libertad, que posee una *esencial dimensión relacional*» (Evangelio de la vida 19).

12. Mural para fortalecernos

¿Quieres fortalecerte para serle fiel a Dios en este mundo que te empuja a ser un esclavo de las pasiones desordenadas? Aquí te presentamos un plan de vida que te fortalecerá para contrarrestar los efectos de cualquier mal para hacerte una persona LIBRE Y FELIZ.

- «Compromiso de oración diaria
- El Santo sacrificio de la Misa
- Examen de conciencia diario y confesión frecuente
- Recurrir a la buena lectura espiritual

- Tomar conciencia de la presencia de Dios.
- Fortalecerse en el ejercicio de las virtudes (templanza, modestia, pureza, castidad)» (Robert W. Finn, 45-49).

APROVECHA los **BUENOS MOMENTOS** para **FORTALECER TU FE**, para cuando lleguen los momentos de dificultad puedas comprender la situación, y con la **FUERZA DE DIOS**, puedas recuperar tu paz y tranquilidad de una manera más fácil y rápidamente.

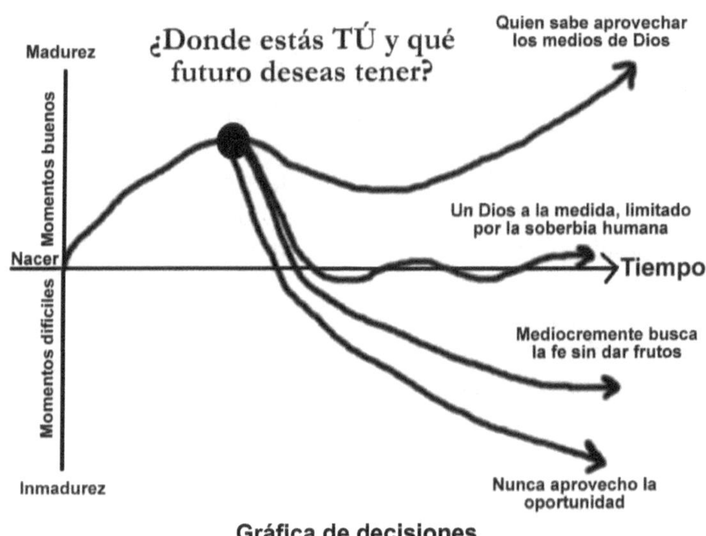

Gráfica de decisiones

«Por eso, pongan el máximo empeño en incrementar su fe con la firmeza, la firmeza con el conocimiento, el conocimiento con el dominio de los instintos, el dominio de los instintos con la constancia, la constancia con la piedad, la piedad con el amor fraterno y el amor fraterno con la caridad. Pues si tienen todas estas virtudes en forma inminente, no serán inútiles ni estériles, sino que más bien alcanzarán el conocimiento de Cristo Jesús, nuestro Señor»
(2 Pedro 1, 5-8).

«¿Qué es la fe?
La fe es la virtud por la que asentimos a Dios, reconocemos su verdad y nos vinculamos personalmente a Él.
La fe es el camino creado por Dios para acceder a la verdad, que es Dios mismo. Puesto que Jesús es "el camino y la verdad y la vida" (Jn 14,6) esta fe no puede ser una mera actitud, una "credulidad" en cualquier cosa. Por un lado, la fe tiene contenidos claros, que la Iglesia confiesa en el →CREDO (confesión de fe) y que está encargada de custodiar. Quien acepta el don de la fe, quien por tanto quiere creer, confiesa esta fe mantenida fielmente a través de los tiempos y las culturas. Por otra parte, la fe consiste en la relación de confianza con Dios, con el corazón y la inteligencia, con todas las emociones. Porque la fe "actúa por el amor" (Gál 5,6). Si alguien cree realmente en el Dios del amor lo demuestra no en sus proclamaciones, sino en sus actos de amor.» (YOUCAT 307)

«Los sacramentos son signos sagrados visibles de una realidad invisible, instituidos por Cristo, en los que los cristianos pueden experimentar la presencia de Dios que sana, perdona, alimenta, fortalece y capacita para amar, puesto que en ellos actúa la gracia de Dios» (YOUCAT, P. 105).

13. Mural de la comunicación con Dios

Hago dormir al silencio ya que quiero platicar, mientras que sueña mi sueño, quiero que escuches mi hablar, que quizás no te merezco por mi confundido andar, pero sé que aún es tiempo de enseñarme a caminar, amarte hoy mañana y siempre y después más… (MSP, canción Amarte hoy mañana y siempre).

«Para mí la oración es un impulso del corazón, una mirada lanzada hacia el cielo, un grito de reconocimiento y de amor tanto desde dentro de la prueba como desde dentro de la alegría» (Santa Teresa del Niño Jesús).

«Orar no es oírse hablar a uno mismo, orar es quedarse en silencio y esperar hasta que el orante oiga a Dios» (SÖREN KIERKEGAARD)
«De repente experimenté el silencio como una presencia. En el corazón de ese silencio estaba Él, que es él mismo silencio, paz y serenidad» (GEORGES BERNAROS, 1888-1948, escritor francés).

«¿Qué es la oración?
La oración es la elevación del corazón a Dios. Cuando un hombre ora, entra en una relación viva con Dios.

La oración es la gran puerta de entrada en la fe. Quien ora ya no vive de sí mismo, para sí mismo y por sus propias fuerzas. Sabe que hay un Dios a quien se puede hablar. Una persona que ora se confía cada vez más a Dios. Busca ya desde ahora la unión con Aquél a quien encontrará un día cara a cara. Por eso pertenece a la vida cristiana el empeño por la oración cotidiana. Ciertamente no se puede aprender a orar como se aprende una técnica. Orar, por extraño que parezca, es un don que se recibe a través de la oración. No podríamos orar si Dios no nos diera su gracia.» (YOUCAT 469).

«¿Por qué ora el ser humano?
Oramos porque estamos llenos de un ansia infinita y porque Dios ha hecho a los hombres para estar con él: «Nuestro corazón está inquieto mientras no descansa en tí» (san Agustín). Oramos también porque necesitamos orar; así lo dice Madre Teresa: «Como no puedo fiarme de mí misma, me fío de Él las 24 horas del día».

A menudo nos olvidamos de Dios, huimos de Él y nos escondemos. Pero, aunque evitemos pensar en Dios, aunque lo neguemos, Él está siempre junto a nosotros. Nos busca, antes que nosotros lo busquemos, tiene sed de nosotros, nos llama.

Uno habla con su conciencia y se da cuenta, de pronto, de que está hablando con Dios.

Uno se encuentra solo, no tiene con quien hablar y percibe entonces que Dios siempre está disponible para hablar.

Uno está en peligro y se da cuenta de que Dios responde al grito de auxilio.

Orar es tan humano como respirar, comer, amar. Orar purifica. Orar hace posible la resistencia a las tentaciones. Orar fortalece en la debilidad. Orar quita el miedo, duplica las fuerzas, capacita para aguantar. Orar hace feliz.» (YOUCAT 470).

«¿Por qué podemos confiar en que nuestra oración será escuchada por Dios?
Muchas personas que pidieron su curación a Jesús en su vida terrena fueron escuchadas. Jesús, que ha resucitado de la muerte, vive y escucha nuestras súplicas y las lleva ante el Padre.

Todavía hoy conocemos el nombre del jefe de la sinagoga: Jairo fue el hombre que imploró a Jesús que le ayudara y fue escuchado. Su pequeña hija estaba mortalmente enferma. Nadie más podía ayudarle. Jesús no sólo curó a su hijita, sino que incluso la resucitó de entre los muertos (Mc 5,21-43).

De Jesús brotaron una gran cantidad de curaciones testificadas con seguridad. Realizó signos y milagros. Los paralíticos, leprosos y ciegos no suplicaron en vano a Jesús. También hay testimonios de oraciones atendidas por todos los santos de la Iglesia. Muchos cristianos tienen la experiencia de haber suplicado algo a Dios y haber sido escuchados. Sin embargo, Dios no es una máquina. Debemos dejar en sus manos la forma en la que contesta a nuestros ruegos.» (YOUCAT 478).

«¿Qué podemos aprender del modo de orar de la Virgen María?
Aprender a orar con María es unirse a su plegaria: "Hágase en mí según tu palabra" (Lc 1,38). Orar es, en definitiva, la entrega que

responde al amor de Dios. Si como María decimos "sí", Dios tiene la oportunidad de vivir su vida en nuestra vida.» (YOUCAT 479).

«¿Por qué debemos adorar a Dios?

Toda persona que comprenda que es criatura de Dios reconocerá humildemente al Todopoderoso y lo adorará. La adoración cristiana no ve únicamente la grandeza, el poder y la →SANTIDAD de Dios. También se arrodilla ante el amor divino que se ha hecho hombre en Jesucristo.

Quien adora verdaderamente a Dios se pone de rodillas ante él o se postra en el suelo. En esto se muestra la verdad de la relación entre Dios y el hombre: él es grande y nosotros somos pequeños. Al mismo tiempo el hombre nunca es mayor que cuando se arrodilla ante Dios en una entrega libre. El no creyente que busca a Dios y comienza a orar puede de este modo encontrar a Dios.» (YOUCAT 485).

«¿Por qué debemos pedir a Dios?

Dios, que nos conoce completamente, sabe lo que necesitamos. Sin embargo, quiere que "pidamos": que en las necesidades de nuestra vida nos dirijamos a Él, le gritemos, le supliquemos, nos quejemos, le llamemos, que incluso "luchemos en la oración" con Él.

Ciertamente Dios no necesita nuestras peticiones para ayudarnos. La razón por la que debemos pedir es por nuestro propio interés. Quien no pide y no quiere pedir, se encierra en sí mismo. Sólo el hombre que pide se abre y se dirige al origen de todo bien. Quien pide retorna a la casa de Dios. De este modo la oración de petición coloca al hombre en la relación correcta con Dios, que respeta nuestra libertad.» (YOUCAT 486).

«¿Por qué debemos pedir a Dios por otras personas?

Del mismo modo que Abraham intercedió a favor de los habitantes de Sodoma, así como Jesús oró por sus discípulos, y como las

primeras comunidades no sólo buscaban su interés "sino todos los intereses de los demás" (Flp 2,4), igualmente los cristianos piden siempre por todos; por las personas que son importantes para ellos, por las personas que no conocen e incluso por sus enemigos.
Cuanto más aprende un hombre a rezar, tanto más profundamente experimenta que pertenece a una familia espiritual, por medio de la cual la fuerza de la oración se hace eficaz. Con toda mi preocupación por las personas a las que amo, estoy en el centro de la familia humana, puedo recibir la fuerza de la oración de otros y puedo suplicar para otros la ayuda divina.» (YOUCAT 487).

«¿Por qué debemos dar gracias a Dios?

Todo lo que somos y tenemos viene de Dios. San Pablo dice: "¿Tienes algo que no hayas recibido?" (1 Cor 4,7). Dar gracias a Dios, el dador de todo bien nos hace felices.

La mayor oración de acción de gracias es la "→**EUCARISTÍA**" (en griego "acción de gracias") de Jesús, en la que toma pan y vino para ofrecer en ellos a Dios toda la Creación transformada. Toda acción de gracias de los cristianos es unión con la gran oración de acción de gracias de Jesús. Porque también nosotros somos transformados y redimidos en Jesús; así podemos estar agradecidos desde lo hondo del corazón y decírselo a Dios de muchas formas.» (YOUCAT 488).

«¿Qué pasa cuando se experimenta que la oración no ayuda?

La oración no busca el éxito superficial, sino la voluntad y la cercanía de Dios. Precisamente en el aparente silencio de Dios se esconde una invitación a dar un paso más hacia la entrega total, la fe sin límites, la esperanza infinita. Quien ora debe dejar a Dios la libertad plena de hablar cuando Él quiera, de cumplir lo que Él quiera y de donarse como Él quiera.

A menudo decimos: he rezado y no ha servido de nada. A lo mejor no rezamos con suficiente intensidad. El santo cura de Ars le preguntó en una ocasión a un compañero que se quejaba de su fracaso: "Has orado, has suplicado; pero ¿has ayunado y velado también?". Y también podría suceder que le pidamos a Dios lo que no nos conviene. En una ocasión dijo santa Teresa de Jesús: "Sabe el Señor lo que puede sufrir cada uno, y a quien ve con fuerza no se detiene en cumplir con él su voluntad".» (YOUCAT 507).

«¿Qué ocurre cuando no se siente nada en la oración o cuando incluso se experimenta una aversión a la oración?
La distracción en la oración, el sentimiento de vacío interior y de sequedad e incluso la aversión a la oración son experiencias que tiene todo orante. Ser constante en la fidelidad es ya en sí oración.

Incluso santa Teresa del Niño Jesús estuvo mucho tiempo sin poder experimentar nada del amor de Dios. Poco antes de su muerte la visitó por la noche su hermana Céline. Vio que Teresa tenía las manos enlazadas. "¿Qué haces? Deberías intentar dormir", dijo Céline. "No puedo, sufro demasiado. Pero rezo", respondió Teresa. "¿Y qué le dices a Jesús?" "No le digo nada. Le amo".»
(YOUCAT 508).

«Sed constantes en la oración; que ella os mantenga en vela, dando gracias a Dios» (Col 4,2).

«Mantén tu alma en paz. Deja que Dios actúe en ti. Acoge los pensamientos que elevan tu alma hacia Dios. Abre las ventanas del alma de par en par» (San Ignacio de Loyola)

14. Mural de la esperanza

«Un cielo nuevo y una tierra nueva» (Ap 21, 1), dirigimos la mirada a aquélla que es para nosotros «señal de esperanza cierta y de consuelo» (Evangelio de la vida 105)

Cuando llegue ese día… ya se respetará el cuerpo de las personas y no serán utilizadas como simples objetos de placer con quienes se

puede lucrar, ya no habrá asesinatos ni dentro ni fuera del vientre de la madre… pero mientras llegue ese día, debemos seguir trabajando juntos para salvar a cuantos más podamos.
Me he dado cuenta de que **Generación por la vida** ha sido una de las mayores pruebas de fe que he tenido que pasar en toda mi vida. Ya que estoy consciente que hay muchas personas, en diferentes sectores, que evitan estos temas tan polémicos, aun cuando saben las injusticias tremendas que se está cometiendo.

Cuantas veces hemos escuchado decir: El mal avanza cuando los buenos callan. Eso duele. ¿De qué sirven bonitos discursos si hay seres humanos que siguen muriendo cruelmente?

Yo sólo sé que un día voy a morir y tendré que darle cuentas a mi Creador de lo que hice y de lo que deje de hacer. Le pido la sabiduría y la fortaleza, para aun con mis limitaciones humanas, poder tener su valor para luchar por los que no pudieron defenderse. Porque ¿De qué me serviría acumular títulos y riquezas si rechazo el amor más pequeñito como los que están dentro de sus mamas y a la vez digo que Creo en Dios, pero rechazo su Creación?

Ya me quedo claro que cuando el mal ataca, este no se va a detener y buscará cualquier medio para despedazarme, pero mi Dios es más fuerte y sólo quien habla en su nombre es digno de ser escuchado.

Por eso, termino este libro con esta cita que me ha planteado este reto, al cual hasta el día de hoy le he dicho que Sí a mi Creador.

«Si te has decidido servir al Señor, prepárate para la prueba. Conserva recto tu corazón y sé decidido, no te pongas nerviosos cuando vengan las dificultades. Apégate al Señor, no te apartes de Él; si actúas así, arribarás a buen puerto al final de tus días. Acepta todo lo que te pase y sé paciente cuando te halles botado en el suelo. Porque, así como el oro se purifica en el fuego, así también los que agradan a Dios pasan por el crisol de la humillación. Confía en Él y te cuidará; sigue el camino recto y espera en Él (Sir 2, 1-6).

Preguntas de retroalimentación

¿De dónde venimos y a donde vamos al concluir nuestra vida terrenal? ¿Cuál es la postura de Dios, y de su Iglesia, con aquellas personas que han participado directa o indirectamente en el aborto provocado?, ¿Qué ejemplos podemos tener para saber cómo amar y respetar la vida? ¿Qué dicen las Sagradas Escrituras respecto a la vida? ¿Cuál ha sido la postura de la Iglesia en los casos en que se ha buscado dañar a los más inocentes e indefensos? ¿Dios nos hace libres o está nuestro comportamiento y futuro predeterminado? ¿Por qué hay personas que dicen que no es compatible Dios con la política?

CONCLUSIONES

- La ciencia y medicina avalan que la vida humana inicia en la concepción, y que a partir de entonces cualquier daño que se le haga a este ser es un atentado contra la vida humana.
- El derecho a nacer seguirá siendo un derecho natural, aunque las leyes cambien hacia lo contrario.
- Las mujeres que mueren en los abortos legales fueron engañadas porque se les ofreció un aborto seguro el cual no existe.
- El síndrome post aborto es una realidad, y silenciosamente ha y seguirá generando daño psicológico en aquellas personas que se involucren en cualquier práctica abortiva.
- Los medios de comunicación masiva ejercen presión sobre la misma sociedad para manipularla al antojo de los más poderosos quienes definen el rumbo del mundo.
- La cultura de la muerte es un negocio bastante lucrativo, ya que por una parte te venden (o aparentemente regalan) el preservativo o las pastillas anticonceptivas (o cualquier otro método de este tipo) sabiendo que va a fallar para posteriormente ofrecerte el aborto como única solución, ya que de esta manera estas personas no solamente incrementaran sus fortunas por lo recibido durante la cirugía, sino que en muchos casos comercializarán con los restos del feto abortado.
- No existen argumentos que sostengan el derecho a matar, sino solamente aquellos que promueven el derecho a vivir. Si se analizan dichas posturas abortistas son sólo ideologías expresadas por aquellas personas quienes tienen una idea muy pobre del valor de la vida humana.
- Las personas quienes promueven el aborto, o lo hacen porque esperan recibir algún beneficio, o por ignorancia, en cualquiera de los casos se aprecia una falta de amor a la vida humana probablemente debido a que no valoran ni siquiera su propia vida.
- La castidad es la única opción segura para vivir una sexualidad adecuada, lo que permite a una comunidad evitar ser presa tanto

de impulsos sexuales desordenados, como de quienes buscan lucrar sin importar las consecuencias adversas en las personas.

- Además de las consecuencias físicas, emocionales y espirituales que sufre la persona, este tipo de prácticas asesinas logran generar la deshumanización de nuestras comunidades.
- Las Sagradas Escrituras, bajo el mandamiento de Amor de Cristo, bajo ninguna circunstancia motiva, obliga o permite que el ser humano pueda aprovecharse de otro hermano principalmente cuando éste se encuentre en un estado vulnerable.
- Dios ama la vida, porque Él mismo es vida, y quien rechaza a un ser humano en su etapa inicial rechaza al mismo Dios.
- Con la oración, formación y acción podremos restablecer una cultura de derecho a vivir donde se respete la vida de todo ser humano.

BIBLIOGRAFIA

- BENEDICTO XVI, *Catecismo Joven de la Iglesia Católica YOUCAT - Español*, DABAR (28 de enero de 2012).
- IRURE, M., *100 preguntas sobre el Aborto 100 respuestas a favor de la vida*, San Pablo, 2012.
- JUAN PABLO II, Carta Encíclica *Evangelium Vitae* sobre el valor y el carácter inviolable de la Vida Humana (25 de marzo de 1995).
- LÓPEZ DE LLAMAS, Z., *Con ganas de vivir*, Editorial San Pablo, México D.F. 2008.
- PEREA DE MARTÍNEZ, M., *Poder Oculto – sociedad y medios de comunicación*, San Pablo.
- W. FINN, R., *Los peligros de la pornografía: Epidemia atacando la dignidad humana,* Minos III Milenio editores, México D.F. 2007.

EL SILENCIO SIEMPRE AYUDA AL OPRESOR, NUNCA A LA VÍCTIMA…

…POR ESO DEJA EL MIEDO Y LA INDIFERENCIA Y LEVANTA LA VOZ

Y ÚNETE A NUESTRA CAMPAÑA A FAVOR DE LA VIDA, PORQUE DESEAMOS QUE NUESTRA GENERACIÓN SEA UNA

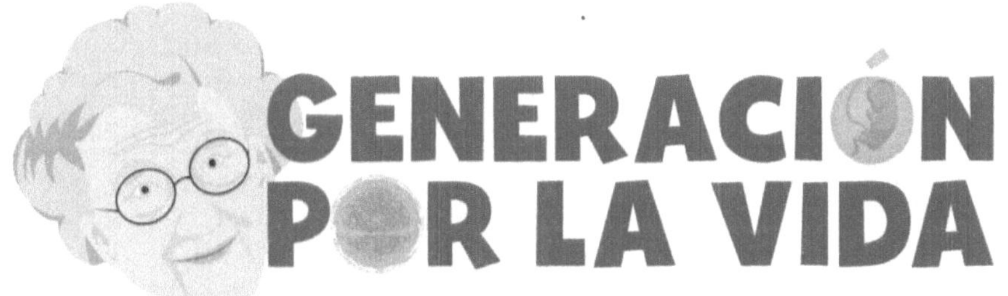

«LUCHAMOS POR UNA SOCIEDAD MÁS HUMANA»

Acerca del Autor

Rubén Gerardo Tapia Reynaga

- Ingeniero en Mecatrónica egresado de Universidad La Salle Noroeste.
- Maestría en Administración de Negocios con especialidad en Calidad y Productividad egresado de Universidad Tec Milenio.
- En su experiencia profesional ha trabajado como facilitador de producción, ingeniero de control de procesos, maestro Universitario, administrador de proyectos, etc.
- Fundador del Proyecto «Generación por la Vida» así como WebMaster del sitio «www.generacionporlavida.org».
- Escritor del cuento «Lin, la semillita de Cereza».
- Escritor del libro «Jesús también fue un migrante».
- Escritor del libro «Antes de…».
- Escritor del libro «Vidas cruzadas».
- Escritor del cuento «Matilde, la maceta que no tenía flores».
- Escritor del libro «Perdón, morí, pero viví»
- Escritor del libro «Zona de Dios»

Los enlaces para los otros libros disponibles los encuentra en www.generacionporlavida.org

La formación deficiente en temas de derecho a vivir le facilita a quienes lucran con el negocio de la cultura de la muerte, los medios para utilizar a los seres humanos como objetos de consumo.

Por eso, en este libro se presenta una investigación profunda que toca las fibras más íntimas del ser humano, con el objetivo de exponer el valor de la vida humana, así como los medios que se están utilizando para atacarla, de manera que tanto usted, como su familia y amigos, estén alerta de los riesgos que existen antes de que sea demasiado tarde.

«Porque donde hay vida hay esperanza».

Bienvenidos al Museo

Pabellón de la Vida
- Ciencia
- Médicos
- Concepción
- Derechos
- Abuelos
- Fecundación artificial
- Gestación
- Manifiestos
- Humanización

Pabellón del Lenguaje
- Persuasión
- Manipulación
- Imagen
- Sonido
- Video
- Niños
- Exposiciones
- Conversaciones
- XXX
- Falacias
- Eufemismos
- Promiscuidad
- Preservativos
- Dudas
- Comunicación
- Inocencia
- Ignorancia

Pabellón de Dios
- Persuasión
- Manipulación
- Imagen
- Sonido
- Video
- Niños
- Exposiciones
- Conversaciones
- XXX
- Falacias
- Eufemismos
- Promiscuidad
- Preservativos
- Dudas
- Comunicación
- Inocencia
- Ignorancia

Pabellón de la Muerte
- Realidades
- Aborto
- Eutanasia
- Ex abortistas
- Pastillas y métodos abortivos
- Mujeres muertes
- Negocio $$$
- Engaños
- Advertencias
- Muerte digna
- Datos
- Víctimas
- Deshumanización

Pabellón de los Argumentos
- Debate
- ProChoice
- Violaciones
- Eugenesia
- Sobrevivientes
- Mujeres valientes
- Leyes
- Razonamiento
- Juicios
- Políticas públicas
- Mentiras
- Concebidos por violación
- Hijos especiales
- Dinero
- Ayuda ProVida

Pabellón de la Muerte
- Síndrome post aborto
- Conciencia
- Vicios
- Testimonios
- Sufrimiento
- Depresión
- Confusión
- Traición
- Memoria
- Efectos
- Prevención
- Pornografía
- Sanación

Pabellón del Amor Verdadero
- Castidad
- Amor Verdadero
- Matrimonio
- Virtudes
- Fortaleza
- Paz interior
- Fidelidad
- Respeto
- Alegría
- Proyecto de vida
- Confianza
- Consejos
- Verdad
- Adopción
- Donación
- Verdad
- Responsabilidad

DESCARGA GRATIS NUESTRA CANCIÓN «UNA PETICIÓN DE AMOR».
ASÍ COMO DIVERSOS MATERIALES A FAVOR DE LA VIDA
WEBSITE: WWW.GENERACIONPORLAVIDA.ORG

II EDICIÓN

Museo por la Vida

Museo por la Vida

II EDICIÓN

CON LA EDUCACIÓN SALVAMOS VIDAS Y CAMBIAMOS CORAZONES

7 PABELLONES EN UN MISMO LUGAR
· VIDA · MUERTE · MENTE · LENGUAJE
· ARGUMENTOS · AMOR VERDADERO Y DIOS

Rubén Gerardo Tapia Reynaga
Ingeniero por la vida

GENERACIÓN POR LA VIDA

GENERACIÓN POR LA VIDA
LUCHAMOS POR UNA SOCIEDAD MÁS HUMANA
¿cuándo inicia la vida humana?
¿por qué es importante protegerla?
¿qué pasa cuándo no se protege?
¿cómo puedo protegerla?
¿quién tiene la obligación de hacerlo?
¿cuáles son los beneficios de protegerla?

MÉDICOS VALIENTES DE CHILE
hablando por los que no tienen voz...

«... el embrión es un ser humano
que se desarrolla en forma
autónoma y sin interrupción desde
la fecundación...

Necesitamos una red estatal que las acompañe a enfrentar esta situación
(embarazo inesperado). Es un atropello a su dignidad, y a la del
no nacido, que el Estado ofrezca el aborto como solución...»
(Manifiesto de Médicos de Chile)